聖書学と信仰者

信仰者は批判的聖書学とどう向き合うべきか

マーク・ツヴィ・ブレットラー
ダニエル・J・ハリントン S.J.
ピーター・エンス

魯 恩碩訳

新教出版社

The Bible and the Believer:
How to Read the Bible Critically and Religiously
by Marc Zvi Brettler, Peter Enns, and Daniel J. Harrington

© 2015 Oxford University Press

The Bible and the Believer, First Edition was originally published in English in 2015.
This translation is published by arrangement with Oxford University Press. Shinkyo
Shuppansha is solely responsible for this translation from the original work and Oxford
University Press shall have no liability for any errors, omissions or inaccuracies or
ambiguities in such translation or for any losses caused by reliance thereon.

Shinkyo Shuppansha, Tokyo
2024

まえがき

　本書は、2010 年 10 月 25 日に開催されたペンシルバニア大学ユダヤ研究プログラム主催のシンポジウムに端を発する。このシンポジウムは「今日の聖書読解の課題：聖書は批評的にも宗教的にも読むことができるのか？　ユダヤ教、カトリック、プロテスタントの視点から」というテーマで行われた。このシンポジウムを企画し、講演に招待してくださった A.M. エリス・ヘブライ語・セム語言語文学名誉教授であるジェフリー・ティゲイ教授とペンシルバニア大学ユダヤ研究プログラム主任のベス・ウェンガー教授に感謝したい。数百人の学生や地域住民からなる聴衆は、鋭い質問を投げかけ、私たちのテーマが出版に値するものであることを確信させてくれた。

　新約聖書が旧約聖書に関する議論の一部になるのは明らかであり、それは新約聖書の著者が旧約聖書を頻繁に引用しているためキリスト教がイスラエルの物語を理解する際の一つのモデルとなり得るからである。しかし、私たちはヘブライ語聖書／タナク／旧約聖書に主眼を置いている。このことはまた、本書がキリスト教とユダヤ教の関係やキリスト教のエキュメニカルな対話に貢献することを可能にするであろう。

　本書の最も重要な部分は、3 つの充実かつ独立した論文であり、これらの論文ではユダヤ教徒（ブレットラー）、カトリック（ハリントン）、プロテスタント（エンス）の視点から、聖書を批判的かつ宗教的に読むという課題に、各執筆者がそれぞれ取り組んでいる。各執筆者は、この問いに最も適していると思われる内容と観点を選んだ。どのように書くかについて正式なチェックリストやテンプレートなどはなかったが、当然ながら私たちはそれぞれの論文の中で同じような問題を繰り返し取り上げている。また、重要なテキストを解説することによって、あるいは歴史批判的に大切な問題およびテーマを扱う際に実例を提示することによって、各自のアプローチを具体化できるように努めた。それぞれの論文には、他の 2 人の著者による短い応答が添えられている。私たちはこれらの応答を、党派的な議論や訂正としてではなく、共通点や相違点を浮き彫りにし、さらなる考察に値する点を示すための対話

3

とみなしている。各章の最後には、さらに読むべき参考文献のリストが掲載されている。

これらの論文で、自分が信仰する宗教的伝統の公認あるいは公式の代弁者であると主張する者は誰もいなかった。むしろ、私たちは聖書の歴史批評の実践者として、また私たちが研究するテキストの宗教的重要性を確信している者として執筆している。ここでは、私たちが聖書の批評的な読み方と信仰的な読み方をどのように共存させるかを示そうとしている。

本書は私たちが共に行った冒険の結果物である。まえがき、序論、あとがき、用語集〔本訳書では割愛した〕は共同で執筆した。各自の論文と応答は、私たち一人一人がそれぞれ書いたが、それは他の執筆者のコメントを踏まえて改訂された。本書の執筆のためにお互いに協力し合えたことは、私たちにとって大きな喜びであった。

ブレットラーの論文は、マイケル・カラシック、ジュリー・デルティ、ヤーコフ・エルマン、トヴァ・ハートマン、イスラエル・クノール、ジョン・レベンソン、レニン・プラド、ジヴァ・ライマー、ペレツ・ロッドマン、バルーク・シュワルツ、ミール・ベン・シャハール、ティナ・シャーマン、ノーム・ザイオンらの批評的コメントや、学生および同僚との多くの対話から大きな助けを受けた。

エンスはロブ・カショー、スティーブ・ボハノン、ケントン・スパークスに感謝の念を表する。彼らはこの原稿以前の草稿を読み、多くの有益なコメントをくれたからである。ナザレンのインマヌエル教会、ペンシルバニア州ホワイトマーシュのセント・トーマス・エピスコパル教会、ペンシルバニア州メープルグレンのセント・マシュー・エピスコパル教会は、充実な知的探求を促す教会的文脈を提供してくれた。

ハリントンは、マサチューセッツ州ケンブリッジにあるウェストン・イエズス会神学校、そして現在はボストン大学神学部および聖職部の学生たち、またケンブリッジのセント・ピーター教区とマサチューセッツ州アーリントンのセント・アグネス教区の共同体に感謝の念を表する。これらの学生たちと共同体は、どのようにすれば聖書を批判的にそして同時に信仰的に読むことができるかを常に私に考えさせてくれた。私はこのような状況の中で定期的に彼らに教え、また説教する機会に恵まれた。

私たち3人は、オックスフォード大学出版局の編集者であるテオ・カルデ
ララとロバート・ミラーに、この本の初期段階における励ましとサポートに
感謝したい。テオは素晴らしい編集者で、このプロジェクトを完成に導いて
くれた。また、私たちはオックスフォード大学出版局の編集・制作部門のサ
ーシャ・グロスマンとレスリー・ジョンソンの優れた仕事とサポートにも感
謝している。彼らの協力なしには、本書がこれほど折良くまた専門的な形で
まとまることはなかったであろう。

　私たちはそれぞれ、宗教という複雑なテーマについて短い論文や応答でま
とめようとしていることを自覚している。私たちは本書を、批評的視点と信
仰的視点がどのように調和しうるかについての最終決定版とは考えていない。
実際、特定の宗教的伝統の中でも、また宗教的伝統の間でも、このトピック
に関するさらなる対話に拍車がかかれば、私たちは本書を成功と判断するで
あろう。

目　次

まえがき ………………………………………………………………… 3

序　論——ヘブライ語聖書（旧約聖書）の
歴史批判的読解について ……… 11

**マーク・ツヴィ・ブレットラー／ピーター・エンス／
ダニエル・J・ハリントン S.J.**

歴史的批判の本質 …………………………………………………… 14

聖書解釈の歴史 ……………………………………………………… 15

近代歴史批評の登場 ………………………………………………… 23

1　私の聖書——あるユダヤ人の視点 …………… 30

マーク・ツヴィ・ブレットラー

はじめに ……………………………………………………………… 30

聖書におけるトーラーの意味、その構成の歴史、
　　そして神のトーラーという思想の起源 ……………………… 38

ドグマとユダヤ教 …………………………………………………… 45

マイモニデスの第 8 原理 …………………………………………… 48

啓　示 ……………………………………………………………… 53

もう一つの立場──共同体や編集者が与える聖性 ……………… 55

現代ユダヤ教における神のトーラー ……………………………… 57

異なる解決方法──批判的視点、ユダヤ人の律法遵守、
　　文書と口述の律法 ……………………………………………… 63

文字主義──歴史としての聖書と学問としての聖書 …………… 73

聖書の著作権について ……………………………………………… 76

霊　感 ……………………………………………………………… 78

結　論 ……………………………………………………………… 79

批評の実践──詩編 114 編のユダヤ的な歴史批判的解釈 ……… 82

最後の考察 …………………………………………………………… 88

ダニエル・J・ハリントン S.J. の応答 ………………………… 92

異なる聖書 ……………………………………………………… 93

異なる解釈 ……………………………………………………… 94

異なる聖書概念 ………………………………………………… 95

異なる最終的な裁定者 ………………………………………… 97

ピーター・エンスの応答 ………………………………………… 98

2　聖書を批判的かつ宗教的に読むために
──カトリックの視点 …………………… 107

ダニエル・J・ハリントン S.J.

カトリック聖書の形 ………………………………………… 108

7

聖書解釈に関する最近の公式文書 …………………………… 110

カトリックの聖書に対する考え方 …………………………… 113

カトリックと歴史批判的方法………………………………… 116

カトリックの旧約聖書へのアプローチの例 ………………… 118

歴史批判的方法の文学的・歴史的問題点…………………… 120

哲学的・神学的な前提条件の問題 …………………………… 122

カトリックは旧約聖書をどう理解するか…………………… 123

カトリックは新約聖書をどう理解するか…………………… 126

正典の霊的意味………………………………………………… 127

土着化 …………………………………………………………… 129

現実化──聖書を宗教的に読む …………………………… 130

聖書を宗教的に読むことの問題点 …………………………… 132

批判的かつ宗教的にテキストを読む──モーセの呼びかけ ……… 133

教父的解釈 ……………………………………………………… 139

結　論 …………………………………………………………… 140

ピーター・エンスの応答………………………………… 142

マーク・ツヴィ・ブレットラーの応答……………………… 147

3　プロテスタンティズムと聖書批判
──困難な対話への一つの視点 ·················· 156

ピーター・エンス

自分がいる方角を知る ···················· 157

　　そもそもプロテスタントとは何か？ ·················· 157

　　逆説 ···················· 160

聖書と聖書批判──プロテスタンティズムにおける 3 つの障害 ··· 162

　　ソラ・スクリプトゥラ ·················· 162

　　キリスト教聖書の特性 ·················· 164

　　19 世紀のプロテスタントのアイデンティティ ·················· 167

聖書批判とプロテスタント信仰との対話 ·················· 172

　　前進 ···················· 172

　　新約聖書の著者は旧約聖書をどのように捉えたか ·················· 174

　　旧約聖書と歴史の問題 ·················· 182

　　あるプロテスタント信仰者の視点 ·················· 190

マーク・ツヴィ・ブレットラーの応答 ·················· 195

ダニエル・J・ハリントン S.J. の応答 ·················· 201

あとがき ·················· 209

**マーク・ツヴィ・ブレットラー／ピーター・エンス／
ダニエル・J・ハリントン S.J.**

訳者あとがき ………………………………………………………… 211

聖句索引 ……………………………………………………… 217

序　論——ヘブライ語聖書（旧約聖書）の歴史批判的読解について

マーク・ツヴィ・ブレットラー／ピーター・エンス／
ダニエル・J・ハリントン S.J.

　本書の目的は、ユダヤ教信徒、カトリック信徒、プロテスタント信徒が、批判的かつ宗教的な観点から、ヘブライ語聖書／タナク／旧約聖書をどのように読むことができるのか、また、どのように読むべきなのかを示すことである。そのためには、それぞれの伝統において、聖書のテキストがどのように読まれ、解釈され、適用されているかについての類似点と相違点を説明する必要がある。この目標を達成するための最初のステップは、健全な宗教的読解のために必要な準備として、歴史批判のツールと方法を用いて、聖書のテキストの意味をその本来の歴史的設定で理解することである。

　私たちは、「聖書批判」、「高等批評」、「歴史的批判」、「歴史批判学」という言葉を多かれ少なかれ同じ意味で使っている。私たちの仕事は、聖書を蔑視したり、その誤りを指摘したりすることではない。むしろ、私たちは「聖書批判」という言葉を、聖書テキストの本来の文脈上の意味を確立し、その歴史的な正確さを評価するプロセスを意味するものとして広く捉えている。[1]これにより、聖書を真剣に受け止めている人々が、その現在の意味や意義（あるいは意義のなさ）について、十分な情報に基づいた判断を下すことができるようになるのである。このような研究は、聖書解釈に不可欠なステップである。

　このようなアプローチは、「高等批評」から発展したものである。高等批評とは、特に、聖書の最初の 5 冊であるトーラー、または最初の 6 冊である

1　John Barton, *The Nature of Biblical Criticism* (Louisville, KY: Westminster John Knox, 2007).

六書（五書＋ヨシュア記）を歴史的により初期の資料に分類することを意味する古い言葉である。「高等批評」という言葉はもう廃れてしまったが、この言葉は 19 世紀に広く使われていた（今でも一部の界隈では聞かれる）。これは、聖書テキストの最古のバージョンを確定することを目的とする「低次批評」と区別するためのものであった。「高等」とは、原文、あるいはより原文に近いものを復元しようとする本文批評家が行う、下世話で機械的な作業とは対照的に、より優れた、より重要なものを意味する場合もあった。しかし、多くの人々にとっては、本文批評家のより丁重で堅実で客観的な仕事とは対照的に、推測的で、偏った、信頼できない、不遜な活動というニュアンスが含まれていた。そのため、ここでは高等批評、低次批評という言葉は使わず、本文批判、資料批判、編集批判などのより正確な言葉を使うことにする。聖書のテキストを本来の歴史的文脈の中に置くことを意味する「歴史的批判」という言葉の方が好ましい。歴史的批判では、同じ地域、同じ時代に書かれた聖書や聖書外のテキストとの比較が行われる。これは、当時の「空気」や、聖書本文、その著者、最初の読者の背景にあった文化的な前提を理解するのに役立つ。

　19 世紀の半ば以降、考古学は歴史批判のための不可欠な道具となっている。発掘や調査によって、聖書に登場する人々がどのような日常生活を送っていたのか、どのような物理的条件の下で生活していたのか、自分自身や神について何を信じていたのか、といったことがよくわかるようになったのである。また、イスラエルの近隣諸国からも多くの文献や遺物が発見され、解読されている。このように古代イスラエルの知的・宗教的背景に関する知識が増えたことで、従来の多くの伝統的な聖書解釈に疑問が投げかけられている。近年、学者たちは人類学やその他の社会科学の概念やモデルを用いて、聖書の作者の文化的前提や仮定をよりよく理解しようとしている。このように、歴史批判の主な目的の一つは、前近代的な聖書解釈にありがちな、時代錯誤的な聖書解釈を避けることである。

　また、テキストの背後にある出来事の本質をより明確に見極めようとするものでもある。聖書には内的な矛盾があり、ほぼ同時代の他の古代の記述とは異なる場合があることを承知の上で、この方法では、聖書がそのまま歴史の真実を語っているとは仮定しない。この作業では、歴史家は最終的な答え

に到達できないことがあっても、探偵のような役割を果たしている。

　「歴史批判的方法」という表現は、すべての批判的聖書学者が実践している統一された手法があるかのような誤った印象を与えるかもしれない。しかし、それぞれの学者は、様々な方法を組み合わせている。聖書学において、本文批判とは、ヘブライ語、ギリシア語、その他の古代言語で書かれた古代の写本を集め、それらを比較し、どの読み方が原著者の書いたものを最もよく表しているかを見分けること、あるいは少なくとも、復元可能なテキストの最も古い形を見分けることを意味する。場合によっては、古代のテキストの誤りのために、すべての写本が問題となることもある。そのような場合には、学者は情報に基づいた最善の推測（推測的な修正と呼ばれる）を行う。文献学（聖書の言語を研究する学問）では、ある単語の意味と用法を確立し、特定の文脈においてその単語が何を意味していたかを明らかにすることを目指す。様式批判では、テキストの特徴的な文学的様式やジャンルに注目する。つまり、物語なのか、談話なのか、詩なのか、演説なのか、系図なのか、預言的な神託なのか、知恵の教えなのか、たとえ話なのか、嘆きの詩なのか、などなどにフォーカスを当てる。そして、テキストの正しいジャンルを理解することが、どのように解釈の指針となるかを探る。資料批判は、聖書の著者が1つまたは複数の文書資料を使用していたかどうかを確認し、それを自分の作品に統合することを目的としている。編集批判は、聖書の編集者や編纂者が、どのように、また、なぜ、そのように元々のテキストを編集したのか、そのことによってどのような事柄を強調したかったのかを調べる。修辞批判は、聖書の著者が、読者の注意を引くために、あるいは読者に何かをするように説得するために、言葉や文学構造をどのように用いたかに注目する。物語批評や文学批評は、登場人物とその関係、筋書き、語り手の視点、時間と空間の問題などに焦点を当てる。

　これらの方法や作業の多くは、相互に排他的なものではなく、聖書のテキストにアプローチするための異なる方法を表しており、時にはこれらの批判的アプローチの中にも、学者の間で大きな意見の相違がある。しかし、聖書解釈のためのこれらのアプローチは、歴史批判的方法の不可欠な要素となっている。

序　論——ヘブライ語聖書（旧約聖書）の歴史批判的読解について

歴史的批判の本質

　歴史批判は、聖書のテキストが他の古代のテキストと同じように読めること、つまり、その言葉が何を意味し、どのように解釈されるべきかについて、特別な前提条件なしに読めることを前提としている。つまり、聖書の言葉が何を意味し、どのように解釈されるべきかについての特別な前提を持たずに、言語と理性の道具を用いて聖書のテキストの意味を理解するのである。歴史批判では、まず古代の歴史的文脈の中で古文書を読み、その言語やイメージ、文学的な形式や構造、元の著者や聴衆、読者へのメッセージに注意を払いながら、古文書の本来の意味を見極めようとする。そして、これらの歴史的考察との対話の中で、テキストの現在の意義やその宗教的意味を判断する。

　著名な文芸評論家、哲学者、神学者、そして現代の聖書学者の中には、歴史批判的な探求は認識論的に不可能であり、したがって無意味であると考える人もいる。例えば、エドマンド・リーチ卿は、文書の中に初期の資料を見つけることは不可能であり、この試みは「オムレツを解く（既に行ったことを原状に戻す）」ようなものだと主張している。[2]つまり、遠い過去（あるいは現在）の著者の意図を正確に判断できると考えるのは誤りであると主張するのである。このような聖書解釈者は、テキストが原著者の手を離れれば、読者はそれをどう解釈してもよいと主張する。さらに、古代世界についての知識が断片的であることから、古代の著者の意図や初期の読者がそのテキストをどのように理解したかを知るために、著者の知的・宗教的世界について十分な知識を得ることは不可能であると主張する。

　私たちはこのような批判に耳を傾けており、聖書批評が、ほとんど匿名である古代の著者たちが何を考えて書いたのか、古代人がテキストを読んだり聞いたりしたときに何を理解したのかについて、絶対的な知識を獲得できると主張していると言いたいわけではない。しかし、これらの批判に対して、

2　Edmund Leach and D. Alan Aycock, *Structuralist Interpretations of Biblical Myth* (Cambridge: Cambridge University Press, 1983), 3.

聖書の歴史批評家たちは、私たちが聖書の世界と言語について十分な知識を持っており（将来的にはさらに多くの知識を得たいと思っており）、著者の意味やテキストの元の文脈における機能について、合理的で説得力のある説明をすることができると主張している。そして、それに基づいて、あるテキストの解釈を時代錯誤的で空想的なもの、つまり不可能なものとして退けることができると考える。私たちが提案するあるモデルが妥当かどうか、古代の裏付けとなる証拠を使うこともある。[3] 私たちは、歴史批判によらない洞察や応用が奥深い場合があることを認めるが、それらは歴史批判の目的である、元の文脈における聖書のテキストの意味を理解することにはつながらない。

聖書解釈の歴史

聖書の解釈は、最近の現象ではなく、ヘブライ語聖書の中にそのルーツがある。エレミヤ書やイザヤ書の第二イザヤ（40 〜 55 章、前 6 世紀半ば）、第三イザヤ（56 〜 66 章、前 6 世紀末または前 5 世紀初め）は、第一イザヤ（1 〜 39 章、主に前 8 世紀）にあった言葉やテーマを取り入れ、改作している。[4] 歴代誌は、サムエル記や列王記に記されている事柄を選択的および創造的に書き直したものである。詩編は、以前の聖書箇所を再解釈することが多い。出エジプト記 34:6–7 の神の属性は、多くの文脈で再解釈されている（例えば、ヨナ 4:2、詩編 86:15 参照）。実際、今日の聖書研究における最先端の課題の一つは、「間テクスト性」と呼ばれるもので、様々な聖書テキスト間の可能なリンクを見つけることであり、これは千年前の古典的なラビの文献の多くを特徴づけるものである。

---

3 Jeffrey H. Tigay, ed., *Empirical Models for Biblical Criticism* (Philadelphia: University of Pennsylvania Press, 1985).

4 Benjamin Sommers, *A Prophet Reads Scripture*: *Allusion in Isaiah* (Palo Alto, CA: Stanford University Press, 1998), 40–66. 内的聖書解釈については、Michael Fishbane, *Biblical Interpretation in Ancient Israel* (Oxford: Oxford University Press, 1985); and Bernard M. Levinson, *Deuteronomy and the Hermeneutics of Legal Innovation* (New York: Oxford University Press, 1997) を参照。

1947 年にクムランで死海写本が発見されたことは、その時まで最古のヘブライ語聖書写本であったアレッポ写本よりも約 1,000 年ももっと古い写本を手に入れたことだけを意味するのではない。その発見により、古いスタイルの「聖書的ヘブライ語」を意図的に模倣し、ヘブライ語のスタイルを育んでいたユダヤ人宗教共同体の存在が明らかになった。[5] さらに彼らは、新約聖書の多くのテキストがヘブライ語聖書を解釈するのと同じように、いくつかの預言者や詩編を共同体の歴史や生活に照らして解釈する、特殊なタイプの聖書注解（ペシャリム）を私たちに遺している。クムランの他のテキストは、後代のラビのテキストに見られる様々なタイプの解釈を示している。例えば、アラム語の『創世記外典』は、聖書のテキストにない詳細を補い、『神殿の巻物』は、聖書に見られる相互に異なる法的伝統を調和させようとしている。これらの初期の解釈は、聖書がその簡潔な文体や相反する多様な伝統のために解釈を必要とするという事実を反映している。

　一方、ほぼ同時代の他のユダヤ人コミュニティも、ヘブライ語聖書と呼ばれるものを解釈し、適用する作業に参加していた。ヨセフスは『ユダヤ古代史』全 20 巻の中で、創世記から自分の時代（1 世紀後半）までのユダヤ人の歴史を、聖書や聖書後の資料を取り入れて完全に再現した。聖書の物語を語る際、ヨセフスは、自分の（ギリシア語の）聖書をそのまま引用したり、他の初期のテキストに見られる解釈上の伝統を加えたり、自分自身の新しい資料を加えたり、テキストの中の資料を並べ替えたりと、様々な方法で聖書を新しい読者のために書き換えたのである。アレクサンドリアのフィロ（1 世紀初頭）は、ユダヤ教の聖書テキストとプラトン哲学の重要な概念をいかにして結びつけることができるかを示そうとしたが、彼の解釈は典型的なアレゴリー的なものである。彼と同時代に活躍したのが、『ソロモンの知恵』の著者（紀元前 1 世紀半ばから紀元後 1 世紀）で、彼もまた、出エジプトに関連する聖書の内容を高度に解釈し、応用している。この時期に書き換えられた聖書の例としては、『ヨベル書』や『疑似フィロの聖書古代史』などがある。意識的であろうとなかろうと、この時代とそれ以降の作家たちは、聖書の人物やイメージを自分たちの時代の思想や理想に合わせて解釈する際に、

5　Geza Vermes, *The Complete Dead Sea Scrolls* (New York: Penguin, 2004).

典型的な時代錯誤に陥っている。

　新約聖書は、ユダヤ教の聖書、特に七十人訳と呼ばれるギリシア語の翻訳から大きな影響を受けている。新約聖書の最初の本であるマタイによる福音書は、聖書の「定式の引用」（「聖書が成就するために、すべての出来事が起こった」）や、イエスを聖書やユダヤ教の伝統の権威ある解釈者として強調していることで有名である（死海写本に現れる「正義の教師」の役割に似ている）。新約聖書における最後の書物である『ヨハネの黙示録』は、旧約聖書への言及と反響に満ちている。著者のヨハネは、直接の引用はしていないが、聖書の文章やテーマを使い、キリストへの信仰に照らして新たな工夫をしている。この2つの書物の間にある、新約聖書の残りの福音書と書簡には、旧約聖書への言及がたくさんあり、旧約聖書は多くの場合、少なくとも神学的な議論に区切りをつけるという意味で、著者と読者の両方から権威あるものとみなされていたようである。新約聖書が旧約聖書を頻繁に引用したのは、それらの箇所を理解する鍵がイエス・キリストという人物にあるという確信に基づいている。これは、クムランのペシャリムに見られるように、特定の聖書のテキストが著者の時代に成就したと解釈されるプロセスと類似している。

　特に70年にエルサレムとその神殿が破壊された後は、ユダヤ人もキリスト教徒も、正典化されつつあったユダヤ教の正典、つまり旧約聖書に導きと励ましを求めた。ラビたちにとって、ヘブライ語聖書、特にその最初の部分であるトーラーは、ユダヤ教を再構築するための強固な基盤であり、その基盤を確立するために多大な創造的エネルギーを費やしたのである。そのために、ラビたちは、それまでの聖書のモデルや古代メソポタミアの解釈方法を参考にしながら、高度な聖書解釈の方法を開発し、さらに古代ギリシア・ローマ文明で「イーリアス」や「オデュッセイア」などの古典的な文章を解釈する際に用いられていた解釈方法の一部を取り入れた。これらの規則には、重要でないものから重要なものへの議論（ヘブライ語の qal va-ḥomer、ラテン語の a minore ad maius に相当）、2つのテキスト間のリンクを見つけること、一般的なものを特殊なもので修飾すること、他のテキストとの類似性から議

論すること、文脈から議論することなどが含まれていた。これらの規則は、ミシュナー（紀元 200 年頃）、エルサレムのタルムード（紀元 4 世紀頃に完成）とバビロニアのタルムード（紀元 7 世紀頃に完成）、そして聖書のテキストを直接解釈する様々なミドラーシュ的な作品で述べられるラビの意見に、聖書的な根拠を与えるのに役立った。

　中世におけるユダヤ教の聖書解釈は極めて多様であった。法律関係では、バビロニアのタルムードがほとんどの場合、権威あるものとされていた。しかし、物語の分野では、非常に大きな創造性が発揮された。10 世紀初頭にバビロンで作られた伝統的なユダヤ教の注釈書の初期の形は、ラビの法解釈を権威と認めないカラ派運動の影響を受けたものと思われる。キリスト教の中世聖書解釈とは異なり、ラビ的および古典的な中世ユダヤ教解釈には、単一の統一された解釈原理はなかった。

　この時代のユダヤ人解釈者は、常に原語（ヘブライ語とアラム語）の聖書テキストを精査しており、イスラムのクルアーン研究の影響を受けて、言語学的解釈の強い伝統が発展した。しかし、ほとんどのユダヤ教の解釈は、文字通りの意味を超えたものであり、（聖書のヘブライ語で「果樹園」を意味し、ギリシア語で楽園を意味する言葉と結びついている）パルデス（Pardes）という記憶を助ける言葉で表現される 4 つのモードに分けられることが多かった。すなわち、ペシャット（peshat：文脈に沿った、文字通りの解釈）、レメス（remez：文字的意味は「暗示」、文字通りでない、寓意的な解釈の一種で、哲学的な解釈を含むこともある）、デラッシュ（derash：ミドラーシュ的、説教的な解釈）、ソード（sod：文字的意味は「秘密」、神秘的な解釈）である。一人の注解者が一つの注解書の中で、これらの方法を複数用いることもあった。

　古典的なユダヤ教の聖書解釈のほとんどは、タルムードやミドラーシュの方法や解釈を参考にした、非常に伝統的なものであったが、中には異端的な解釈もあった。バビロニアのアカデミーの長（ガオン）であるサアディヤ（882–942）は、カラ派の影響を受けて聖書の注釈書を書き、アラビア語の翻

6　Günter Stemberger, *Introduction to the Talmud and Midrash* (Edinburgh: T&T Clark, 1966), 17–34.

訳書と一緒に出版した。聖書の書物の紹介を含む彼の注釈書は、アラビア語圏のユダヤ人の世界で非常に大きな影響力を持っていた。特にイスラム教国のスペインでは、2千年紀の前半に、ヘブライ語聖書のテキスト、特にトーラー以外の部分に誤りがあることを指摘する低次批判が行われていた。しかし、これらの学者たちは、テキストそのものをより正しいもの、あるいはオリジナルなものに変えることは主張しなかった。イスラム圏での聖書釈義の多くは、イスラム教徒のクルアーン釈義の方法や主張に影響を受けていた。

　ユダヤ教の中世における最も偉大な注釈者はラシ（Rabbi Samuel son of Isaac, 1040–1105）であり、彼はそれまでのラビのテキストを統合して非常に読みやすい注釈書を執筆した。それまでのラビの解説者たちは、典型的に原子論的で、一つの単語の意味に集中していた。ラシはペシャット（peshat あるいは peshuto shel miqra’、「簡単な意味」の意、現代の「文脈上の意味」に近い）と呼ばれる方法を開発した。この方法では、一つ一つの単語の意味に注目するのではなく、互いに整合性のある初期のラビの伝統を選択して、一つの大きな単位に対する統一された解釈を作り上げたのである。彼の孫であるラシュバム（Rabbi Samuel son of Meir, 1080 年頃—1160 年頃）は、この方法を拡張し、単純なトーラーの解釈がラビの律法解釈の伝統と矛盾する場合があることを示唆した。スペインの解釈学派の一員とされるラビ・アブラハム・イブン・（「息子の」）エズラ（1089–1164）は、申命記 3：11 の注釈の中で、トーラーのいくつかの箇所はモーセが書いたものではないと示唆した。この立場は、後にスピノザに影響を与えることになる。ラシュバムの「トーラーはラビの規範から外れて解釈されるべきかもしれない」という考えも、イブン・エズラの「トーラーの一部はモーセ以後のものである」という考えも、中世のユダヤ世界ではほとんど支持されなかった。

　新約聖書の著者たちにとって、もちろん存在する聖書は、後に旧約聖書と呼ばれるようになったユダヤ教の正典の一形態であった。新約聖書の著者たちは、旧約聖書を 300 回以上も引用し、1000 回以上も言及している。まさに新約聖書は、イスラエルの物語とイエスの生・死・復活の物語を結びつける解釈のプロセスであると言える。紀元 2 世紀にキリスト教運動が異邦人によって主導されるようになると、ユダヤ教の聖書の役割がますます問題視され、論争の的になった。マルキオン（85 〜 160 年）のような少数のキリス

ト教徒は、ユダヤ教の聖書に啓示されている神を劣った神とみなし、（新約聖書の一部はもちろん）旧約聖書を完全に廃棄しようとした。しかし、それはキリスト教の新約聖書が基づいている、権威ある正典を廃棄することを意味していたので、失敗した。

　旧約聖書を残すことを決めたキリスト教徒は、旧約聖書をどのように解釈するかを決めなければならなかった。初期キリスト教の神学者であるオリゲネス（185–254）、アンブロジウス（約340–397）、ヒエロニムス（347–420）、アウグスティヌス（354–430）などの教父たちは、新約聖書の著者たちに倣って、キリストの光の下で旧約聖書を読み解いた。また、オリゲネスは旧約聖書の様々なギリシア語版を並べて分析しており（テキスト批判の第一段階である証拠収集の初期の例）、もう一方ではヒエロニムスがラテン語に翻訳するためにヘブライ語を学ぶことの重要性を認識していた。彼らの主要な解釈方法の一つは、アレゴリーである。アレゴリーは、キリスト教以前の時代にアレクサンドリアで行われていた『イリアス』や『オデュッセイア』の解釈方法であった。しかし、アレクサンドリアの異教の解釈者が主に道徳的、哲学的な適用に関心を持っていたのに対し、教父たちは主にキリスト論、すなわちキリストの人格と本性に関心を持っていた。

　教父たちは、ギリシア語やラテン語で書かれた旧約聖書を、イエスの生涯、死、復活の救いの意義という「過越祭の神秘」の導きのもとに解決すべきパズルや謎として捉えていた。新約聖書の主要な物語りは、旧約聖書の多くの謎を開く鍵となる。彼らは旧約聖書を、イエスにおいて、またイエスを通して成就された神の約束の書物とみなした。あるいは、神の言葉であるイエスの受肉によって成就され、照らされた影であると考えた。彼らのアプローチは、アウグスティヌスの「新約聖書は旧約聖書の中に隠されており、旧約聖書は新約聖書の中で明らかにされている」という言葉に端的に表れている。教父たちは旧約聖書に徹底したキリスト論的解釈を与え、その影響は今日でも、カトリックや正教会の公式文書や慣習だけでなく、プロテスタントの一部では「神学的釈義」と呼ばれる動きの中にも色濃く残っている。これは、ヘブライ語聖書を理解する唯一の鍵はないと考え、ヘブライ語やアラム語の原文で研究し続けた中世ユダヤ人の聖書解釈とは大きく異なる。

　教父たちの聖書解釈から生まれたもう一つの貢献は、先に述べた中世ユダ

ヤ教の4つの解釈方法に類似した、「聖書の4重の意味」という考え方である。この考え方によると、解釈者は、聖書のテキストの文字通りの意味、寓意的な意味、比喩的な意味、神秘的な意味を探すべきであるとされている。文字通りの意味（歴史的意味）は、何が起こったかを教えてくれる。寓意的（神学的）な意味は、主にキリストと教会について、何を信じるべきかを教える。比喩的（道徳的）な意味では、何をすべきかを教える。神秘的（終末論的）意味は、テキストが私たちをどこに連れて行ってくれるのか、つまり理想的には天国に連れて行ってくれることに関係する。一般的な例として、「エルサレム」が挙げられる。この言葉は、文字通りには都市を、寓意的には教会を、比喩的には魂を、そして神秘的には天国を意味するとされる。[7]

　中世最大のキリスト教神学者であるトマス・アクィナス（1225–1274）は、聖書の四重の意味という伝統を受け継ぎながら、文字通りの意味の重要性を強調した。しかし、現代の解釈者が、原著者とその時代に基づき、文意や意味を定義するのとは異なり、トマスは、聖書の第一の著者である聖霊が意図したものを本来の文意とした。これにより、旧約聖書を「約束」と「成就」、「影」と「現実」という観点から読み解く、霊的な解釈の扉が開かれた。例えば、トマスはヨブ記の有名な注釈書の中で、キリスト教神学のメガネをかけてヨブ記を完全に読み解き、ヨブの苦しみは、すべての中で最も偉大な贈り物である神との永遠の命と至高のビジョンが保証されていたので、実際にはそれほど深刻ではなかったと示唆している。

　また、エラスムス（1466–1536）らによるルネサンス／ヒューマニスト運動も、歴史批判的方法の重要な基礎を築いた。ルネッサンス期の人文主義者たちは、ヘブライ語やギリシア語を学ぶことを奨励し、単にラテン語訳（ヒエロニムスのウルガタ）に頼るのではなく、聖書を深く理解することの重要性を説いた。彼らは、聖書を原語で理解する（翻訳する）ことに価値を見出し、聖書を理解するための助けとして、ギリシア語やラテン語の古典や教父の研究を奨励した。彼らは、聖書原文の歴史的背景に強い関心を持ち、その時代と自分たちの時代との違いを認識していた。また、教会の現状を批判し、

7　Kenneth Hagen, *The Bible in the Churches*: *How Different Christians Interpret the Scriptures* (New York: Paulist, 1985), 3–34.

その腐敗を明らかにし、改革をもたらす手段として、聖書を用いることに価値を見出していた。キリスト教世界のヘブライ語研究者たちは、聖書以外のヘブライ語やアラム語で書かれたユダヤ教のテキスト、特にタルムードやさまざまなユダヤ教の神秘的なテキストを解釈し、議論し、翻訳した。

　マルティン・ルター（1483–1546）は、エラスムスとは激しく対立し、ルネッサンス／ヒューマニストのプログラムを批判したが、教会改革をもたらす手段として、聖書を積極的に使用しようとした。ルターと他の改革者は、ヨーロッパの教会（特にローマとローマ教皇庁）で発展してきた伝統や慣習に代わって、人が神の前でどのように義と認められるかという原始教会の理解を取り戻す方法として、少なくともルターが理解していたように、聖書のみへの回帰を促した。ルターは特に、ヨハネの福音書、パウロのガラテヤの信徒への手紙とローマの信徒への手紙、ペテロの手紙一を、キリストを最もよく宣べ伝える新約聖書の書物として高く評価していた。ルターが問題にしたのは、旧約聖書ではなく、真の福音書、つまりパウロ神学と対立するように見える新約聖書の書物の一つであるヤコブの手紙であった。その理由は、パウロ神学と明らかに矛盾していること（恵みではなく「業義」、2:14–26参照）と、キリストへの明確な関心が薄いこと（1:1、2:1参照）にあった。ルターは聖書をヘブライ語とギリシア語からドイツ語に翻訳したが、その翻訳はドイツ語の歴史の中でも画期的なものである。しかし、彼は聖書の書物における古代の歴史的背景にはほとんど関心を示さず、旧約聖書のユダヤ人と彼の時代のユダヤ教の両方を無知で迷信的であると批判する以外は、聖書の世界と彼が暮らしていた16世紀のヨーロッパの世界との間のギャップにはほとんど注意を払っていなかった。

　対照的に、ルターと同時代のフランスの神学者でプロテスタントの改革者であるジョン・カルヴァン（1509–1564）は、古文書の背景を考慮するヒューマニズム的研究の訓練を受けていた。カルヴァンの注釈書（旧約聖書を含む、キリスト教聖書のほとんどの書物について書かれている）には、この訓練が反映されている。彼は、言語学的、歴史的な事柄に注意を払い、受け入れられている解釈に挑戦することをためらわなかった。例えば、ヘブライ語で神を表す言葉として、文法的には複数形のエロヒムが使われている。カルヴァンの時代には、この複数形に三位一体の意味を見出すのが一般的であっ

た。カルヴァンはこの読み方を、古代イスラエルにおけるこの言葉の歴史的な意味とは全く異なっているとして、即座に退ける。

　しかし、このような文脈への配慮は、教会の伝統や権威から事実上独立しようとした、キリスト教世界における聖書批判の高まりとは、表面的にしか関係していない。ローマ・カトリックの伝統に対するプロテスタントの宗教改革の挑戦にもかかわらず、イエスとパウロへの回帰に反映されるように、権威ある聖書の教えを回復しようとする意識的な努力があった。しかし、ルターが聖書に基づいて教会の権威に異議を唱えたことが、聖書批判の台頭の基礎となったことは、後世の観察者たちの間で見逃されていない。その数世紀後にプロテスタント宗教改革の中心地であるドイツで聖書批判が生まれたことは、偶然ではないだろう。聖書を丁寧に解説することは、教会の伝統とは別に、聖書が教会の最終的な権威であるとする「聖書中心主義」の帰結である。このような立場は、聖書が実際に何を言っているのかに注意を払う必要があった。振り返ってみると、宗教改革の中には、聖書を批判的に読むことの萌芽が含まれていた。しかし、真に自覚的な批判的態度と方法論は、17世紀になって、ヨーロッパの哲学の発展と関連して、聖書批判が適切に行われるようになるまで待たなければならなかった。

近代歴史批評の登場

　前述のように、近代聖書批評は、初期のユダヤ教、教父、中世、ルネッサンス、宗教改革期の聖書解釈に深く根ざしており、特に聖書本文への細心の注意が重要視されていた。しかし、ヨーロッパの啓蒙主義の一部のサークルでは、注目すべき変化が起こった。そこでは、聖書は教会を改革し、純化するための手段ではなくなった。それどころか、聖書の権威を貶めることは、教会の権威、さらにはプロテスタント、カトリックを問わず、教会を支えている国家の権威をも貶める手段となった。ドイツやイギリスのリベラルなプロテスタントの知識人の間では、聖書は神の啓示とはみなされず、人間の理性だけで判断される他の書物と同じようになった。聖書解釈の場は、修道院や説教壇から学者の研究室へ、そして最終的にはドイツの大学へと移ってい

序　論——ヘブライ語聖書（旧約聖書）の歴史批判的読解について　　23

ったのである。[8]

　このような聖書批判の新しいアプローチを最も明確に示したのは、ユダヤ人として生まれた哲学者のバルーク（ラテン語ではベネディクト）・スピノザ（1632–1677）であった。[9]（スピノザほど徹底して批判的ではなかったが、トーマス・ホッブズは『リヴァイアサン』［1651 年］の中で、モーセ五書に関するスピノザの指摘のいくつかを先取りしている）。スピノザの『神学政治論』の第 7 章（「聖書の解釈について」）では、聖書は他の書物と同様に扱われるべきであり、言語学や歴史学の観点から読まれるべきであり、読者は聖書の中の一節の文脈に注意を払い、書物が書かれた歴史的状況を念頭に置かなければならないと主張した。もちろん、これらは現代の聖書批判の大原則となっており、今ではあまり議論されなくなっている。

　また、スピノザは、聖書の真理（あるいは非真理）は、伝統や教会の権威に訴えなくても、自然な理性によって認識できると主張し、奇跡の物語は、当時考えられていた自然の物理的な法則に基づいて解釈されるべきだとした。このようなスピノザの思想の特徴は、（オランダの地元のシナゴーグから破門された）彼の歴史的状況と、彼の哲学・神学（神の代わりに「自然」を用いる汎神論的な考え方）によって説明することができる。

　フランスのカトリック司祭リチャード・シモン（1638–1712）は、一般に聖書批評の父と呼ばれている。シモンは、『旧約聖書批判史』（1678 年）の中で、同じ出来事が重複して記述されたり、文体が変えられたりしていることを理由に、モーセがトーラー／五書の著者ではないことを主張した。[10]彼はスピノザと対立し、自らをキリスト教正統派の代表とみなしていたにもかかわらず、カトリック界から批判を浴び、1678 年には所属していた宗教団体から追放された。シモンは、カトリックの公式な場ではほとんど支持されなかったが、律法の構成が一般に考えられているよりも複雑であるという可

8　Michael Legaspi, *The Death of Scripture and the Rise of Biblical Studies* (New York: Oxford University Press, 2010).

9　Baruch Spinoza, *Tractatus Theologico-Politicus* (Gebhardt Edition, 1925), trans. Samuel Shirley (Leiden: Brill, 1989).

10　Richard Simon, *Histoire Critique du Vieux Testament* (Paris, 1678)。英訳は Richard Simon, *A Critical History of the Old Testament* (London, 1682), http://www.archive.org/details/SimonRichard1638–1712ACriticalHistoryOfTheOldTestament1682.

能性を示した。その結果、フランスのジャン・アストリュック（1684–1766）やドイツのヨハン・セムラー（1725–1791）の研究が進み、19世紀にはドイツのプロテスタント界でヨハン・ヴァトケ（1806–1882）やユリウス・ヴェルハウゼン（1844–1918）がさらに発展した研究成果を発表するようになった。

　初期の段階（Hermann Reimarus、Bruno Bauer、H. E. G. Paulus）では、福音書の伝統の中にある教会的な装飾を取り除き、テキストの背後にある「本当の」イエスを見つけることが目的であった。[11]本当のイエスは、ローマ人に対する革命の計画が処刑に終わった、失望した空想家として描かれた。彼が起こしたとされる奇跡は、ごく普通の出来事を初期キリスト教徒の想像力で発展させた空想や神話であると説明された。例えば、彼が水の上を歩いたのは、彼が海辺を歩いたことに基づいているとされ、パンと魚を増やしたのは、彼が昼食を分けてもらうように聴衆を説得したことに基づいているとされた。

　神学者であり哲学者でもあるエルンスト・トレルチは、聖書批判の原則に関するもう一つの重要な（そして問題のある）論文、「神学における歴史的および教義的方法」（1900年）を書いている。[12]トレルチは、神学における歴史的方法の基礎となるべきだと考えた3つの原則、すなわち批判、類推、相関関係を示した。批判：宗教的伝統は歴史的批判に左右されるべきであり、歴史家は何が起こったか、起こらなかったかを語ることはできず、確率のみ、つまり何が起こったかの可能性が高いか低いかのみを語れるという原則。類推：私たちは、現在を扱うのと同じ基準で過去を扱わなければならないという原則（現代人は水の上を歩けないので、イエスも歩けなかった）。相関関係：すべての歴史的現象は、この世の原因と結果の観点から解釈されなければならないという原則（例：紅海が割れたのは神の奇跡ではなく、強風によるものだった）。このような基準を聖書に適用すると、聖書の中心テーマで

11　アルバート・シュヴァイツァーによる古典的な論じ方は Albert Schweitzer, *The Quest of the Historical Jesus* (repr., Minneapolis, MN: Fortress, 2001) を参照。

12　Ernst Troeltsch, "Historical and Dogmatic Method in Theology," in *Religion in History/Ernst Troeltsch*, ed. James Luther Adams and Walter E. Bense (Minneapolis, MN: Fortress, 1991), 11–32.

ある歴史や人間関係へ神が直接介入することが排除されることになり、聖書研究は徹底した非神話化の実践となってしまう。

19世紀末から20世紀初頭にかけて活躍した二人のドイツのプロテスタント聖書学者、ユリウス・ヴェルハウゼンとヘルマン・グンケルは、歴史批判的な課題についてのこれまでの理解をまとめ、拡張し、20世紀初頭の聖書学における課題のほとんどを構築した。[13]ヴェルハウゼンは、旧約聖書と新約聖書、イスラム以前の文化、イスラム初期の文化について執筆した多才な人物で、読みやすく、説得力があり、非常に影響力のある資料批判の概要を提示し、ドイツ語の原書は『Prolegomena to the History of Ancient Israel』というタイトルで英訳された。グンケル（1862–1932）は宗教史学派の初期の代表者であり、聖書本文の背後にある口伝伝承が時間をかけて伝達され、聖書本文がその伝達段階の証拠を示していることに注目した。また、創世記や詩編の注釈書を中心に、様式批判（文学単位の様式的特徴が、その単位の本来の社会的設定［Sitz im Leben：ドイツ語で「生活の座」の意］をどのように反映しているかを研究する学問）の発展にも貢献した。この二人の学者がドイツのプロテスタントであったことは偶然ではない。

当初、教会やシナゴーグの多くが、スピノザやトレルチの原理に基づいた聖書批判に否定的な反応を示したのは当然のことである。しかし、これらのグループの多くは、スピノザやトレルチが提示したより過激な哲学的・神学的命題を排除した聖書批判を受け入れることを学んだ。ローマ・カトリック教会は、かつては聖書批判に最も熱心に反対していたが、最近の聖書解釈に関する文書（特に第二バチカン公会議の「Dei Verbum」）では、歴史批判的アプローチを「不可欠」としながらも、「霊的」な解釈の必要性を主張している。プロテスタントとユダヤ教は、歴史的批判について異なる多様な態度を取っている。保守的なプロテスタントや正統派ユダヤ教徒は、一般的に自分たちの伝統を聖書批判に合わせようとはしないが、そこでも大きな和解が成立している。

近年、穏健な形の歴史批判は十分な歴史性を備えていないと主張する動き

13　Douglass A. Knight, ed., *Methods of Biblical Interpretation* (Nashville, TN: Abingdon, 2004); and Martin Buss, *Biblical Form Criticism in Its Context* (Sheffield, UK: Sheffield Academic Press, 1999).

が出てきた。[14] このアプローチの支持者の中には、聖書に見られる誤りや矛盾、道徳的な欠点を熱心に指摘する人もいる。また、聖書は今日では有害であるか、少なくとも無関係であり、無視するのが最善であると考える人もいる。また、歴史批判を用いて、過度に文字通りの解釈をする人や、聖書の保護者を名乗る誤った人から聖書を救うことができると考えている人々もいる。[15]

　私たちは、どちらの側の批判者にも共感するところがあるかもしれないが、聖書を批判的かつ宗教的に読むことは可能であると確信している。歴史的には、「正典的な聖書と学術的な聖書は、対立する解釈共同体を志向する根本的に異なる創造物である」[16] とされてきたが、私たちはそうであってはならないと考えている。私たちは、ジョン・バートンのような学者が提唱した歴史的批判の広い理解を用いている。聖書批判とは、文学的・歴史的分析のツールを用いて、聖書テキストの本来の文脈的意味を確立するプロセスを指す。このような研究が宗教的信念に対してどのような課題を提起するかは、宗教的伝統や聖書批評を否定する理由にはならず、宗教的伝統との対話を促すきっかけとなるべきである。

　このアプローチが、この後のページで私たちの執筆の基盤となっている。それでは、今日のユダヤ教、カトリック、プロテスタントの伝統において、聖書－ここではヘブライ語聖書／タナク／旧約聖書－を批判的かつ宗教的に読むことが何を意味してきたのか、また意味しうるのかを示すことに移ろう。

このテーマに関する更なる参考文献

Barton, John, ed. *The Cambridge Companion to Biblical Interpretation*. Cambridge: Cambridge University Press, 1998. イギリスとアメリカの学者による、聖書解釈の方法と現代解釈における聖書の書物についての 20 の論文。

14　例えば、Hector Avalos, *The End of Biblical Studies* (Amherst, NY: Prometheus Books, 2007); and Philip R. Davies, *Whose Bible Is It Anyway?* (London: T&T Clark, 2004).

15　近年、英語圏の学界では、オルブライト学派、特にジョン・ブライトが主なターゲットになっている。John Bright, *History of Israel*, 3rd ed. (Philadelphia: Westminster, 1981) を参照。

16　Legaspi, *The Death of Scripture and the Rise of Biblical Studies*, 169.

Barton, John, ed. *The Nature of Biblical Criticism*. Louisville, KY: Westminster John Knox, 2007. 聖書批判とは、文学的・歴史的分析の助けを借りて、テキストの明白な意味を確立することである。

Brettler, Marc Z. *How to Read the Jewish Bible*. New York: Oxford University Press, 2007. 歴史的批判がいかに重要なテキストの理解に貢献できるかを示したヘブライ語聖書のガイド。

Enns, Peter. *Inspiration and Incarnation: Evangelicals and the Problem of the Old Testament*. Grand Rapids, MI: Baker Academic, 2005. 旧約聖書と古代近東文学、神学的多様性、新約聖書との関係を受肉のアナロジーを用いて論じている。

Frampton, Travis L. *Spinoza and the Rise of Historical Criticism of the Bible*. New York: T&T Clark, 2006. 聖書批判は、宗教改革後の聖書の権威に関する論争の産物であり、単に啓蒙主義的合理主義の発明ではないと考えるべきだと主張する。

HaCohen, Ran. *Reclaiming the Hebrew Bible: German-Jewish Reception of Biblical Criticism*. Studia Judaica 56. New York: de Gruyter, 2010. 19 世紀の様々なドイツ系ユダヤ人学者が、聖書批判、特にトーラーの資料批判にどのように反応したかを記述している。

Hauser, Alan J., and Duane F. Watson, eds. *A History of Biblical Interpretation*. Vol. 1, *The Ancient Period*; vol. 2, *The Medieval through the Reformation Periods*. Grand Rapids, MI: Eerdmans, 2003, 2009. 聖書解釈の歴史についての概説書。

Legaspi, Michael. *The Death of Scripture and the Rise of Biblical Studies*. Oxford Studies in Historical Theology. New York: Oxford University Press, 2010. ヨーロッパの啓蒙時代とそれ以降に、解釈者が聖書に批判的にアプローチするようになり、学術的な聖書学が生まれたことを示している。

LeMon, Joel M., and Kent Harold Richards, eds. *Method Matters: Essays on the Interpretation of the Hebrew Bible in Honor of David L. Petersen*. SBL Resources for Biblical Study 56. Atlanta: Society of Biblical Literature, 2009. ヘブライ語聖書の研究における方法についての最新のハンドブック。

McKenzie, Steven L., and Stephen R. Haynes. *To Each Its Own Meanings: An Introduction to Biblical Criticisms and Their Application*. Louisville, KY: Westminster John Knox, 1993, 2nd edition 1990. 学生向けに、聖書を解釈するために用いられる主な古典的および現代的な方法を紹介している。

Perdue, Leo G., ed. *The Blackwell Companion to the Hebrew Bible*. Blackwell Companions to Religion. Oxford: Blackwell, 2001, 2nd ed., 2004. 国際的な学者のチームによる論文に基づいた、現在の旧約聖書研究の概要。

Reventlow, Henning G. *History of Biblical Interpretation*. Vol. 1, From the Old Testament to Origen; vol. 2, *From Late Antiquity to the End of the Middle Ages*; vol. 3, *Renaissance, Reformation, Humanism*; vol. 4, *From the Enlightenment to the Twentieth Century*. SBL Resources for Biblical Study 50, 61–63. Atlanta: Society of Biblical Literature, 2009–2010. 聖書批評の歴史を包括的に調査している。

Rogerson, John. *Old Testament Criticism in the Nineteenth Century: England and Germany*. Philadelphia: Fortress, 1985. ヴェルハウゼンの立場の思想的背景。

Sæbø, Magne, ed. *Hebrew Bible Old Testament: The History of Its Interpretation*. Vol. 1, *Antiquity*; vol. 2, *The Middle Ages*; vol. 3, *From the Renaissance to the Enlightenment*. Göttingen: Vandenhoeck & Ruprecht, 1996, 2000, 2008. 旧約聖書研究の歴史の様々な側面について、国際的な学者チームによる詳細な論文。

Scholder, Kurt. *The Birth of Modern Critical Theology: Origins and Problems of Biblical Criticism in the Seventeenth Century*. Philadelphia: Trinity International, 1990. 聖書の理解と意義に関する最も重要な立場は、1680 年頃に確立されたと主張している。

Spinoza, Baruch. *Tractatus Theologico-Politicus* (Gebhardt Edition, 1925). Translated by Samuel Shirley. Leiden: Brill, 1989. 聖書は他の書物と同様に扱われるべきであり、その真理は理性によって認められ、奇跡は自然の法則によって説明されるのが最善であると主張している。

Steck, Odil Hannes. *Old Testament Exegesis: A Guide to the Methodology*. Atlanta: Society of Biblical Literature, 1998. 学問的な釈義によって旧約聖書のテキストの歴史的な意味にアプローチする方法を示している。

Tigay, Jeffrey H., ed. *Empirical Models for Biblical Criticism*. Philadelphia: University of Pennsylvania Press, 1985. 本文批判という方法論はテキストがどのように構成されたかについて合理的なモデルを提示しているということを説明した論文集。

Troeltsch, Ernst. "The Historical and Dogmatic Method in Theology." In *Religion in History/Ernst Troeltsch*, ed. James Luther Adams and Walter E. Bense, 11–32. Minneapolis, MN: Fortress, 1991. より急進的な聖書批判の基礎となる 3 つの原則（批判、類推、相関関係）について論じる重要な論文。

1 私の聖書——あるユダヤ人の視点

マーク・ツヴィ・ブレットラー

概要

ブレットラーがユダヤ人の視点から書いたこの論文は、まずヘブライ語のアクロスティックな表記であるタナク (Tanakh) と呼ばれるヘブライ語聖書の 3 つの構造（五書、預言書、諸書）を説明している。次に、聖書自体が批判的な学者の仮説の多くを支持していることを示している。また、伝統的なユダヤ教の一部では（特にマイモニデスの影響で）、律法全体がシナイでモーセに啓示され、現在の（マソラの）ヘブライ語のテキストに完全に保存されているという信念が生まれたことを説明している。このような背景から、マイモニデスの見解はユダヤ人に普遍的に受け入れられたわけではなく、ヘブライ語聖書の本質そのものに忠実ではないことを示している。そして、ユダヤ人学者の間で聖書批判が徐々に受け入れられていく過程を辿り、聖書批判者としても信仰者としても統合されたマイモニデス自身のアプローチを詩編 114 編を参照しながら説明する。

キーワード

マイモニデス、マソラ、詩編 114、タナク、トーラー

はじめに

　ユダヤ教は聖書を中心とした宗教であり、（聖書のテキストそのものではなく）解釈された聖書を第一とする。ユダヤ人の創造的聖書解釈（デラシ）は、聖書を「根本的に暗号のような文書」、つまり特別な神の言葉で書かれ

たパズルのようなものであり、それを解読しなければならないと考えること
が多く、これは何世紀にもわたってユダヤ人に好まれた聖書解釈の方法であ
った。聖書を「普通の」人間の言葉であるとする、聖書本文の単純な意味や
文脈的な意味（ペシャット）は、ごくまれにしか重要視されなかった。[1]

　ユダヤ教の聖書を中心とした特性は、様々な形で見ることができる。シナ
ゴーグでは、安息日（土曜日）と祭礼のたびに、トーラーと預言書からの抜
粋がヘブライ語で読まれ、また聖書の他の多くの部分、特に詩編が典礼の不
可欠な部分となっている。シナゴーグで儀式的にトーラーの巻物が掲げら
れると、共同体は起立する。もし、そのトーラーが床に落ちると、共同体は
悲嘆のしるしとして断食する。しかし、ユダヤ教は、トーラーや聖書全体に
対して、そのテキストが最初にどのような意味を持っていたのか、どのよう
にして生まれたのかという点には、つまり歴史批判的な観点には関心がない。
ティクヴァ・フライマー・ケンスキーが、「ユダヤ教においてトーラーの重
要性は、現実的なものというよりも象徴的なものであり、いつも維持される
というよりも時より称賛されるものである」と指摘し、ウィルフレッド・キ
ャントウェル・スミスが正典の比較研究において「聖書はユダヤ人の生活に
おいて特に中心的な役割を担うものではなかった」と主張したことは正し

1　この論文では、他の人がヘブライ語聖書と呼ぶものを「聖書」と呼んでいる。私
は他に聖書を持っていないので、私にとってはこれらの本は単に聖書なのであ
る。聖書が「基本的に不可解な書物」であることについては、James L. Kugel, *The
Bible as It Was* (Cambridge, MA: Harvard University Press, 1997), 18. ペシャットと歴
史批判的方法は、似ているところもあるが、同じではないことは確かである。ペ
シャットとデラシについては、David Weiss Halivni, *Peshat and Derash: Plain and
Applied Meaning in Rabbinic Exegesis* (New York: Oxford University Press, 1991) また、
Baruch J. Schwartz, "Of Peshat and Derash, Bible Criticism and Theology," *Prooftexts*,
14 (1994): 71–88 を参照。デラシの仮定は、クーゲルの『*The Bible as It Was*』1–49
と彼の『*In Potiphar's House*』で明確に説明されている。*In Potiphar's House: The
Interpretive Life of Biblical Texts* (San Francisco: HarperSanFrancisco, 1990. ユダヤ教の
聖書解釈の概要については、Adele Berlin and Marc Zvi Brettler, ed., *The Jewish Study
Bible* (New York: Oxford University Press, 2004), 1829–1919 に掲載されている論文を
参照。より詳細な情報は、Magne Sæbø, *Hebrew Bible/Old Testament: The History of
Its Interpretation* (Göttingen: Vandenhoeck & Ruprecht, 1996–) あるいは間もなく出版
される予定の *New Cambridge History of the Bible* を参照。

い。私を含む何人かの批判的な聖書学者は、聖書自体が再び現代のユダヤ教の中心となり、ラビのテキストと同じ程度に、あるいはそれらとは独立して研究されるような変化をもたらそうとしている。

　というのも、一部のユダヤ人学者が批判的な聖書研究に積極的に取り組むようになったのは、ここ数十年のことだからである。そしてその多くは、信心深いユダヤ教徒であり続けている。しかし、批判的研究と宗教的遵守がどのように交わるかについては、これまであまり検討されてこなかったし、批判的聖書研究はしばしばタブー視されてきた。このような理由から、私が提示する立場は私自身のものである。司教たちと一緒に行動し、公式の、場合によっては無謬の教えを提供するユダヤ教の教皇はいない。また、世界的に認められているユダヤ人のマルティン・ルターもいない。ユダヤ教とは、「ユダヤ人の進化する宗教文明」と理解するのが最も適切であり、それは様々な形をとっているし、これまでもそうであった。

　ユダヤ人の立場は、たとえ一つの宗派であっても、ほとんどの問題に対して単一ではないため、聖書学を含む批判的ユダヤ学などの問題を議論する学者たちは、批判的な学術研究とユダヤ人の信仰と実践を様々な方法で結びつけている。ある人は、学問的知識と宗教を区分し、科学と宗教の議論のように、両者が異なる次元で機能していることを認めることを好む。例えば、ジェームズ・クーゲルは次のように主張している。例えば、ジェームズ・クーゲルは、「聖書学と伝統的なユダヤ教は、今も昔も完全に両立しない」と主張している。また、ポストモダン的な考え方で、すべてを調和させる必要はなく、「混乱した自己」を持つことは自然なことだと主張する人もいる。私は通常、より総合的なアプローチを好み、ここでは批判的な聖書学の研究と

2　フライマー・ケンスキーの引用は、彼女の "The Emergence of Jewish Biblical Theo-logies" in *Jews, Christians, and the Theology of the Hebrew Scriptures*, ed. Alice Ogden Bellis and Joel S. Kaminsky (Atlanta: Society of Biblical Literature, 2000) からのものである。スミスの引用文は *What Is Scripture: A Comparative Approach* (Minneapolis, MN: Fortress, 2005), 113 を参照。

3　Mordecai M. Kaplan, *The Religion of Ethical Nationhood* (New York: Macmillan, 1970), 1; 詳細については彼の *Judaism as a Civilization* (New York: Macmillan, 1934) を参照。私は彼の定義を採用しているが、彼の神学的枠組みは採用していない。

伝統的なユダヤ人の見解や慣習がどの程度まで融合できるかを探る。[4]

　この論文を書くにあたり、私は若干の違和感を覚えている。私は宗教学者として、「自分の人生を研究に持ち込まないように訓練されてきた」し、「自分の宗教的な物語を明らかにすることへの深いためらいは、宗教学の学問と精神の一部である」と教えられてきた。[5]私は、ユダヤ人コミュニティによって設立された世俗的な大学で、歴史批判的な観点から聖書学を教えており、序文で述べた歴史批判的な方法は健全であると信じている。また、ユダヤ人であることが、聖書の理解を含めて私の人生に浸透していることも認識している。

　信仰と批判的研究の問題に対する私のアプローチは、クリスチャンの同僚とは異なる答えと強調点を持っている。私たち3人は、同じ聖書について話しているわけではない。ユダヤ人にとっては、ヘブライ語聖書が聖書全体であり、ラビ的な伝統は、キリスト教徒にとっての新約聖書と同じ地位を持っていない。例えば、バビロニアのタルムードは、ヘブライ語聖書と一緒に印刷されているわけではない。実際、ラビの伝統によれば、タルムードは口伝に留まるべきものであり、書かれた作品としての地位を持つべきではなかったようである。ラビ的な伝統は、ある意味ではユダヤ教において、キリスト教における新約聖書と同じような解釈の役割を担っているが、それは聖書のテキストに焦点を当てたものであり、イエスなどの個人に焦点を当てたものではない。これらの要因から、ヘブライ語聖書：ラビ的伝統：：旧約聖書：新約聖書という類推は問題がある。さらに、ヘブライ語聖書の書物の順序は、旧約聖書の順序とは異なり、強調点が異なることを示唆している。また、ユ

4　クーゲルからの引用については、James L. Kugel, *How to Read the Bible*: *A Guide to Scripture, Then and Now* (New York: Free Press, 2007), 681 を参照。また、ベンジャミン・D・ソマーによる痛烈な批評については、Benjamin D. Sommer, "Two Introductions to Scripture: James Kugel and the Possibility of Biblical Theology," JQR, 100 (2010): 153–182 を参照。「混乱した自己」については、Jennifer Rosner, *The Messy Self* (Boulder, CO: Paradigm, 2007) を参照。

5　引用は、Robert A. Orsi, *Between Heaven and Earth*: *The Religious Worlds That People Make and the Scholars Who Study Them* (Princeton, NJ: Princeton University Press, 2005), 192, 14 からのものである。この本は、批判的研究と宗教的関与をどのように組み合わせることができるかについて、全体的に示唆に富んでいる。

ダヤ人社会におけるヘブライ語聖書の正典は、3部構成である。「Torah（律法）」、「Nevi'im（預言書）」、「Ketuvim（諸書）」であり、頭文字をとって「TNK」（Tanakh）と呼ばれている。これは、キリスト教の4部構成の正典（律法、歴史書、詩歌書、預言者）とは異なるが、これもおそらくユダヤ教に由来するものである。キリスト教は、「律法」（トーラー）については両義的であり、新約聖書のイエス像につながる「預言書」が旧約聖書の中心的な部分とされている。しかし、ユダヤ教の伝統では、トーラーは primus inter pares（対等なものの中の最初のもの）と理解されている。カトリックの正典では、旧約聖書の一部（エステル記やダニエル書など）がヘブライ語聖書のものよりも長く、またカトリックの旧約聖書には外典（ソロモンの知恵など）が含まれているため、ユダヤ教のヘブライ語聖書よりも多くの書物が含まれている。このような多くの違いは、ユダヤ人とキリスト教徒がヘブライ語聖書と旧約聖書について議論するとき、同じ本を別の名前で議論しているわけではないことを示唆している[6]。

　先に述べたように、ユダヤ教とキリスト教、特にプロテスタントの間の大きな違いは、聖書の中心性に関するものである。2千年の間、ラビのテキスト、特にバビロニアのタルムードは、ある意味では、ユダヤ教における最も重要な著作として、タナクに取って代わった（千年紀の後半に登場したユダ

6　書かれた律法と口伝の律法については、b. Shabbat 31a; Kugel, *The Bible as It Was*, 402–407; Martin S. Jaffee, *Torah in Mouth*: *Writing and Oral Tradition in Palestinian Judaism*, *200 BCE-400 CE* (New York: Oxford University Press, 2001) and the extensive discussion of Benjamin D. Sommer, "Unity and Plurality in Jewish Canons: The Case of the Oral and Written Torahs," in *One Scripture or Many*: *Canon from Biblical*, *Theological and Philosophical Perspectives*, ed. Christine Helmer and Christof Landmesser (Oxford: Oxford University Press, 2004), 108–150. ラビの伝統と新約聖書の間の類似点については、Smith, What is Scripture? 296, n. 65 を参照。正典化およびヘブライ語聖書と旧約聖書の性質の違いについては、Marc Zvi Brettler, "The Canonization of the Bible," in *The Jewish Study Bible*, Berlin and Brettler, 2072–2077; Adele Berlin and Marc Zvi Brettler, *How to Read the Jewish Bible* (New York: Oxford University Press, 2007), 273–278; Roger Brooks and John J. Collins, eds., *Hebrew Bible or Old Testament*? *Studying the Bible in Judaism and Christianity* (Notre Dame: University of Notre Dame Press, 1990); and Marvin A. Sweeney, "Jewish Biblical Theology," in *The Hebrew Bible*: *New Insights and Scholarship*, ed. Frederick E. Greenspahn (New York: New York University Press, 2008), 195–198 を参照。

ヤ人グループであるカラ派は、タルムードの権威とラビナイトの立場を否定し、独自の聖書解釈を行った）。中世のユダヤ教主流派にとってのタルムードの重要性は、12 世紀（1100 〜 1171 年頃）の賢者で、バビロニアのタルムードや自分の祖父ラシ（1040 〜 1105 年）の注釈書についてコメントしたメイアの息子ヤコブ（トーサフィストのラブベイヌ・タムとも呼ばれる）の発言に見られる。ラシのタルムードと聖書に関する注釈書はユダヤ教において正典に近い地位を占めている。ラビ・ヤコブは、タルムードには多くの聖書の節が含まれているので、聖書を研究するというミツバ（戒律・義務）は、タルムードの研究によって果たすことができるし、そうすべきだと提案した。この判断は非常に影響力があり、第一次十字軍以降、特にドイツ・フランスでは、聖書の勉強に代わってタルムードの勉強が行われるようになった。[7]

　この状況は、18 世紀のユダヤ人の啓蒙活動であるハスカラまで変わらなかった。ハスカラの創始者とされるモーゼ・メンデルスゾーン（1729–1786）は、聖書のいくつかの書物の注釈書を執筆・編集した。ハインリッヒ・ハイネは彼について、非常に誇張した表現でこう述べている。「ルターがローマ教皇を倒したように、メンデルスゾーンはタルムードを倒した。それと同じように、彼は伝統を否定し、聖書が宗教の源泉であると宣言したからである」。しかし、第二次世界大戦後まで、ユダヤ人が大学で聖書を教えることがほとんど不可能であったことをはじめとする、内外のさまざまな理由により、ユダヤ人が聖書研究の主流となり、この種の研究が信者にもたらす問題に真剣に取り組むようになるまでには、長い時間がかかった。20 世紀半ばに聖書学がユダヤ人研究者に開放されてから、かなりの数のユダヤ人が聖書学者のギルドに参加するようになったのである。しかし、ギルドに入った後、彼らは自分がこのギルドに完全に適合していることを示さなければならず、そのため、アプローチにおいてはユダヤ的方法よりも批判的であった。ユダヤ人学者が学会に受け入れられるようになった今、彼らは自分たちの研究におい

7　カラ派については、Meira Polliack, "Medieval Karaism," in *The Oxford Handbook of Jewish Studies*, ed. Martin Goodman (Oxford: Oxford University Press, 2002), 295–326 を参照。R. Jacob の立場については、Ephraim Kanarfogel, "On the Role of Bible Study in Medieval Ashkenaz," in *The Frank Talmage Memorial*, vol. 1, ed. Barry Walfish (Haifa: Haifa University Press, 1993), 151 を参照。

1　私の聖書——あるユダヤ人の視点　　35

て自覚的にユダヤ人であることをより心地よく感じており、例えば、「通常の」プロテスタントの聖書神学といくつかの点で平行して、ユダヤ人聖書神学と呼ばれる聖書学の研究分野を開発している。[8]

　ユダヤ教の中でその権威が認められている中世の神学者、医師、哲学者であるモーゼ・マイモニデス（1135–1204）の 13 の信仰原則を中心に、聖書に対するユダヤ人の批判的アプローチが議論されてきた。マイモニデスは、あるサークルの人々にとってルターや教導権者のような立場にある。彼の原則の要約版は、伝統的な祈祷書（シドゥリム）の朝の礼拝の最後に印刷されており、イグダル（「（神は）偉大なり」）の祈りの中で言い換えられている。マイモニデスの第 8 原則は、トーラーの起源に関するもので、最も影響力のある短縮版には次のように書かれている。「私は、現在私たちが持っているトーラー全体が、私たちの師であるモーセに与えられたものであることを、完全な信仰をもって信じる」。第 9 の原則は「私は完璧な信仰をもって、このトーラーが決して変更されないことを信じる……」となっている。14 世紀に書かれたと思われる詩集『イグダル』には、これらが次のように記されている。

　　　神はその民に真実の律法を与えた。
　　　神の忠実な預言者を通して。
　　　神はその律法を他のものと交換したり修正したりすることはない。

　この 2 つの原則を合わせると、シナイでモーセに啓示されたトーラー（五書）全体が、現在のヘブライ語のテキスト（通常は 10 世紀後半のアレッポ写本と同一視されている）に完全に保存されているという教義を信じること

8　ハイネからの引用については、Jaacov Shavit and Mordechai Eran, *The Hebrew Bible Reborn: From Holy Scripture to the Book of Books*, Studia Judaica 38, trans. Chaya Naor (Berlin: de Gruyter, 2007), 38 を参照。現代のユダヤ教聖書学の発展については、近刊の *New Cambridge History of the Bible* の vol.4 に掲載されている私とエドワード・ブロイヤーの共著論文を参照。ユダヤ教聖書神学については、Marc Zvi Brettler, Moshe Goshen-Gottstein, Tamar Kamionkowsy, Jon Levenson, Benjamin Sommer, and Marvin Sweeney の論文を参照。特に、Marvin A. Sweeney, *TANAK: A Theological and Critical Introduction to the Jewish Bible* (Minneapolis, MN: Fortress, 2012) を参照。

が要求されていると一般的に理解されている[9]。

エルサレムのヘブライ大学のバルーフ・シュワルツは、宗教的なユダヤ人と批判的な聖書学者の典型的な立場を明確に対比している。

　（聖書学者は）聖書そのものの創造において、単にその解釈や規範的適用の決定だけでなく、テキストやその伝達において、人間が決定的な役割を果たしたことを認めている。……聖書評論家は、律法についての事実を知っている。……律法は、別々の物語の筋書きや法律の編纂物からなる文学的に多様な編集物であり、そのすべてが歴史的に条件付けられた人間の産物である。……聖書は、イスラエルの宗教における以前の、前規範的段階の文学的記録である[10]。

　彼の議論の中心となるのは、ヘブライ語聖書全体ではなく、五書であり、本章でもその点に注目する。その理由は、五書を研究するための批判的な方法が最も発達しており、批判的に読むようになればユダヤ教の信仰と実践を最も脅かすと考えられていたからであり、またユダヤ教においては、五書が正典の中心的な部分であるからである。

　ユダヤ教の典礼では、五書は torat ḥayyim（命のトーラー）として語られている。私にとって、これはいくつかの点で相互に関連している。学術的な聖書学者である私にとって、聖書は生活の糧である。聖書の物語や法則、特に後世の伝統によって解釈されたものは、私の人生の指針となる。このような様々な意味での命のトーラーが建設的に交わり、ヘブライ語聖書のある箇所自体が歴史批判的な視点を支持することを示すことができると信じている。

9　マイモニデスの原則はここでは、Joel Hoffman in *My People's Prayer Book*, in vol. 6, *Tachanun and Concluding Prayer*, ed. Lawrence A. Hoffman (Woodstock, VT: Jewish Lights, 2002), 162 に従って翻訳している。イグダルの詩的なバージョンについては、vol.5, *Birkhot Hashachar* (*Morning Blessings*) (Woodstock, VT: Jewish Lights, 2001), 99 を参照。イグダルについては、Menachem Kellner, *Must A Jew Believe Anything?* (London: Littman Library of Jewish Civilization, 1999), 153; and Marc B. Shapiro, *The Limits of Orthodox Theology: Maimonides's Thirteen Principles Reappraised* (Oxford: Littman Library of Jewish Civilization, 2004), 17–19 を参照。

10　Schwartz, "On Peshat and Derash," 79.

1　私の聖書——あるユダヤ人の視点　　37

聖書におけるトーラーの意味、その構成の歴史、そして神のトーラーという思想の起源

　マイモニデスの短い定式化は、トーラーの本文批判と資料批判の両方の可能性を否定するものである。多くのユダヤ人学者は彼に同意している。これらの信念は、聖書とラビの伝統、より正確には古典的ラビの聖書の伝統に対する特定の理解に基づいている。例えば、申命記 4:44 にはこう書かれている。「これから述べることは、モーセがイスラエルの人々に示した律法（トーラー）である」。しかし、聖書におけるヘブライ語のトーラーの意味は曖昧なことが多く、ある後期の書物に限って、いわゆる五書、モーセ五書、あるいはトーラーを指している。例えば、ネヘミヤ記 8:2 ～ 3 では、このように考えられている。

　　祭司エズラは律法（トーラー）を会衆の前に持って来た。そこには、男も女も、聞いて理解することのできる年齢に達した者は皆いた。第七の月の一日のことであった。彼は水の門の前にある広場に居並ぶ男女、理解することのできる年齢に達した者に向かって、夜明けから正午までそれを読み上げた。

　トーラーという言葉は、教え（主に「律法」ではない）という意味で、聖書の中では五書以外の意味で使われることが多い。レビ記では、トーラーを「祭儀法」という狭い意味で使うことが多く、レビ記 6:2 では次のように使われている。「アロンとその子らに命じて言いなさい。焼き尽くす献げ物についての指示（トーラー）は次のとおりである」（6:7、18 参照）。また、出エジプト記 12:49 にはこう書かれている。「この規定（トーラー）は、その土地に生まれた者にも、あなたたちの間に寄留している寄留者にも、同じように適用される」。よそ者、つまり在留外国人や旅行者は、律法のすべてを履行する義務がないことを考えると、ここで「トーラー」が「律法全体」を意味することはない。申命記 4:44 において決定的な問題は、その文脈がトーラーの広い理解（「律法」）を示唆しているのか、それとも狭い理解（「指導」）を示唆しているのかということである。

この節の最初の言葉、wezo't「そして、これ」は、指示語または指し示す言葉であり、次の45–46節でより明確に定義されている。

　イスラエルの人々がエジプトを出たとき、モーセが彼らに告げた定めと掟と法は次のとおりである。それは、ヨルダン川の東で、ヘシュボンに住むアモリ人の王シホンの領土にあるベト・ペオルの前に広がる谷においてなされた。

　このように、申命記4:44を広い文脈で読むと、「そしてこれ」は申命記の中の次の立法のみを指し、律法全体を指しているのではないことがわかる。五書の中でトーラーという言葉が明確に律法全体を意味するケースはない。実際、批判的聖書学の研究では、五書の中でトーラーが律法全体を意味することはないとされている。[11]

　ユダヤ教の伝統は、申命記4章などのトーラーをどのように解釈するかについて、批判的聖書学の研究者と意見が合わない。実際、多くのユダヤ人社会では、シナゴーグでトーラの巻物が読まれた後、巻物を掲げて会衆が「そしてこれは、モーセが神（の指示）に従い、イスラエル人の前に置いたトーラーである」と唱える。この定型化された言葉は、関係のない2つの節を組み合わせたものである。つまり、「これから述べることは、モーセがイスラエルの人々に示した律法（トーラー）である」と書かれた申命記4:44と、イスラエル人の荒野での野営について書かれた民数記において「主の命令に

11　この論文における聖書の翻訳は、Jewish Publication Society の *Tanakh* の翻訳に従っているか、この翻訳に私が手を加えたものである。マイモニデスと歴史的批判法との対立については、Louis Jacobs, *Principles of the Jewish Faith*: *An Analytical Study* (New York: Basic Books, 1964); Menachem Kellner, *Dogma in Medieval Jewish Thought*: *From Maimonides to Abravanel* (Oxford: Oxford University Press, 1986); Kellner, *Must A Jew Believe Anything?*; and Shapiro, *Limits of Orthodox Theology* で紹介されている意見を参照。レビ記と申命記4:44におけるトーラーの意味については、Jacob Milgrom, *Leviticus 1–16*, *The Anchor Bible* (New York: Doubleday, 1991), 382–383; and Moshe Weinfeld, *Deuteronomy 1–11*, *The Anchor Bible* (New York: Doubleday, 1991), 234–235 を参照のこと。より広くは、William M. Schniedewind, *How the Bible Became a Book*: *The Textualization of Ancient Israel* (Cambridge: Cambridge University Press, 2004), 特に118–138を参照。

1　私の聖書——あるユダヤ人の視点

よって」で始まり、「モーセを通して」で締めくくられている 9:23 である。これらのテキストを組み合わせることで生じた、この儀式文はトーラーがモーセに起源を持つことを主張している。[12]

　トーラーが神によってモーセに啓示されたとする思想の起源を正確に特定することは困難である。ユダヤ教の文書では、Torah MiSinai（シナイ山で与えられたトーラー）、Torah leMoshe MiSinai（シナイ山でモセによって与えられたトーラー）、あるいはより一般的には Torah min haShamayim（天の、あるいは神のトーラー）と呼ばれており、これらの専門用語は必ずしも同じ意味を持つものではない。神のトーラーやモーセのトーラーに関するこのような考え方は、聖書の中にも見られる。聖書の初期文章の中には、律法の一部を神に帰属させるものはあるが、全体を神に帰属させるものはない。律法全体が神やモーセに由来するという概念は、ヘブライ語聖書の最後の部分である「ケトゥビム（諸書）」にのみ明確に現れており、特に「歴代誌」（ほとんどの学者が前4世紀としている）とエズラ記・ネヘミヤ記（前5世紀）に見られる。両書とも、モーセの律法（単数形）に言及し（エズ 3:2、ネヘ 9:14、代下 23:18 など）、また「神の律法」あるいは「主の律法」に言及している（エズ 7:10、ネヘ 8:18、代上 16:40、代下 12:1）。ネヘミヤ記 8:1 では、この二つの考え方を組み合わせて、「主がイスラエルに授けられたモーセの律法の書」としている。このように、第二神殿時代の初期（紀元前5世紀または4世紀、五書が正典化されて権威を得た直後）に、五書は神からモーセに与えられたものだという考えが生まれていた。[13]

12　Reuven Hammer, *Entering Jewish Prayer*: *A Guide to Personal Devotion and the Worship Service* (New York: Schocken Books, 1994), 232.

13　これらの用語の意味については、Abraham Joshua Heschel, "Torah from Heaven," in *Heavenly Torah as Refracted through the Generations*, ed. and trans. by Gordon Tucker (New York: Continuum, 2005), 368–386 を参照。Torah min haShamayim という言葉は、Mishnah Sanhedrin 10:1 に初めて記されている。ヘシェルは、「天のトーラという言葉の元々の意味は、シナイ山で聞かれた10の言葉であったが、……ラビ・アキバはこの言葉を五書のすべての言葉を含むように拡大した」(59) との考えを展開している。聖書における啓示の概念については、Benjamin D. Sommer, "Revelation at Sinai in *the Hebrew and in Jewish Theology*," JR 79 (1999): 422–451; Marc Zvi Brettler, "The Many Faces of God in Exodus 19," in *Jewish and Christian Biblical Theology*, ed. Joel Kaminsky and Alice O. Bellis (Atlanta: Scholars Press, 2000), 353–367 を参照。ま

聖書には、トーラーが時間をかけて発展してきたことを示す強力な内部証拠があり、トーラーが神のものであり、モーセによって書かれたものであるという考えは、聖書時代の後半に発展した。エズラ記・ネヘミヤ記や歴代誌などの後期の聖書では、単数形で「トーラー」という専門用語が使われているが、初期の聖書では「様々な教え」という意味で複数形のトーロトと呼ばれている。例えば、レビ記26:46にはこう記されている。「以上は、主がシナイ山においてモーセを通して、御自分とイスラエルの人々との間に定められた掟と法と律法（トーロト）である」。この変更は、複数であるトーロトの概念に代わって、単数のトーラーの概念が登場したことを示唆している。ヘブライ語聖書には、本文の読みに代わる読みや訂正を示す「欄外注記」が存在する場合がある。[14]エレミヤ書32:23とエゼキエル書の最後の部分（43:11、44:5）では、複数形のトーロトが「指示」という初期の意味で使われた可能性が高いのであるが、後の書記官によってトーラーと修正されている。これは、神の言葉はトーラーという一つの文書にあるという書記官の信念を反映したものである。例えば、ネヘミヤ記9章の詩では、「あなたのトーラー」（単数形）と3回言及している（26、29、34節）。これらの文章を総合すると、聖書の時代にトーロト（諸々の教え）から、権威ある単一のトーラーへと発展していったことが推察される。

前述したように、初期のテキストでは、トーラーは特定の教えや、後に正典となる五書の一部を指していることがある。例えば、列王記下14:6は、紀元前6世紀の申命記主義的テキストと思われるが、ユダの王アマジヤについてこう記している。「しかし、モーセの律法の書に記されているところに従い、殺害者の子供たちは殺さなかった。主がこう命じておられるからである。『父は子のゆえに死に定められず、子は父のゆえに死に定められない。人はそれぞれ自分の罪のゆえに死に定められる。』」。これは、申命記24:16

た、Marc Zvi Brettler, "Revelation at Sinai: Biblical Perspectives" in *The Significance of Sinai: Traditions About Sinai and Divine Revelation in Judaism and Christianity*, ed. George J. Brooke et al. (Leiden: Brill, 2008), 15–28 を参照。いつ、どのようにしてトーラーが権威を持つようになったかについては、James W. Watts, *Persia and Torah: The Theory of Imperial Authorization of the Pentateuch* (Atlanta: SBL, 2001) を参照。

14　これらの欄外注記（Qere-Kethib）については、Emanuel Tov, *Textual Criticism of the Hebrew* (Minneapolis, MN: Fortress, 1992), 58–64 を参照。

を（ほぼ）引用したものである（トーラーに関してはヨシュア記8：31–32、申命記27：4–8 も参照）[15]。ヨシュア記や列王記がトーラーと呼ばれるものを引用しているが、これは申命記の主要な出典であるD 資料であって、例えば、大多数の批判的な研究者が申命記から分離し、申命記よりも後の時代のものと考えている祭司的資料（P 資料）を引用しているわけではない。レビ記23：42–43 には、秋の仮庵祭（スッコト）の際に仮の庵に住むという習慣が規定されている。この規定が後期の文書であるネヘミヤ記8：14–17 にのみ実施されており、第一神殿時代やそれ以降に形成された列王記などの初期の書物には見られないのは、このためである。

　歴代誌の編集者は、サムエル記や列王記の著者とは異なり、私たちが知っているような完全な五書を（多かれ少なかれ）持っていたので、サムエル記や列王記のような以前のテキストを更新し、「修正」することもあった[16]。例えば、列王記上8：25 で、ソロモンは次のように祈っている。「イスラエルの神、主よ、今後もあなたの僕ダビデに約束なさったことを守り続けてください。あなたはこう仰せになりました。『あなたがわたしの前を歩んだように、あなたの子孫もその道を守り、わたしの前を歩むなら、わたしはイスラエルの王座につく者を断たず、わたしの前から消し去ることはない』と。」ここで神に従うことは、「私の前を歩く」という言葉で表現されている。前4 世紀に書かれた歴代誌下6：16 にはこう書かれている。「イスラエルの神、主よ、今後もあなたの僕、父ダビデに約束なさったことを守り続けてください。あなたはこう仰せになりました。『あなたがわたしの前を歩んだように、あなたの子孫もその道を守り、わたしの律法に従って歩むなら、わたしはイスラエルの王座につく者を絶たず、わたしの前から消し去ることはない』と。」先ほどの「わたしの前を歩む」を「わたしの律法に従って歩む」と補

15　David A. Glatt-Gilad, "The Status of the Law (Book) of Moses within the Deuteronomistic History," in *Mishneh Todah*: *Studies in Deuteronomy and Its Cultural Environment in Honor of Jeffrey H. Tigay*, ed. Nili Sacher Fox et al. (Winona Lake, IN: Eisenbrauns, 2009), 185–199.

16　例えば、Sara Japhet, *I & II Chronicles* (London: SCM Press, 1993), 561, 585, 646, 976; 反対意見については、Judson R. Shaver, *Torah and the Chronicler's History Work*: *An Inquiry into the Chronicler's References to Laws, Festivals, and Cultic Institutions in Relationship to Pentateuchal Legislation* (Atlanta: Scholars Press, 1989) を参照。

足しているのは、列王記の著者ではなく、歴代誌の著者が権威ある律法を持っていたからである。

　歴代誌の著者による「修正」のもう一つの事例も、モーセのトーラー概念の発展に関係するものである。列王記上 8 : 65 によると、ソロモンは秋の祭りである仮庵祭の際に第一神殿を奉献し、「七日間」祭りを祝った。この 1 週間の祭りは、申命記 16 : 13 の律法に合致している。「麦打ち場と酒ぶねからの収穫が済んだとき、あなたは七日間、仮庵祭を行いなさい」。しかし、後の祭司の伝統では、祭りに 1 日が加えられており、レビ記 23 : 36 に見られるように、「七日の間、燃やして主にささげる物をささげ続ける。八日目には聖なる集会を開き、燃やして主にささげる物をささげる。これは聖なる集まりである。あなたたちはいかなる仕事もしてはならない」。ソロモンの神殿の奉献の記録を書き直す際に、歴代誌はこの第八日目のことも書き加えた。「彼らは七日間、祭壇の奉献を行い、七日間、祭りを行って、八日目に聖なる集まりを開いた。」（代下 7 : 9）。これは、列王記の著者がレビ記 23 章の律法を知らなかったのに対し、歴代誌の著者は律法全体を所有していたために知っていたことを示す明確な証拠である。[17]

　モーセの律法が時代とともに発展したことは、マラキ書 3 : 22 の言葉にも裏付けられている。「わが僕モーセの教え（トーラー）を思い起こせ。わたしは彼に全イスラエルのためホレブで掟と定めを命じておいた。」（「ホレブ」はシナイ山の別名と思われる）。マラキは捕囚期以後の時代に活動していた最も後代の預言者であり、ほとんどの学者はこの聖書箇所は二次的なもので、「トーラー」は五書という意味だと考えている。[18]古典的な預言者の中で、「（わたしのしもべ）モーセのトーラー」という言葉が出てくるのは、この第二神殿のテキストだけであり、それ以外には歴代誌とエズラ記・ネヘミヤ記のみである。それ以前の預言書にはこの言葉がないことから、五書という意

17　列王記上 8 : 65 のテキストについては、Mordechai Cogan, *1 Kings*, The Anchor Bible (New York: Doubleday, 2000), 290 を参照。レビ記 23 章の仮庵祭に関連するテキストについては、Israel Knohl, *The Sanctuary of Silence*: *The Priestly Torah and the Holiness School* (Minneapolis, MN: Fortress, 1995), 13, 20–21, 27 を参照。

18　例えば、Andrew E. Hill, *Malachi*, The Anchor Bible (New York: Doubleday, 1998), 360–371 を参照。

1　私の聖書——あるユダヤ人の視点　　43

味で使われた、モーセのトーラーという概念は、第二神殿時代になって初めて発展したと考えられる。

このモーセのトーラーの概念は、一度生まれたら、定着するようになった。そのため、死海写本（前2世紀 – 後1世紀）では、10数回にわたって「モーセのトーラー」が言及されているが、「神/主のトーラー」の言及はそれほど多くない。フィロ（前20年頃 – 後45年頃）とヨセフス（37年頃 –100年頃）は、トーラーを神がモーセに啓示したものと理解している。フィロは通常、トーラーを「モーセの書」と呼び、ヨセフスは『古代史』4.138で五書の律法を「神があなたに贈ったすべてのものの中で最も美しい贈り物」と呼び、天地創造の物語などの聖書の物語をモーセのものとしている（1:26）。同じ時代に書かれた新約聖書も、ところどころで五書がモーセによるものであることを前提にしていると思われる（例えば、マタ19:8、マコ12:26参照）。[19]

このように、五書の神的な起源、すなわちシナイ的な起源という考え方は、ラビ時代に始まったと見るのは正しくない。第二神殿時代の初期に、五書はテキストとして存在していた（ただし、後述するように、すべての写本が同一ではなかった）。モーセがシナイ山に40日間滞在したという伝承（出24:18、34:28、申9:9、11、10:10）によれば、モーセはただ単に数分程度で暗唱できる十誡（しばしば十戒と誤称される）を受け取ったこと以上のことをしたことは明らかである。そこで、律法の一部がモーセへの神の啓示であるという明確な記述（例えば、出20:22、レビ26:46、27:34など参照。しかし、そのような言及は創世記には現われない！）を受けて、律法全体を一つの文書として見て、神の啓示であるという考えが生まれた。その結果、創世記から申命記までは、「神のトーラー」、「モーセのトーラー」、「モーセを介した神のトーラー」、あるいは単に「トーラー」と呼ばれるようになった。この書物群を表すこれらの用語は、いずれも聖書時代後期の書物には見

19　フィロについては、Yehoshua Amir, "Authority and Interpretation of Scripture in the Writings of Philo," in *Mikra*, ed. Martin Jan Mulder (Assen: Van Gorcum, 1988), 429–433 を参照。Josephus については、例えば、*Judean Antiquities 1–4*, translation and commentary by Louis H. Feldman (Leiden: Brill, 2000), 4.318 on p. 471 を参照のこと。

られるが、初期のものには見られない。五書がその起源において複合的であるという知識は、五書が編集され、一つの文書にまとめられた直後に失われたと考えられる。それ以降、トーラー、あるいは神やモーセのトーラーを一つの文書として語ることには、何の偽りの意識もなくなったのである。第二神殿時代に発展したこの信念は、古典的なラビ、そして彼らを介してマイモニデスや他の神学者にも到達した。しかし私は、トーラーの複雑な構成に関するこの「失われた」知識に戻ることが建設的であると提案する。

ドグマとユダヤ教

ドグマ（教義、教条）とは、「議論の余地のない真実として権威者が定めた原則または一連の諸原則」のことである。マイモニデスは、トーラー全体の起源に関する第二神殿末期の信仰をドグマに変え、「ユダヤ教に対する全く新しい見方」を生み出した。「権威」であるマイモニデスの原則はドグマとしての地位を獲得し、彼は「これらの基礎がすべて完全に理解され、信じられたとき、その人はイスラエルの共同体に入る」と記している。これは、驚くべきことに、ユダヤ人の両親のもとに生まれても、異端な信仰の結果、共同体の一員とみなされない場合があることを示唆している。いくつかのバージョンでは、マイモニデスの原則は「ani ma'amin be'emunah shelemah」（私は心の底から信じている）というフレーズで導入されている。このフレーズは、「私は信じる」で始まる使徒信条や、同じような始まり方をする初代教会のニカイア信条の導入部分と驚くほど似ている。このように、マイモニデスによれば、シナイでのトーラーの神的啓示を信じることは、例えば神の単一性を信じることと同じように、ユダヤ教のドグマである。これは一般的な問いと特殊な問いを両方とも引き起こす。ユダヤ教におけるドグマとは何か。そして、マイモニデスが明確にした特定の原則やドグマは、ユダヤ教においてどのような位置づけにあるのだろうか。ユダヤ教の性質を考えると、これらの質問のどちらも簡単には答えられないのは当然のことである。[20]

20　ドグマの定義については、*Oxford Dictionaries Online*, s.v. dogma, http://

キリスト教徒の中には、ユダヤ教は律法の宗教であり、キリスト教は信仰の宗教であると区別している人がいるが、これは単純で、どちらの宗教にとっても不公平である。また、ヘブライ語聖書に代表される聖書的なユダヤ教が、一部の人が主張するように、信じることの重要性を主張しているかどうかも不明である。例えば、後世のユダヤ教では、申命記6:4の記述は、（その最初の言葉にちなんで）「シェマ」と呼ばれている。「聞け（シェマ）、イスラエルよ。我らの神、主は唯一の主である」という申命記の記述は、しばしばドグマや信条として理解されている。しかし、多くの学者が指摘しているように、このテキストの最後の言葉（'eḥad「一つ」）は、よく言えば曖昧で不明瞭、悪く言えば非文法的であり、信条は通常、より慎重に策定される。加えて、このテキストが自己完結的なのか、あるいは単独の義務として神への愛を命じるのではなく、特定の戒めを果たすことによって主を愛せというもので、後に続くテキストの序章なのかも明らかではない。[21]

十誡をドグマの集合体として見るのも同様に問題がある。聖書は10の語り（ヘブライ語のデヴァリムは「戒め」ではなく「語り」と訳すのが最適である）の存在を3回記しているが（出34:28、申4:13、10:4）、出エジプト記20章と申命記5章にある10以上の語りをどのようにまとめて10に数え直すべきかは明瞭ではない。ある伝統では、「わたしは主、あなたの神、あなたをエジプトの国、奴隷の家から導き出した神である」を最初の戒めとして捉えるが、他の伝統では、この言葉は10の中に数えられない大まかな導入部分としている。また、「わたしが……であるから、あなたは……しなけ

---

oxforddictionaries.com/definition/dogma を参照。マイモニデスについては、Kellner, *Dogma*, 17 を参照。キリスト教の信条については、Philip Schaff, *The Creeds of Christendom, with a History and Critical Notes*, vol. 1 (Grand Rapids, MI: Baker Book House, 1966), 14–29; Jaroslav Pelikan and Valerie Hotchkiss, eds., *Creeds & Confessions of Faith in the Christian Tradition*, vol. 1 (New Haven, CT: Yale University Press, 2003) を参照。

21　法の宗教と信仰の宗教については、例えば、"Law and Religion in Judaism" in *Christianity and Law: An Introduction*, ed. John Witte, Jr. John Witte, Jr., and Frank S. Alexander (Cambridge: Cambridge University Press, 2008), 33–53 を参照。シェマの冒頭の文法的問題については、私の "A 'Literary Sermon' in Deuteronomy 4," in *A Wise and Discerning Mind: Essays in Honor of Burke O. Long*, ed. Saul Olyan (Atlanta: Scholars Press, 2000), 42 n. 39 を参照。

ればならない」と読むべき序文と理解する人もいる。つまり、十誡の最初の部分は、教義はおろか、自立した神学的な声明でもないということである。このような曖昧さには確実な解決策がないため、第二神殿時代のユダヤ教において十誡が重要であったにもかかわらず、初期ユダヤ教の中心にドグマがあったという仮定を証明するために十誡を使用することはできないだろう[22]。

　ドグマのリストは、中世まで発展しなかった。聖書にも、タルムードやそれに関連するラビの古典的なミドラーシュ文学にも、また初期のユダヤ人哲学者にも、このような信仰のリストの前例はなかったのである。マイモニデスは「永続的な影響力を持つ最初のドグマ主義者」である。マイモニデスの主張は、彼がユダヤ教にドグマや重要な宗教的原則があると誤って示唆したという理由で、単に無視されるべきであることは十分にあり得る。実際、ユダヤ思想史家のメナケム・ケルナーは、ドグマのリストはユダヤ教の中心ではなく、10世紀にイスラムやカラ派の思想家の影響を受けて発展し、15世紀にはキリスト教徒との接触の結果、ドグマが発展し続け、重要になったと説得力のある主張を展開している。ケルナーだけではなく、聖書学者で偉大なユダヤ人歴史家であるハインリッヒ・グレーツ（1817–1891）は、アーネスト・ルナンの言葉を引用して、ユダヤ教を「信仰の条文がほとんどない、あるいは全くない」「最小限の宗教」と見なしている。モーゼ・メンデルスゾーンは『エルサレム』の中で、ユダヤ教にはドグマがないと明言している。ソロモン・シェクターのような現代の学者はこれに強く反対しているが、私はメンデルスゾーンの見解の方が説得力があると思う。『ユダヤ人は何かを信じなければならないのか』の序文の最後に、ケルナーはこう書いている。

　　ユダヤ人は何かを信じなければならないのか？　「信仰」が律法への従順

22　十誡に関する文献は膨大である。特に、*The Ten Commandments in History and Tradition*, ed. Ben-Zion Segal (Jerusalem: Magnes, 1990); David H. Aaron, *Etched in Stone*: *The Emergence of the Decalogue* (New York: T&T Clark, 2006); the comments scattered in Moshe Weinfeld, *Deuteronomy 1–11*, The Anchor Bible (New York: Doubleday, 1991); and William H. C. Propp, *Exodus 19–40*, The Anchor Bible (New York: Doubleday, 2006) を参照。第二神殿時代のユダヤ教における十誡については、Lee I. Levine, *The Ancient Synagogue*: *The First Thousand Years* (New Haven, CT: Yale University Press, 2000), 156, 521–522 を参照。

1　私の聖書——あるユダヤ人の視点　　47

さの中で表現される神への信頼の問題であるならば、この質問に対する私の答えは、ユダヤ人はすべてを信じなければならないということである。もし「信仰」が注意深く定義されたドグマの声明に知的に同意することであるならば、ユダヤ人が信じなければならないものは何もないというのが私の答えである。

他にも彼はこう言っている。「二人の人間が、神学の基本的な問題について意見を異にしながらも、戒律に忠実に従う良いユダヤ人であることは可能である」。少なくとも、マイモニデスの権威に関しては、ケルナーの言う通りである。マイモニデスが生きていた時代にも、彼の著書や思想の多くは論争の的となっており、これらの論争は彼の死後1世紀も続いた。[23]

マイモニデスの第8原理

マイモニデスがサンヘドリン第10章「Tractate Ḥelek」の注釈書に記した第8原理の最も重要な部分は次のようなものである。

第8の基本原理は、「トーラーは神から来た」ということである。私たちは、律法全体が、私たちの教師であるモーセを通して、完全に神から与えられたものであることを信じるべきである。……モーセは、口述筆記を行う秘書のような役割を果たした。……すべては神から来たものであり、すべては神の

---

23 「最初のドグマ主義者」としてのマイモニデスについては、Shapiro, *Limits of Orthodox Theology*, 6. カラ派とキリスト教の影響については、Kellner, *Dogma in Medieval Jewish Thought*, 3, 215 を参照。グレーツとルナンについては、Jacobs, *Principles*, 2 を参照。メンデルスゾーンについては、Moses Mendelssohn, *Jerusalem, or, On Religious Power and Judaism*, trans. Allan Arkush (Hanover: Brandeis University Press, 1983), 100–101. シェクターの立場は Solomon Schechter, "The Dogmas of Judaism," in his *Studies in Judaism, First Series* (Philadelphia: Jewish Publication Society, 1896), 147–181 で明確に語られている。ケルナーからの引用は *Must a Jew Believe Anything?* 9, 43. マイモニデスの論争については、Encyclopedia Judaica article, "Maimonidean Controversy," Jewish Virtual Library, http://www.jewishvirtuallibrary.org/jsource/judaica/ejud_0002_0013_0_13046.html を参照。

律法であり、完全で、純粋で、神聖で、真実である。……モーセが自分でいくつかの文章を書いたと言う者は、私たちの賢者によって、無神論者または最悪の異端者とみなされる。……律法のすべての言葉は、それを理解する者にとって、知恵と不思議に満ちている。……それは人間の理解を超えたものである。

　第9原理は、主にトーラーの不変性に関するもので、その中で「このトーラーは神から正確に書き写されたものである」と記されている。トーラーを神がモーセに実際に語ったものと理解する信者もいるが、マイモニデスは明確に述べている。「我々がトーラーを『神の言葉』と呼ぶのは、比喩的に言っているのである」。これは、神は神が持っていない属性でしか表現できないとする「否定」神学を提唱したユダヤ人の中心人物であるマイモニデスが、神が人間のように話すとは考えていなかったからである。[24]
　このような典型的な誤読を修正したとしても、これらの原理には大きな問題がある。聖書学者で神学者のジョン・レベンソンは次のように指摘している。「ほとんどの正統派の教義のように、マイモニデスの第8原理は、規範となる土台の中に矛盾があるという恥ずかしさに見舞われている」。これらの矛盾はマーク・シャピロの『正統派神学の限界：マイモニデスの13原理再考』に詳細にまとめられている。そこでは、無名のものから有名なものまで、マイモニデスの前後の学者たちが、変わらない神のトーラーに関する彼の原理にいかに異議を唱えたかが説得力を持って示されている。[25]
　タルムードの明確な証拠は、マイモニデスを否定している。バビロニアのタルムードでは、いくつかの箇所で、ヨシュアが、申命記の他のいくつかの箇所とともに、トーラーの最後にモーセの死亡記事を書いたと明示している。神がモーセに律法全体を口述しなかったというこの意見は、ゾハールを

24　Isadore Twersky, *A Maimonides Reader* (New York: Behrman House, 1972), 420–421.

25　レベンソンの引用については、Jon D. Levenson, *The Hebrew Bible, Old Testament, and Historical Criticism: Jews and Christians in Biblical Studies* (Louisville, KY: Westminster/John Knox, 1993), 64 を参照。マイモニデスと意見が合わない学者については、Shapiro, *Limits of Orthodox Theology*, 91–121 を参照。

1　私の聖書——あるユダヤ人の視点　　49

含むいくつかの資料では、モーセが申命記のすべてを「mippi 'atzmo」（「自分の意思で」）書いたというところまで発展している。バビロニアのタルムードの b.Gittin 60a では、トーラーは一度に一巻ずつ与えられたという意見（megillah megillah nitnah）が論じられており、シナイでの啓示の後、幕屋が完成したとき（出 40 : 17）に初めて与えられた 7 つの部分が列挙されている[26]。

　中世のユダヤ人の間で、このような考え方を説明し、強調した、最も有名な事例はアブラハム・イブン・エズラに由来する。彼は、創世記 12 : 6 を含む他のいくつかの箇所を解釈した。彼によると、創世記 12 : 6 にある「当時、その地方にはカナン人が住んでいた」をはじめとするいくつかの聖書箇所は、カナン人がもはやその地にいなくなったと仮定しているが、モーセ時代にはカナン人がまだカナンを占領していたため、モーセの後の時代に記されたテキストであることは間違いないと提案した。中世の学者の中には、トーラーが伝達される過程で、間違いがあったはずだと認識している人もいた。これについては、B・バリー・レヴィが『神のトーラーを修正する：ユダヤ教の律法におけるヘブライ語聖書本文の正確性』の中で詳しく述べている。この本では、ユダヤ人がそれぞれトーラの巻物を筆写すべきであるという戒律は、トーラの正しいテキストがわからなくなった以上、もはや有効ではないという重要な意見が引用されている[27]。ケルナー、シャピロ、レヴィなどの学者が提出した証拠は膨大で信頼性が高く、トーラー全体がモーセによるもので

26　B.B.B.15a と類似点については、Shapiro, *Limits of Orthodox Theology*, 104–105; and Moshe Greenberg, "Jewish Conceptions of the Human Factor in Biblical Prophecy," in his *Studies in the Bible and Jewish Thought* (Philadelphia: Jewish Publication Society, 1995), 407–408, 113;Yaakov Elman, "The Book of Deuteronomy as Revelation: Nahmanides and Abarbanel," in *Ḥazon Naḥum*: *Study in Jewish Law, Thought, and History Presented to Dr. Norman Lamm on the Occasion of His Seventieth Birthday*, ed. Yaakov Elman and Jeffrey S. Gurock (New York: Yeshiva University Press, 1997), 229–250 を参照。

27　Levy, *Fixing God's Torah*, 156. 聖書のテキストの変更に関する最近の議論については、Hanne von Weissenberg et al. eds., *Changes in Scripture*: *Rewriting and Interpreting Authoritative Traditions in the Second Temple Period* (Berlin: de Gruyter, 2011) を参照。よりわかりやすい議論としては、Emanuel Tov, *Textual Criticism of the Hebrew Bible* (Minneapolis, MN: Fortress, 1992), 8–13 を参照。

あること（そしてシナイ山で啓示されたものであること）や、ヘブライ語聖書の標準的なマソラ本文に誤りがないことを示唆するユダヤ教のドグマは存在しないことを指している。[28]

　ナフム・サルナヤモシェ・グリーンバーグのようなユダヤ人聖書学者は、現代のユダヤ的な批判的聖書学を裏付ける中世の証拠を紹介している。サルナは、「ユダヤ人の聖書学の発展はモスリムのスペインで頂点に達した」と述べているが、そこでは本文批判、神の著作性を疑う姿勢、そして「最も繊細な種類の批判的問題」への関心が広まっていた。一部のユダヤ人聖書学者にとって、このことは非常に重要なことであり、現代の批判的立場がそれ以前の時代に先例があったことを示しているからである。[29]

　他の問題についてマイモニデスと論争することには違和感を覚えないが、それでもやはり神がトーラーを著作したという信仰は重要であると考える人もいる。これは、マイモニデスが革新的ではなく、ラビの古典的なテキストであるミシュナ・サンヘドリン 10:1 に基づいて執筆したという主張に基づいている。この 2 世紀後半のテキストは、「すべてのイスラエル人は来るべき世界に分け前を持っている」と始まるが、一部のユダヤ人を除外してこう記している。「また、これらの者は、来るべき世界に分け前を持たない者である。トーラーは天から来たものではないと言う者である」。この一節は、ラビ文学における基本的な信仰の古典的な位置を示すものと考えられている。シェクターはこの箇所が「ある種のハラカ（義務）的な性格を持つ」と考えていた。しかし、ケルナーは、サンヘドリン 10:1 の広範な文章は、初期のユダヤ人の様々な議論や論争を反映したものであり、一連の教義的な声明として意図されたものではないと、極めて明確に論じている。結局のところ、この文章ではドグマと法律が混在しており、その中心的なドグマとされるも

28　*Ibn Ezra's Commentary on the Pentateuch*: *Genesis* (Bereshit), trans. H. Norman Strickman and Arthur M. Silver (New York: Menorah Pub., 1988), 151 を参照 ; Shapiro, *Limits of Orthodox Theology*, 92–103; and Levy, *Fixing God's Torah* を参照。

29　特に Nahum M. Sarna, "Heavy and Bible Studies in Medieval Spain" in his *Studies in Biblical Interpretation* (Philadelphia: Jewish Publication Society, 2000), 81–125 を参照。Moshe Greenberg, "Hermeneutical Freedom and Constraint in Jewish Bible Exegesis," in *Mishneh Todah*, 509–524 を参照。サルナからの引用は 81, 107 からである。

1　私の聖書——あるユダヤ人の視点　　51

のには、神への信仰のような基本的なものが欠けている。さらに、たとえそ
れが義務的な教義的信仰であったとしても（私はそうは思わないが）、マイ
モニデスの原理よりもはるかに少ない内容である。例えば、律法全体がシナ
イで啓示されたと主張しているわけではなく、シナイ以降の追加を認めてい
る古典的なラビや後世のテキストも多くある。また、受け取られたテキスト
が、どんなテキストでも時間をかけて伝達されたときに生じる自然なタイプ
のエラーや変更にさらされたことがないと主張するものでもない。[30]

　以上のことから、私は 20 世紀のイギリスの重要な学者でありラビである
ルイス・ジェイコブスに同意している。

　　MT（マソラ本文）は常に正しく、古代の異形はすべて誤りに起因するとい
　うのは、信仰の第 8 原理の標準的な定式化に含意されているという事実がな
　ければ、反論する必要がほとんどないほど、とんでもない信念である。……
　これまでに述べてきたことから、マイモニデスの第 8 原理が、歴史の初歩的
　な感覚を持つユダヤ人にはそのままでは受け入れられないことは明らかであ
　ろう。

　私は、この見解が真実であり、知的誠実さを持っていると信じている。こ
の見解は、ラビの主要なテキストによって裏付けられており、ユダヤ教で重
要な役割を果たしている典礼のテキストでさえ、聖書のテキストが時ととも
にどのように変化したかを示している。[31]

30　サンヘドリン 10：1 の翻訳は Jacob Neusner, *The Mishnah*: *A New Translation* (New
　　Haven, CT: Yale University Press, 1988), 604 に 従 う。「locus classicus」に つ い て
　　は、Jacobs, *Principles*, 11 を参照。シェクターは "The Dogmas of Judaism" の 157 で
　　この箇所を論じている。ケルナーの考察は *Must A Jew Believe Anything?* 33–38 から
　　のものである。シナイでの啓示後を推定するテキストのコレクションについては、
　　Bernard J. Bamberger, "Revelations of Torah after Sinai: An Aggadic Study," *HUCA*, 16
　　(1941): 97–113 を参照。
31　ジェイコブスの引用は *Principles*, 259, 289–290 を参照。トーラーの本文変更を示
　　唆するラビのテキストについては、Levy, *Fixing God's Torah*, 特に、159–160 を参照。
　　Deuteronomy 6：20 に つ い て は、Nahum M. Sarna, "Variant Scriptural Readings in
　　Liturgical Texts," in *Solving Riddles and Untying Knots*: *Biblical, Epigraphic, and Semitic
　　Studies in Honor of Jonas C. Greenfield*, Z. Zevit et al. (Winona Lake, IN: Eisenbrauns),

啓　示

　神がシナイでモーセに完全な律法を啓示し、それ以来完璧に伝えられてき
たことを否定しても、必ずしも啓示を否定するものではない。啓示は、しば
しばユダヤ人の核心的な経験として理解されている。哲学者のエミール・フ
ァッケンハイム（1916–2003）の言葉を借りれば、「啓示がなくなるなら、ユ
ダヤ人の存在を宗教的に正当化できるものもなくなるはずだ」。ユダヤ哲学
の歴史家であるノルベルト・M・サミュエルソンは、歴史的・哲学的な観点
から啓示の問題を広く探究している。彼は、20 世紀のドイツのユダヤ人思
想家フランツ・ローゼンツヴァイク（1886–1929）を主に参考にして、「神と
イスラエルの民との関係から『トーラー』という内容情報（コミュニケーシ
ョン）が生まれるという啓示の概念」を展開した。サミュエルソンは、この
考えが、「近代以前のユダヤ教のすべてのテキストにおいて、啓示という言
葉がどのように機能していたかについての真の理解を、他の考えよりもはる
かによく反映している」と主張している。サミュエルソンは「他のどの選択
肢よりも」「合理的な信仰」を説明しているのであって、絶対的な立場では
ないことを明確にしている。この考えによれば、現在のトーラーは、何らか
の形で啓示を反映しているが、その啓示のプロセスの全体ではないというこ
とになる。これは、批判的な学者が指摘するように、物語と律法の両方の資
料に実際の矛盾があることの説明になる。このような啓示の理解は、時間の
経過とともにトーラーのテキストが変更されることや、初期の啓示に近い、
よりオリジナルなテキストを学者が探すことも可能にする。さらには、複数
の啓示があることも認められている。このように、サミュエルソンの立場は、
ユダヤ人の視点から聖書を批判的に研究することを奨励しているとさえ言え
る。それは、批判的な聖書研究が不可欠であるというジョン・レベンソンの
次のような意見とも一致するであろう。

203–206 を参照。

1　私の聖書——あるユダヤ人の視点　　53

神のトーラーの啓示は、即効性のある形ではなく、人間の言語と人間の文化、特に聖書のイスラエルとそのいくつかの後継者の一つであるラビ派ユダヤ教の言語と文化を通して（それにもかかわらずではなく）行われる。例えば、聖書の書物は、部分的には歴史の産物であり、それらが生まれた古代近東文化の構成、帰属、歴史学の慣習がふんだんに盛り込まれている。啓示の媒介的な性格を考えると、トーラーの戒めの一部を神のものとし、他のものを人間の文化のものとすることは不可能である。すべての戒めは尊重され、典礼的に読まれ、詳細に研究されるに値するが、これは理論的に、それらがすべて神の啓示によるものだからである[32]。

　哲学を研究するユダヤ人学者であるサミュエル・フライシャッカーによって最近出版された「神の教えと世界の道：啓示された宗教の擁護」にも同様の立場が見られ、啓示の中心性が強調されている。彼は啓示を擁護する中で次のように述べている。

　したがって、啓示が行われたことを示す科学的な証拠はあり得ない。科学的証拠は経験的事実、つまり自然界の事実を立証するものである。啓示は自然を超えた領域や存在を開示する。…ある出来事や文章が啓示的であるかどうかは、むしろ、それを信じようとする人々にどのように見えるかにかかっているのである。そして、宗教的な信者のコミットメントを引き出すのは、経験的な証拠ではなく、倫理的な証拠である。

32　モシェ・グリーンバーグの影響で、私はオリジナルではなく、よりオリジナルという言い方を好む。Greenberg, "The Use of the Ancient Versions for Interpreting the Hebrew Text" in his *Studies in the Bible and Jewish Thought*, 209–225 を参照。ファッケンハイムの引用については、Emil L. Fackenheim, *Quest for Past and Future* (Boston: Beacon, 1968), 71 を参照。サミュエルソンの本は *Revelation and the God of Israel* (Cambridge: Cambridge University Press), 2002 であり、引用は 221 と 238 からのものである。レベンソンの引用は、"What Do American Jews Believe? A Symposium," *Commentary* 102 : 2 (August 1996): 8 からのものである。啓示と宗教に関する広範な議論については、C. Stephen Evans, "Faith and Revelation," in *The Oxford History of Philosophy of Religion*, ed. William J. Wainwright (Edo period): 8. William J. Wainwright (Oxford: Oxford University Press, 2005), 323–343 を参照。

また、彼はこうも言っている。「啓示の余地を作るためには、真理が自分の外にあるもの、自分のあらゆる側面とは根本的に異なるものからもたらされることの意味を理解する必要がある。現代の専門用語で言えば、私たちにとっての『他者』である。」[33]彼の観察は、サミュエルソンの考察を補完するものである。

これらの見解は、ベンジャミン・D・ソマーの観察によるコメントと一致している。

啓示は実在した。イスラエルがシナイで受けた命令は実在した。それ以外のものは、J（五書のヤハウィスト資料）やP（五書の祭司資料）、第一イザヤや第二イザヤ（イザヤ書の1–39や40以下の章の著者たち）が書いたものであろうと、アキバやイシュマエル（多くの問題で意見が対立した2人の初期ラビ時代の人物）、ラシ（中世の聖書とタルムードの注釈者）やランバン（ラシにしばしば異議を唱えた後世のユダヤ人注釈者）、モシェ・ワインフェルド（ヘブライ大学の歴史批判的学者で、聖書における古代中近東の背景を重視した研究者）やミール・ワイス（ワインフェルドと同時代の学者で、聖書の文学的研究を重視した研究者）であろうと、これらは全て注釈である。トーラーに足すことはできても、引くことはできない、だから、行け、学べ。[34]

もう一つの立場——共同体や編集者が与える聖性

テキストの神聖性は、編集者、あるいはコミュニティ全体に由来するとする立場は、ユダヤ人コミュニティがトーラーを重要視したからこそ、トーラーが重要であると仮定することで啓示の概念を回避するものであり、ゼカリア・フランケルとソロモン・シェクターに最も関係が深い。フランケルは、

---

33   Fleischacker, *Divine Teaching and the Way of the World* (New York: Oxford University Press, 2011), 281, 303.

34   Sommer, "Two Introductions to Scripture," 182（引用の最後は、b. Shabbat 31a にある話で、ヒレルが改宗者候補に片足で律法全体を教えたことについて言及している）。

1　私の聖書——あるユダヤ人の視点　　55

歴史的ユダヤ教の創始者とされ、このユダヤ教の宗派は後にシェクターらに
よって保守派ユダヤ教に発展した。フランケルには vox populi vox Dei（民衆
の声は神の声）であった。ソロモン・シェクターは、この考え方を「カトリ
ック・イスラエル」に発展させた。ここで「カトリック」は「普遍的、一般
的」という意味で使われている。彼は、「ユダヤ教の権威の究極の源は、ユ
ダヤ人全体であり、その中で伝統のどの部分が永久に拘束力を持ち、どの部
分が時間的条件を持つかについてのコンセンサスが生まれる」と主張する。
次はシェクターの言葉である。

　　聖書の解釈や二次的意味は主に歴史的影響の変化の産物であるから、権威
　の中心は実際には聖書から取り除かれ、時代の理想的な願望や宗教的な必要
　性に接しているという理由で、二次的意味の性質を決定するのに最も適して
　いる何らかの生きた組織に置かれることになる。しかし、この生きた組織は、
　国民の一部や、祭司やラビの共同体ではなく、普遍的なシナゴーグに具現化
　されたカトリック・イスラエルの集合的な良心に代表されるものである。[35]

　また、トーラーの聖性の源は、トーラーを1つの書物に形作った編集者や
編纂者にあるとする見解もある。この見解は 20 世紀のユダヤ人思想家フラ
ンツ・ローゼンツヴァイクと関連があり、彼は、1927 年に正統派のラビで
あるヤコブ・ローゼンハイムに宛てた有名な手紙の中で、次のように述べて
いる。

35　フランケルについては、Joseph E. Heller and Yehoyada Amir, "Frankel,
Zacharias," in *Encyclopedia Judaica*, 2nd ed., ed. Michael Berenbaum and Fred Skolnik
(Detroit: Macmillan Reference USA, 2007), 7.200–201; Ismar Schorsch, "Zacharias
Frankel and the European Origins of Conservative Judaism," in his *From Text to
Context: The Turn to History in Modern Judaism* (Hanover, NH: Brandeis University
Press, 1994), 255–265 を参照。フランケルの引用は Louis Jacobs, *Principles of the
Jewish Faith*, 297 からのものである。シェクターとカトリック・イスラエルについて
は、"Solomon Schechter," My Jewish Learning, http://www.myjewishlearning.com/
history/Modern_History/1700–1914/Denominationalism/Conservative/Solomon_
Schechter.shtml を参照。Louis Jacobs の引用は Schechter, Introduction to *Studies in
Judaism* (London: Black, 1896), xviii からのものである。

私たちもトーラーを一冊の本として訳している。私たちにとっても、それは一つの精神の働きなのである。彼が誰であったかはわからない。モーセであったとは信じられない。私たちの間では、批判的な学問が最終的な編集者と想定して使用している記号 (R) で彼を記している。しかし、私たちはこのR を編集者ではなく、rabbenu（私たちのラビ、私たちの師）として理解する。なぜなら、彼が誰であろうと、彼が自由に使える材料が何であろうと、彼は私たちの教師であり、彼の神学は私たちの教えだからである。

この見解では、ラビの活動が啓示に代わって、トーラーを神聖なものにする行為となり、「啓示された」トーラーの本質は、ラビによって生み出され、聖書のテキストと結びついた規範に従うことを促す。[36]

現代ユダヤ教における神のトーラー

改革派と保守派のメンバーの多くは、マイモニデスの第 8 原理と第 9 原理を支持していない。アメリカの改革派は 1885 年に発表したピッツバーグ綱領で、聖書本文に対して批判的な立場をとり、次のように宣言している。

われわれは、自然と歴史の領域における科学的研究の近代的発見は、ユダヤ教の教義と対立するものではないとする。聖書は、その時代の原始的な考えを反映しており、この時代には奇跡物語の中で人間を導く神の摂理と正義の概念を表していた。

これは、30 年前の「私たちの祖先が私たちに伝え、現在私たちが所有し

36　ローゼンツヴァイクからの引用は、後に "The Unity of the Bible: An Argument between Orthodoxy and Liberalism" として出版された彼の手紙からである。Franz Rosenzweig, Alan Udoff, and Barbara Ellen Galli, *Franz Rosenzweig's "The New Thinking"* (Syracuse, NY: Syracuse University Press, 1999), 183; Franz Rosenzweig, "The Unity of the Bible: A Position Paper vis-à-vis Orthodoxy and Liberalism," *Scripture and Translation*, ed. Lawrence Rosenwald and Everett Fox (Bloomington: Indiana University Press, 1994), 25 を参照。

ている聖書は、すぐに神に由来するものであり、私たちの宗教の基準であ
る」という立場とは全く異なるものであった。しかし、1885 年の綱領が採
択されると、改革派の神学校であるヘブライ・ユニオン・カレッジは、カウ
フマン・ケーラーやジュリアン・モルゲンシュテルンといった批判的な聖書
学者を採用し、それぞれが学長に就任したことで、彼らの批判的な立場はア
メリカの改革派運動の中で重要な位置を占めるようになっていった。[37]

　批判的なトーラー研究に関する保守派の立場はより複雑である。保守派ユ
ダヤ教は、その初期において、古典的なラビや中世の賢者に従った伝統的な
律法解釈のみを支持していた。これは、1902 年にソロモン・シェクターが
保守派の新興神学校である Jewish Theological Seminary の校長に着任した後
にも続いた。彼は 1903 年の演説「高等批判 - 高次の反ユダヤ主義」でよく
知られているが、ここでは高等批判を残酷なまでに批判している。

　　この高次の反ユダヤ主義の発端は、完全ではないが、部分的には、いわゆ
　る聖書の高等批判の発端と同時期である。ヴェルハウゼンの『Prolegomena』
　と『History』には、ユダヤ教に対する悪意に満ちた言葉が溢れており、彼が
　プロイセン政府から最高位の勲章の一つを授与されたことも不思議ではない。

　この演説やシェクターの他の著作を注意深く読むと、彼が問題視していた
のは反ユダヤ主義であって、資料批判の神学ではなかったことがわかるが、
シェクターの立場は半世紀以上にわたって保守主義運動の中で支配的であり
続けた。1978 年に出版された保守派の著名なラビであり聖書学者でもある
ロバート・ゴーディスの著書では、ユダヤ教には「ドグマの体裁がない」と

37　初期の改革綱領については、Walter Jacob, "The Influence of the Pittsburgh
Platform on Reform Halakhah and Biblical Study," in *The Changing World of Reform
Judaism*: *The Pittsburgh Platform in Retrospect*: *Papers Presented on the Occasion of the
100th Anniversary of the Pittsburgh Platform, February, 1985 and the Proceedings of 1885*
(Pittsburgh: Rodef Shalom Congregation, 1985), 35, 26 を参照。その後の、そして
最近の改革派の立場については、The Symposia on Jewish Belief in *Commentary*,
reprinted as *The Condition of Jewish Belief*: *A Symposium Compiled by the Editors
of Commentary Magazine*; and "What Do American Jews Believe? A Symposium,"
Commentary 102 : 2 (August 1996) を参照。

しながらも、「神の啓示としての」口伝および文伝のトーラーを信じること
は重要であり、それは神が単なる口述をしたという意味ではなく、「神の霊
感によるもの」であると述べている。彼はこう指摘する。

　適切に使用されれば「Torah min hashamayim（天の、あるいは神のトー
　ラー）」と「Torah missinai（シナイ山で与えられたトーラー）」という2つ
　のフレーズは、ユダヤ教の基本的な考え方を表している。つまり、これはユ
　ダヤ教の律法が、その歴史と展開の全体において、広がっていく樫の木のよ
　うなものであるという信念である。樫の木が元々はどんぐりであり、そのど
　んぐりの中には樫の木の属性がすべて含まれているのと同様に、律法は元々
　シナイでの啓示から始まったもので、シナイでの啓示の中には律法の属性が
　すべて含まれている。[38]

正統派の立場は概してマイモニデスの立場に近く、次のようにまとめられ
ている。

　伝統主義者にとって、五書全体のすべての言葉、すべての文字は、神がシ
　ナイ山でイスラエルの全国民に直接、あるいはモーセを通して間接的に伝え
　たものである。啓示の事実は決定的なものである。それは知的にも道徳的に
　も絶対的な有効性を保証するものである。

　例えば、イシバ大学で教えているモシェ・バーンスタインは、同大学の機
関誌に、「正統派の聖書学者」というのは矛盾しており、また、「我々（正統
派ユダヤ人社会）には、学問よりも貴重な公理がある」と書いている。しか

38　保守派ユダヤ教におけるこの信念の歴史については、Ismar Schorsch, "Coming
　to Terms with Biblical Criticism," *Conservative Judaism*, 2005, 3–22 を参照。シェクタ
　ーの演説からの引用については、*Seminary Address and Other Papers* (Cincinnati: Ark
　Publishing, 1915), 36, also at biblicalia, http://www.bombaxo.com/blog/?p=1453 を参
　照。シェクターに関するより広い視点については、David Starr による近日公開の論
　文、"Loving is Believing: Solomon Schechter and the Bible" を参照。段落の最後の引
　用は、Robert Gordis, *Understanding Conservative Judaism* (New York: The Rabbinical
　Assembly, 1978), 67, 63, 64, 69 を参照。

1　私の聖書——あるユダヤ人の視点　｜　59

し、その数年後、同じ出版物の中で、イシバ大学の別の教授が文学的な観点から聖書を研究することを擁護した。現在、イシバ大学の学部長を務めるバリー・アイクラーは、聖書が古代近東の法律に反応していることを認めた上で、このことが「より繊細で、より深遠な方法でトーラーの独自性を定義する必要性」を生み出していると指摘している。ラビのテキストがマソラのテキストを完全ではないと示している前例に基づき、聖書の本文批評が行われる場合もしばしばある。正統派の学者やラビの中には、文字通りの口述筆記モデルから脱却した人も少なからずいる。このように、1966 年の『コメンタリー』誌のシンポジウムで、正統派のラビであり、後にイスラエルのバル・イラン大学の学長に就任したエマニュエル・ラックマンは次のように述べている。

　神と人間との出会いの最も決定的な記録は、五書に記されている。その多くは、異なる時代の人たちによって書かれたものだろう。しかし、歴史上のある時点で、神はイスラエルの人々にご自身の即時性を認識させただけでなく、神とその民との契約が永遠である証拠をモーセに書かせたのである。その方法については、タルムードのラビたちでさえも意見が一致しなかった。

　バリー・レヴィは、ニュアンスに富んだ思慮深い論文の中で、同様の立場を示している。「神は聖書の時代に人々とコミュニケーションをとり、聖書はそのコミュニケーションの最良の記録である。そのため、聖書は後世の人々を拘束するものであるという考えに真剣に取り組まなければならない」。これらは重要で、知的に誠実な立場ではあるが、アメリカの現代正統派の中では少数派である。多くの正統派ユダヤ人は、批判的な学問の要素をすべて否定し、多くの中世の解説者よりもはるかに保守的な、最近のアートスクロールのような聖書解説書に影響を受けている。[39]

39　最初の要約は Milton Steinberg, *Basic Judaism* (Northvale, NJ: Jason Aronson, 1987 [1947]), 32 からのものである。以下のイエシバ大学の教授たちの引用は、Moshe J. Bernstein, "The Orthodox Jewish Scholar and Jewish Scholarship: Duties and Dilemma," *Torah u-Madda Journal*, 3 (1991–1992): 20, 24; Mordechai Z. Cohen, "'The Best of Poetry…': Literary Approaches to the Bible in the Spanish Peshat Tradition,"

イスラエルの正統派組織の一部では、批判的な聖書研究に対してよりオープンな姿勢が見られる。これは、イスラエルの正統派コミュニティが非常に大きく強力であるため、アメリカの正統派コミュニティのように、自分たちの立場と保守派や改革派の立場とを区別することをあまり気にしていないからでもあるだろう。実際、エルサレムにある世俗的なヘブライ大学の聖書学部は、今ではほとんどが律法を守るユダヤ人で占められている。また、イスラエルの正統派ユダヤ教は、信仰よりも律法を遵守する生活が特徴であり、これらのユダヤ人の多くは、宗教的学校のシステムを通じて、古典的なユダヤ教のドグマの問題に関する立場の多様性を理解するための教育を受けている。

　伝統と批判を両立させるという意味では、1960年代に故モルデカイ・ブロイヤー師が最初に提唱した立場が、イスラエルの一部の伝統的ユダヤ人に影響を与えている。彼は、トーラーが資料からなるという考えを完全に受け入れているが、それぞれの資料が神によってモーセに啓示されてトーラーになったと主張している。これらの資料は、批判的な学者によって切り分けられたものとほぼ同じであるが、それぞれが独自の視点を持っており、それらを合わせて見たときに初めて真実を表すことになる。彼は、「批判的な聖書研究の結論は、ユダヤ人の信仰を害するものではないだけでなく、トーラーをそれ自体のために研究するすべての学生にとって重要であり、必要なものである」と断言し、自分の手法を「世俗の聖化」と理解している。例えば、

Torah U-Madda Journal, 6 (1995–1996): 15–57; Barry L. Eichler, "Study of Bible in Light of Our Knowledge of the Ancient Near East," in *Modern Scholarship in the Study of Torah*, ed. Shalom Carmy (Northvale, NJ: Jason Aronson, 1996), 98 を参照。本文批評については、Yeshayahu Maori, "Rabbinic Midrash as Evidence for Textual Variants in the Hebrew: History and Practice," in *Modern Scholarship*, ed. Carmy, 101–129; Levy, *Fixing God's Torah*. ラックマンのコメントについては、*The Condition of Jewish Belief*, 180; and Levy's "The State and Directions of Orthodox Bible Study," in *Modern Scholarship*, ed. Carmy, 78 を参照。ArtScroll については、特に B. Barry Levy, "Our Torah, Your Torah, and Their Torah: An Evaluation of the ArtScroll Phenomenon," in *Truth and Compassion: Essays on Judaism and Religion in Memory of Rabbi Dr. Solomon Frank*, ed. H. Joseph, J. Lightstone, and M. Oppenheim (Ontario: Wilfred Laurier University Press, 1983), 137–189; and Jeremy Stolow, *Orthodox by Design: Judaism, Print Politics, and the ArtScroll Revolution* (Berkeley: University of California Press, 2010) を参照。

1　私の聖書──あるユダヤ人の視点

創世記 1 〜 3 章の 2 つの異なる創造の物語のように、それぞれの物語は神の特定の側面を反映しており、神を完全に理解するためにはそれらを組み合わせなければならないと提案している。同様に、異なる祭りの律法には、祭りの重要な補完的側面が反映されている。彼の理論は「側面理論」と呼ばれているが、これは律法の中の異なる（神の、古代の、適切に保存された）資料が神の異なる側面を反映しているからである[40]。

　この理論は当初から大きな議論を呼んでいた。私の考えでは、この理論の大きな利点は、批判的聖書学が示してきたこと、つまり、トーラーには多くの異なる視点があり、それらは、一緒に編集された多かれ少なかれ連続した文書資料の中で見ることができるということを認めているところにある。しかし、私にとってこの理論は知的に満足できるものではない。なぜトーラーには、「だから聖書には多くの声が含まれているのだ」という前置きがないのだろうか。S. ライマンがブロイヤーを批判した言葉を借りれば、「なぜ神の経綸は、トーラーの教えを広めるためにもっと質素な方法を思いつかなかったのだろうか」ということになる[41]。

　少数の正統派の学者は、代わりに、啓示はシナイに限定されるべきではないと提案している。フェミニストの正統派学者であるタマー・ロスは、ユダヤ教の神秘主義やラビ・クックの教えの中にある初期の考えを参考にして、「啓示は累積的なプロセスであり、シナイでの絶対的で一度きりの出来事という一般的なイメージからは距離がある」と提案する。この立場は、ユダヤ世界ではいくつかの先行例があるが、シナイでの啓示でなくても、トーラー全体を啓示として扱うことで、通時的に啓示された資料から構成されているトーラーも神的権威を保つことができるとしている。現代の聖書学者である

40　英語では、Meir Ekstein, "Rabbi Mordechai Breuer and Modern Orthodox Biblical Commentary," *Tradition 33 : 3* (Spring 1999): 6–23; Shalom Carmy, "Introducing Rabbi Breuer," in *Modern Scholarship*, ed. Carmy, 147–158; and Mordechai Breuer, "The Study of Bible and the Primacy of the Fear of Heaven: Compatibility or Contradiction?" in *Modern Scholarship*, ed. Carmy, 159–180 を参照。末尾の引用は、Joseph Ofer, ed., *The "Aspects Theory" of Rav Mordechai Breuer: Articles and Responses* (Alon Shevut: Higyonot, 2005), 7, 35 からの私の翻訳である。

41　Snayer Z. Leiman, "Response to Rabbi Breuer," in *Modern Scholarship*, ed. Carmy, 185.

モシェ・グリーンバーグやナハム・サルナも同様の見解を示している。例えば、グリーンバーグは、「現代の研究によって明らかになった、神が人間に自己開示する段階的なプロセスは、聖書の権威を弱めるものではない」と指摘している。サルナは『創世記の理解』の中で、行き過ぎた資料批判をいやしめながらも、次のように述べている。「確かに、神はその啓示を連続した段階で展開することも、一瞬の時間の中で展開することもできる」[42]。

　最後の立場はデビッド・ワイス・ハリブニによって展開されたもので、彼は「五書の文字的および表面的レベルは、矛盾や欠落、その他の様々な斑点によって損なわれており、その出所は神よりも人間に見える」という前提で始めている。彼は、あるラビの文献に対する自分の理解に基づき、第一神殿時代とバビロン捕囚時代にはトーラーが不完全な状態で保存され、第二神殿時代の初期にエズラとそのグループがトーラーを修復したと提案している。この見解はエズラに絶大な信頼を寄せており、ハリブニはこう述べている。「信仰心の強いユダヤ人は、エズラを誠実に信頼しなければならない」。しかし、私には、エズラがトーラーを修復した編集者であるという考えは証明されていない。エズラに関する聖書の資料は偏っていて信頼性が低く、ハリブニが主張するようなエズラへの信頼を得ることはできない。[43]

異なる解決方法——批判的視点、ユダヤ人の律法遵守、文書と口述の律法

　私の立場は、以前からの洞察に基づいているが、ユダヤ教正典の批判的研

42　引用は、Tamar Ross, *Expanding the Palace of Torah: Orthodoxy and Feminism* (Hanover, NH: University Press of New England, 2004), 197; Moshe Greenberg, "Biblical Criticism and Judaism," *Commentary*, March 1953, 304; and Nahum M. Sarna, *Understanding Genesis* (New York: Schocken Books, 1966), xxiv からのものである。

43　最初の引用は、David Weiss Halivni, *Revelation Restored: Divine Writ and Critical Responses* (Boulder, CO: Westview, 1997), 2 からのものである。この本は Peshat と Derash における彼の初期の洞察の上に執筆されている。Baruch J. Schwartz の痛烈な批判については、Baruch J. Schwartz, "Of Peshat and Derash, Bible Criticism and Theology," *Prooftexts*, 14 (1994): 71–88 を参照。最後の引用は、*Revelation Restored*, 10 より。

1　私の聖書——あるユダヤ人の視点　　63

究が行われるようになったここ数世紀までは、異教的な、あるいは異端的な解決方法と考えられていただろう。最初の2点は学者としての信念であり、最後の1点は個人的・宗教的なものである。

1. トーラーは時間をかけて作られた合成的テキストである。
2. トーラーが一つのテキストとしてまとまっていても、第二神殿時代の初期には編集されたり、書き換えられたりすることで、そのテキストは柔軟に変化していた。紀元後70年に第二神殿が破壊された後、おそらくその反動で、トーラーのテキストは安定したものとなった。[44]
3. 私はユダヤ人として生まれ、ユダヤ教の伝統と実践に深い敬意と献身の思いを感じている。

そこで私が疑問に思うのは、ユダヤ教の伝統に対する私の深いこだわりと、トーラーの起源に関する私の強い学術的、学問的信念とが、どのように調和するのかということである。書かれたトーラー全体が、神がモーセに正確に啓示したことを記録したものであり、口伝律法もまた、書かれたものを権威的に解釈するものとして当時啓示されたものであると信じる人の、深い宗教的コミットメントを理解することは容易である。そのような信念を持つ多くの人々は、それがキユム・ミツボト（律法の遵守）を正当化する唯一の状況であると考えているが、私はそうではないと思う。

先に述べたように、ユダヤ教は「ユダヤ人の進化する宗教文明」である。それは聖書の時代に始まり、その後も変化し続けている。種の進化のように、ある時期にはゆっくりと、あるいはほとんど変化しなかったが、ある時期には顕著に変化した。第一神殿や第二神殿の破壊など、ストレスや破壊が起きた時には、最も大きな変化が起こる傾向があった。したがって、ユダヤ教の始まりは、第一神殿が破壊された後のバビロン捕囚（前586年）だと言う学者もいる。私は、災厄が大きな変化をもたらしたことには同意するが、バビ

44　Frank Moore Cross and Shemaryahu Talmon, eds., *Qumran and the History of the Biblical Text* (Cambridge, MA: Harvard University Press, 1975), 187–188; Tov, *Textual Criticism*, 特に、110–117; and James C. VanderKam, *The Dead Sea Scrolls and the Bible* (Grand Rapids, MI: Eeerdmans, 2012), 特に、1–24 を参照。

ロン捕囚が、ユダヤ教を聖書のルーツから切り離すきっかけになったという学者たちの慣例を正当化するほど大きなものであったとは思わない。ラビ的ユダヤ教の起源はいまだに不明瞭であり、第二神殿後のラビ的ユダヤ教と第二神殿時代のファリサイ派との関連性など、確実な答えがない問題もある。しかし、ラビ的ユダヤ教の発展が、どのような年代であっても、大きな変化の時代を反映していることは明らかである。実際、現存するユダヤ教は、聖書的な前駆体よりもラビ的ユダヤ教に近いものである。[45]

このように、ラビ的伝統の権威に関わる問題は、現代の律法を守るユダヤ人が信仰を持つ上で、本当に重要である。（「律法を守る」という言葉は、キリスト教のユダヤ教観では否定的な意味合いを持つことが多いため、注意が必要である。過去も現在も多くのユダヤ人にとって、儀式の遵守は重荷ではなく、喜びの源なのである）。宗教史家である私は、ラビ的伝統が古代律法のテキストに対する唯一の正確で最も古い解釈であるという考え方を否定し、ユダヤ教の実践を支える他の方法もありえると考える。

一つ目は、先に述べたフランケルとシェクターのカトリック・イスラエルに関する洞察に基づくものである。ユダヤ教の慣習が古代に生まれ、神がモーセに伝えたものであるかどうかは、私にとっては重要ではない。これらの慣習は、私のコミュニティの中で、私の同胞によって発展されたものであり、これが私にとってこれらの慣習を継続する十分な理由である。

あるいは、ラビ的伝統はシナイで受け取ったものではないが、それ自体が拘束力のある古代の伝統であると考えることも可能である。ローゼンツヴァイクがトーラーの編集者を rabeinu（私たちのラビ）と呼んだのは、きっとこのことを意味しているのだろう。この見解は、ラビ法の起源についての

45　私は、An Exploration of the Transition from Ancient Israelite Religion to Judaism", *Catholic Biblical Quarterly*, 61 (1999): 429–447 で表明されている見解、つまりユダヤ教を聖書の宗教から切り離さなければならないという見解を批判する。ユダヤ教がどのように進化してきたかに関する私の考えは、進化における「断続平衡」のモデルに似ている。http://en.wikipedia.org/wiki/Punctuated_equilibrium を参照。ラビ的ユダヤ教の起源については、例えば、Shaye J.D. Cohen, "The Significance of Yavneh: Pharisees, Rabbis, and the End of Jewish Sectarianism," *Hebrew Union College Annual* 55 (1984): 27–53; David Goodblatt, "The Place of the Pharisees in First Century Judaism: The State of the Debate," *JSJ*, 20 (1989): 12–30 を参照。

1　私の聖書——あるユダヤ人の視点　65

現代ユダヤ教における重要な議論と関連している。具体的には、ラビ法は現在の（そして古代の）トーラーのテキストから直接的に派生したものなのか、それとも古代の慣習を反映する独立した起源を持ち、ラビ時代になって初めて聖書のテキストと結びついたものなのかという議論である。（現在ある聖書のテキストが完全に正確なものではないという事実は、ラビが間違ったテキストから法律を導き出すことになるため、第一の見解には重大な問題がある）。私は第二の立場に最もメリットがあると考えており、これらの法を守ることで、典型的に聖書解釈として提示されている古代ユダヤの伝統と自分自身を、その時代的な発展を考慮しながら結び付けているのである。[46]

　ラビ法の起源と聖書本文との関連性をめぐる議論は、ユダヤ法の決定版を著した元イスラエル最高裁判事のメナケム・エロンがよくまとめている。彼はこう述べている。

　　ミドラーシュの性質に関するこの問い（聖書本文からの法の派生）については、ハラハーの権威者や学者の間で様々な時期において意見が分かれていた。最近の学者の中では、J.N. エプスタインが、ミドラーシュは単に既存の法律を聖書の一節の中の出典に帰すだけだという見解を示している。「ミドラーシュは法を支持するが、法を創造するものではない。法はテキストによって支えられるが、解釈によってテキストから抽出されるものではない」。一方、カノク・アルベックは、ミドラーシュが既存の法をサポートするだけでなく、聖書の節から新しい法のルールを推論するための資料でもあると主張している：

　　古代、高等法院が存在していた時代には、伝統がない問題が出てくると、間違いなくトーラーの解釈について議論し、それだけを根拠に法的な結論を導き出していた。

　　アルベックによれば、ミドラーシュ的解釈はどの時代においてもこの創造的な機能を果たしていたという。

46　ローゼンツヴァイクと rebeinu については注 36 と、Louis Jacobs, *A Jewish Theology* (Springfield, NJ: Behrman House, 1973), 209 を参照。

どちらの立場にも真実味があることを指摘した上で、エロンは次のように述べる。

　ミドラーシュ的形式で表現された法の大部分が創造的解釈と統合的解釈のどちらであったかを判断することはできない。したがって、ハラカの中で創造的解釈がどれだけ、統合的解釈がどれだけ反映されているかについて、明確な結論を出すことはできない。

　現代の学者の多くは、ラビ文学のかなりの部分がトーラーに由来するものとして提示されているが、実際にはトーラーのテキストに結び付けようとしたラビ時代以前の伝統から派生したものであるという立場に同意している[47]。この考え方は正統派の中でも支持されており、その中にはサムソン・ラファエル・ヒルシュ（1808–1888）、ダヴィッド・ズヴィ・ホフマン（1843–1921）、イサク・ハレヴィ（1847–1914）などの重要人物がいる。批判的な聖書学への暗黙の批判に満ちた著作を執筆したヒルシュは、ラビが聖書のテキストから「知恵」や「真理」を「生産」するが「再現」することはないと語り、出エジプト記 21：2 の注釈の中で、聖書の最初の法典の始まりについて次のように考察している。

　この書物は、すでに律法に精通している者の手に渡されるべきものであり、それは単に、彼らの記憶に委ねられた知識を保持し、常に新たに蘇らせるための手段である。また、律法の教師にとっては、学生が伝統的な実際の律法の参考文献を求める際の教育手段であり、目の前にある書かれた文章によって、彼らが口頭でしか受け取らなかった知識を容易に思い出すことができるようにするためのものである。

　書かれたトーラーは口伝トーラーにとって、あらゆる学問的テーマに関する完全で広範な講義の短いメモのようなものである。講義全体を聞いた生徒にとっては、短いメモでも全体を新たに思い出すには十分であるが、聞いて

47　引用は Menachem Elon, *Jewish Law: History, Sources, Principles*, vols. 1–4 (Philadelphia: Jewish Publication Society, 1994), 1.285, 286, 300 を参照。

1　私の聖書――あるユダヤ人の視点　　67

いない人にとっては、そのようなメモは全く役に立たない。

　ホフマンは、非常に保守的に書かれたレビ記と申命記の注釈書の中で、ミドラーシュの目的は、受け入れられているハラカがどのように正典の中で示唆されているかを明らかにするためであると述べている。また、ヨーロッパの（超）正統派アグダ運動の創始者の一人とされるハレヴィも同様の立場をとっている。[48]

　要約すると、ラビの律法が現在あるトーラーのテキストに完全に、そして元々組み込まれているという考えは、唯一の伝統的な立場ではなく、多くの伝統主義者はジェイ・ハリスのミドラーシュに関する以下の要約に違和感を覚えないだろう。

　　トーラーの釈義は、ラビが自分たちが受け継いだ聖書外の法律や慣習の権威を確立するための手段であり、自分たちの時代に新しい法律を作るための媒体であり、また、トーラー内の矛盾やトーラーと他の聖書の書物との間の矛盾など、より広範な問題を解決するために用いられた手段であった。[49]

48　ヒルシュについては、Tova Ganzel, "Explicit and Implicit Polemic in Rabbi Samson Raphael's Bible 'Commentary'," *HUCA forthcoming* を参照。引用は Samson Raphael Hirsch, *The Pentateuch*: *Exodus* (New York: Judaica, 1971), 289, 288 より。ホフマンの英語版はほとんどないが、特にレビ記と出エジプト記への彼の入門書を参照。Halevy については、O. Asher Reichel, *Isaac Halevy* (1847–1914): *Spokesman and Historian of Jewish Tradition* (New York: Yeshiva University Press, 1969), esp. "The Architect of Agudath Israel," 103–122 を参照。

49　Jay Harris, *How Do We Know This*? *Midrash and the Fragmentation of Modern Judaism* (Albany: SUNY Press, 1995), 3 を参照。また、彼の著書全体と、"Midrash Halakhah," *The Cambridge History of Judaism*, vol.4, *The Late Roman-Rabbinic Period* (Cambridge: Cambridge University Press, 2006), 336–368 での要約を参照。また、Paul Heger, *The Pluralistic Halakhah*: *Legal Innovation in the Late Second Commonwealth and Rabbinic Periods* (Berlin: de Gruyter, 2003); and Eliezer Shimshon Rosenthal, "Tradition and Innovation in the Halakha of the Sages," *Tarbiz*, 63 (1994): 321–374 も参照。ヘブライ語と英語の要約については、xix–xx, esp. 343, 349–350, 366 を参照：
　　律法の釈義は、ラビたちが明らかに受け継いだ聖書外の法律や慣習の権威を確立するための手段であり、彼らは自分たちの時代に新しい法律を作るためにこの手段を用いた……確かに、いくつかの、そしておそらくほとんどのミドラーシュの文章は、法的な結論がすでに知られていたと仮定しない限り、考えられないと感じる

これは、ラビたちは、自分たちの法律が聖書のテキストから生じたもので
はなく、自分たちが受け継いだ法律の正当性を聖書のテキストに見いだすこ
とが多かったという主張であり、ラビの文献において、同じラビの法律がそ
の出典として異なる聖書のテキストを引用することが非常に多いという事
実によっても裏付けられる。このことは、ラビの法律を死海写本から知られ
る戒めを含む、当時の宗派的法律と比較しても同様である。例えば、安息日
を金曜日の日没前に開始することは、安息日の冒涜を防ぐための論理的な考
えであり、ラビ法ではこれを tosefet Shabbat（安息日の追加）と呼んでいる。
ユダヤ人の異なるグループによってこの原則が支持されているが、彼らはこ
の原則をそれぞれ異なる聖書のテキストに「派生」させており、より正確に
言えば結び付けている。[50]

　このように、この証拠は、聖書のテキストが（全てあるいは殆どの）ラビ
の法律の原典ではないことを明らかにしている。したがって、トーラーのテ
キストが合成されたものであり、不適切に保存されていたという学術的事実
は、ラビ法の権威とはほとんど関係がないのである。言い換えれば、ユダヤ
人がホフマンらとは異なり、トーラーのテキストに対して全面的に批判的な
態度を取ったとしても、独立的に発展してきたラビ法に従うことは極めて論
理的である。

　……。この［タルムードの］一節やそれに似た多くの文章を見ると、釈義は様々な
　賢者の個人的な好みに過ぎないという印象を受け、したがって、その結果は神の法
　の創造者の本質的なメッセージの一部とは見なされないと結論づけることができる。
　　最　近　で　は、Azzan Yadin, "Resistance to Midrash? Midrash and Halakhah in the
　Halakhic Midrashim," in *Current Trends in the Study of Midrash*, ed. Carol Bakhos
　(Leiden: Brill, 2006), 52 を参照。「形式的には解釈的であるが、シフラのミドラーシ
　ュは解釈的に新しい法的結論を生み出すというよりも、既存のハラホートをサポー
　トする役割を果たしていることが明らかになったはずである」。
50　これに関する最初の包括的な研究は、Lawrence H. Schiffman, *The Halakhah at
　Qumran* (Leiden: Brill, 1975) である。tosefet Shabbat については 84–87 を参照。よ
　り 最 近 で は、Aharon Shemesh, *Halakhah in the Making*: *The Development of Jewish
　Law from Qumran to the Rabbis* (Berkeley: University of California Press, 2009) を参照。
　tosefet Shabbat については 74–75 を参照。75 頁で彼は次のように記している。「こ
　の共有された伝統は……神殿の時代とそれ以降に、異なるユダヤ人グループの中で
　並行して発展していった結果なのかもしれない」。

1　私の聖書──あるユダヤ人の視点　　69

中世のユダヤ人学者の中にも、ハラカを律法から切り離した人がいるが、彼らはその理由を明確にしていない。このことは、ラシュバム、即ちラシの孫であるミールの息子ラビ・サムエル（シュムエル）（約 1080–1174）の研究で最も明確かつ過激に示されている。ラシュバムはしばしば、ラビの解釈に反対して聖書のテキストを説明することがあった。特に、出エジプト記 21：6 にあるヘブライ人奴隷に関する律法の解説では、ヘブライ人奴隷は主人のために「いつまでも」（le'olam）働くことができるとしている。これは、レビ記 25：40 がそのような奴隷について述べているのと矛盾する。レビ記 25：40 には、そのような奴隷について次のように書かれている。「雇い人が滞在者として共に住まわせ、ヨベルの年まであなたのもとで働かせよ」。ラビたちの解釈は普遍的に「創造的言語学」によってこの矛盾を解決している。つまり、「いつまでも」（le'olam）とは実はヨベルの年までという意味であると仮定するのである。しかし、ラシュバムの出エジプト記の注釈書では、le'olam を次のように註解している。「聖書の明白な意味によれば、le'olam は彼の人生のすべての日を意味する」。デビッド・ワイス・ハリブニが指摘するように、ラシュバムは「トーラーの解説ではテキストに忠実」であったが、「タルムードの解説ではハラカ的に分別があり賢明」であった。ラシュバムはこれらの異なるアプローチをどのように正当化するかを明確にしていないが、聖書のテキストをそのラビ的解釈とは別に研究し、説明するための重要な先例を提供している。[51]

　ラビでさえも、口伝法は拘束力があるとはいえ、時には聖書の内容と大きく異なることもあり、時代に遅れることもあり、常に神の意志を反映してい

51　「創造的言語学」という用語は、Isaak Heinemann, *The Methods of Aggadah* (Jerusalem: Magnes, 1954), 4–7 (ヘブライ語) から借用したものである。出エジプト記の「いつまでも」に対する伝統的なラビの解釈については、Jacob Z. Lauterbach, *Mekhilta de-Rabbi Ishmael* (Philadelphia: Jewish Publication Society, 2004), 2.366 を参照。ラシュバムの解説については、Martin I. Lockshin, *Rashbam's Commentary on Exodus* (Atlanta, GA: Scholars Press, 1997), 230, and n. 22 を参照。17 頁も参照。ワイス・ハリブニからの引用は、Halivni, *Peshat and Derash*, 172 を参照。ラシュバムについては、Halivni, *Peshat and Derash*, 168–171; and "Introductory Essay: Peshat and Derash in Northern France," in *Rashbam's Commentary on Deuteronomy: An Annotated Translation*, ed. Martin I. Lockshin (Providence: Brown Judaic Studies, 2004), 1–25 を参照。

るわけではないと認識している。ユダヤ教の思想、特に神秘主義の研究者で
あるゲルショム・ショーレムは、「ユダヤ教における宗教的カテゴリーとし
ての啓示と伝統」という古典的な論文の中で、この問題を詳しく扱っている。
彼は、ラビ文学にある物語、つまり、ラビ・アキバ（50–135）のラビ学校で
モーセが最後尾に座っていたという話を考察している。ラビ・アキバは、あ
る教えが「シナイでモーセに与えられた」と主張したが、モーセは「（教室
で）彼らが話していることを理解できなかった」という話である。3世紀の
賢者の名前を冠したある文書は、「トーラ、ミシュナー、タルムード、アガ
ダー、さらには、ある優秀な学生がいつか先生に言うコメントまでもが、シ
ナイ山でモーセにすでに与えられていた」と主張している。ショーレムに
よれば、「ある賢者がある法律問題について自分の正しさを証明するために、
様々な神のしるしを唱えようとしたが、賢者たちは申命記30：12を引用し
て『それは天にあるものではない』と言って、そのしるしを受け入れなかっ
たというタルムードの話ほど、著者（モーセ）に対する（ラビの）注釈の権
威を示すものはない」。驚くべきことに、その話の続きで、賢者が預言者エリ
ヤに会ったが、エリヤは次のように語った。「神は（神の視点から見て正
しいことを人々に納得させることができない自分の無力さに）微笑んで言っ
た。私の子供たちが私を打ち負かしたのだ。私の子供たちが私を打ち負かし
たのだ」。このようなラビの話は、シェクターの「律法の本当の意味を決め
るのは共同体（ラビ文学の場合はラビの共同体）である」という考えを補強
するものである。また、（単に神に従うのではなく）ラビによる律法の解釈
に従うことが、ユダヤ教の発展の核心であったことを示している。実際、あ
る過激なミドラーシュでは、神がこう言っている。「彼らが私を捨て、私の
律法を守ることを望む」。[52]

52　ショーレムの論文は、*The Messianic Idea in Judaism and Other Essays on Jewish
Spirituality* (New York: Schocken, 1971), 282–303 に収録されている。引用されて
いるテキストは b.Menachot 29b（Scholem, 283 を参照）、Tanhuma Buber 2.60a
（Scholem, 289 を参照）、b.Baba Metziah 59b（Scholem, 291–292 を参照）からのも
のである。最後に引用したミドラーシュは、Jacob Neusner, *Lamentations Rabbah: An
Analytical Translation, Brown Judaic Studies 193* (Atlanta, GA: Scholars Press, 1989), 14
(at 5B) から翻訳されたものである。また、ユダヤ教において教義よりも実践の方が
重要視されていることについては、Samuel Fleischacker, *Divine Teaching and the Way*

1　私の聖書──あるユダヤ人の視点　　71

私はルイ・ジェイコブスが言うように、律法を遵守するライフスタイルと批判的な聖書研究の結論を信じることは矛盾しないと考えている。

　私は、他の多くの人々が行っているように、また私がこの本で試みたように、ユダヤ教の実践的な遵守には、ユダヤ人の歴史的経験を通して伝えられたとはいえ、これが神の意志に応えて人間がトーラーを発展させた方法であるということがその正当性となっているという見解を、律法を遵守するユダヤ人が採用することができない理由が分からない。このようなアプローチが正統派のものでないとすれば、それはそれでよい。「天からの正統派、つまり神から与えられた教義としての正統派」[53]などという教義は存在しない。

　読者の中には、特にユダヤ人ではない人は、私がラビの法をトーラーのテキストとは別のものとして正当化するために費やしたスペースとエネルギーの量に戸惑うかもしれない。ユダヤ人でない私の同僚たちは、この問題には触れようともしないだろう。私がこのようなことをしたのは、聖書を真剣に受け止めている熱心なユダヤ人にとって、これが問題であるからである。つまり、ここで議論の的となるのは、モーセのトーラーを信じること自体が重要なのではなく、それがラビ法の規範を支えるために重要であるという信念である。この信念は、ラビ法ではなくヘブライ語聖書を真剣に受け止めている他の宗教にとっては重要ではないことを私は認識している。この本の読者にとって非常に重要なことは、聖書の批判的研究は、ユダヤ教、カトリック、プロテスタントのコミュニティの中で、共通的に問題を提起してきたが、それが生み出した特定の問いと、その解決策は、それぞれの宗教や宗派によって全く異なっていたということである。

---

of the World: A Defense of Revealed Religion (New York: Oxford University Press, 2011), 370–373 を参照。

53　Louis Jacobs, *Beyond Reasonable Doubt* (London: Littman Library of Jewish Civilization, 1999), 104–105 を参照。

文字主義——歴史としての聖書と学問としての聖書

　ユダヤ教の伝統は、プロテスタントの伝統に比べて、聖書本文の文字通りの真実性や歴史的な正確さにはあまり関心がない。これは、一般的に歴史や学問として分類されるものに関しても同様である。

　歴史的な伝統、すなわち過去を描く物語は、聖書の時代にはしばしば「陶工の手の中にある粘土」（エレ 18:4、6）として扱われた。歴代誌は創世記－列王記、特にサムエル記－列王記を創造的に改訂したものであり、申命記は五書の初期資料に見られる物語をしばしば改訂している。このことは、初期の歴史的資料が絶対的に正しいものではなく、柔軟なものとして捉えられていたことを示唆している。同様に、出エジプト記の疫病の物語と詩編 78編と 105 編の間に多くの不一致があるように、五書以外のテキストが五書に見られる歴史的伝統と一致しないという事実は、古代イスラエルの人々が歴史を柔軟に捉えていたことを示唆している[54]。

　これは、他の前近代社会と同様に、古代イスラエルにおいても、事実そのものや歴史的な出来事が第一ではなく、物語から何を学ぶことができるかが第一であったからである。古典的ラビたちが聖書のテキストを遊び心を持って扱い、非常に広範囲かつ創造的に書き換えたのは、このためである。さらに言えば、事実ではなく教訓に焦点を当てたことは、ヨブが歴史上の人物というよりも、たとえ話（mashal）の登場人物であったことを示唆している。つまり、聖書のテキストが重要視されたのは、実際の過去の物語である

54　聖書の歴史については、Marc Zvi Brettler, *The Creation of History in Ancient Israel* (London: Routledge, 1995), esp. 135–144 を参照。聖書における歴史の修正については、同書の 62–78 と、David A. Glatt-Gilad, "The Re-Interpretation of the Edomite-Israelite Encounter in Deuteronomy II," *Vetus Testamentum* 47 (1997): 441–455 を　参照。詩編 78 編については、Jeffrey M. Leonard, "Identifying Inner-Biblical Allusions: Psalm 78 as a Test Case," *Journal of Biblical Literature* 127 (2008): 241–265; 詩編 105 編については、私の "The Poet as Historian: The Plague Tradition in Ps 105", *Bringing Hidden to Light: Studies in Honor of Stephen A. Geller*, ed. K. F. Kravitz and D. M. Sharon (Winona Lake, IN: Eisenbrauns, 2007), 19–28 を参照。

1　私の聖書——あるユダヤ人の視点　　73

からではなかったということである。ラビの記述をまとめた要約版のような
ラシ（1040–1105）の解説書では、テキストがどのような歴史を再現してい
るかではなく、何を示しているかが重要だとしている。例えば、バベルの塔
の話では、神が建設中の都市と塔を「見に降りてきた」とあるが、ラシは以
前のミドラーシュを引用して次のように解説している。「神は（全知全能な
ので）本当はこんなことをする必要はなかったが、聖書は裁判官に、事件を
見て問題となっている事柄を完全に理解する前に、被告を有罪と宣言しては
ならないことを教えようとしているのだ」。ここや他の著作でのラシの解説
は、ラシがこのテキストを主に教訓的なものとして読んでいたことを示して
いる。それは物語を使って教えるものであり、現実の過去自体には興味がな
いということである。この点は、創世記 1：1 に対するラシの最初のコメン
トからも明らかである。ここで彼は、自然科学を論じるのではなく、世界全
体が神のものであり、神はそれを誰にでも配分することができること、そし
て世界がイスラエルのため、あるいはトーラーのために創造されたことをテ
キストがどのように教えているかを論じている。トーラーや聖書の他の部分
をどのような場合に非文字的に読むべきかについては、これまでも、そして
これからも議論が続くであろうが、ユダヤ教では、聖書を常に、あるいは主
として文字通りに読むべきではないという幅広いコンセンサスがある。[55] 従

55　たとえ話としてのヨブ記については、b. Baba Batra, 15a を参照。ラシについては、
Avraham Grossman, "The School of Literal Jewish Exegesis in Northern France," in
Hebrew Bible/Old Testament: The History of Its Interpretation, vol.1, *From the Beginnings
to the Middle Ages* (Until 1300), ed. Magne Sæbø (Göttingen: Vandenhoeck & Ruprecht,
2000), 332–346 を参照。ラシの解釈は、A. M. Silbermann, ed., *Chumash with Targum
Onkelos, Haphtaroth and Rashi's Commentary* (Elusalem: Feldheim, 1999), 45, 2 から
引用している。サアディアやマイモニデスなどの古い文献を引用した非文字的解
釈に関する最近の議論については、例えば、Joshua L. Golding, "On the Limits of
Non-Literal Interpretation of Scripture from an Orthodox Perspective," *Torah U-Madda
Journal* 10 (2001): 3–59; Shubert Spero, "The Biblical Stories of Creation, Garden of
Eden and the Flood: History or Metaphor?" *Tradition* 33：2 (Winter 1999): 5–18 を参照。
Nathan Aviezer, *Fossils and Faith: Understanding Torah and Science* (Hoboken, NJ: Ktav,
2001); and Natan Slifkin, *The Challenge of Creation: The Challenge of Creation: Judaism's
Encounter with Science, Cosmology, and Evolution* (Brooklyn: Zoo Torah, 2006), 103–122
も参照のこと。この本が一部のグループで巻き起こした論争については、Natan
Slifkin, "The Problem with Intelligent Design," *Jerusalem Post*, November, 15,

って、科学的な進化論のほとんどは、ユダヤ人学者にとって問題になることはなかった。実際、進化論が登場して間もなく、多くのラビたちは進化論を聖書後のユダヤ教資料にあるいくつかのミドラーシュ的、神秘的な天地創造の描写にふさわしいものとして受け入れられたのである。マイケル・シャイ・チェリーがこの問題に関する広範な調査の中で述べているように、「実際、ユダヤ人神学者の大多数は対話モデルを採用しており、トーラーは科学の教科書になることを意図していなかったことを快く認めている」。彼らはそれを「自然史」ではなく、「道徳や神との関係についてのもの」と捉えている。これは、「ラビたちは、特に天地創造の記述に関して、ヘブライ語聖書の文字通りの読み方を避けていたから」である。正統派ユダヤ人であるナタン・スリフキンは、最近こう書いている。

　（科学は）神の御業に対する私たちの理解を深めてくれる。……神が世界を創造し、治めるには、超自然的な奇跡を起こすよりももっと崇高な方法がある。……創世記は、科学的な説明としてではなく、神学的な宇宙観として理解するのが最も良い。進化論から導き出されるある種の推論は宗教と対立するが、実際の理論自体はそうではない。

　これは、クーゲルが福音主義者の立場として特徴づけているものとは大きく異なっている。「聖書は、伝統的な解釈や、イデオロギー的な解釈者がテキストをあちこちに引っ張っていく必要はなく、今日の私たちに直接、文字通り語りかけている」。しかし、ユダヤ人の超正統派グループの中には、キリスト教徒がユダヤ人よりも宗教的な考え方をしていると思われないようにするためか、福音主義的な立場を採用する動きもある。[56]

2006, http://www.jpost.com/HealthAndSci-Tech/ScienceAndEnvironment/Article.aspx?id=41414.

56　最初の引用は、Michael Shai Cherry, "Creation, Evolution and Jewish Thought" (PhD diss., Brandeis University, 2001), 342 からのものである。似たような、しかしそれほど広範囲ではない扱いについては、Raphael Shuchat, "Attitudes toward Cosmogony and Evolution among Rabbinic Thinkers in the Nineteenth and Early Twentieth Centuries: The Resurgence of the Doctrine of the Sabbatical Years," *Torah U-Madda Journal*, 13 (2005): 15–49 を参照。「ラビが避けていた」ことについて

1　私の聖書——あるユダヤ人の視点　　75

聖書の著作権について

バビロニアのタルムードの次の一節は、聖書を批判的に研究するユダヤ人に疑問を投げかけた。

誰が聖書を書いたのか？　モーセは自分の本と、バラムとヨブの部分を書いた。ヨシュアは自分の名を冠した本と五書の最後の8節を書いた。サムエルは、自分の名を冠した書物と、士師記とルース記を書いた。ダビデは詩編を書き、その中に長老たち、すなわち、アダム、メルキゼデク、アブラハム、モーセ、ヘマン、イェドゥトゥン、アサフ、そしてコラの三人の息子たちの著作を含めた。エレミヤは自分の名を冠した書物、列王記、哀歌を書いた。ヒゼキヤとその同僚たちが書いたのは……イザヤ書、箴言、雅歌、コヘレトの言葉である。大集会の人々は、エゼキエル書、12の小預言書、ダニエル書、エステルの巻物を書いた。エズラは自分の名前を冠した書物と、自分の時代までの歴代誌の系図を書いた。

このテキストは、いつ書かれたか正確な年代測定が困難であるが、一部の宗教的なユダヤ人にとっては、権威あるものとなっている。しかし、他の人たちは、この箇所はハラカ的（法的）というよりもアガダ的（非法的）テキストに近いため、権威的で拘束力のあるものとして扱われるべきではないと考えている。この見解は、中世の重要な賢者たちがこの著作を拘束力のあるものとして扱わなかったという事実によって裏付けられている。例えば、アブラハム・イブン・エズラは、イザヤ書40–66章がイザヤ書の前の章と同じ著者によるものではないということを、自らの洞察力を用いて提案した。アブラハム・イブン・エズラは、後の学者が第二イザヤと呼ぶものを分離した

は、Shai Cherry, "Jewish Origins: Shai Cherry, "Jewish Origins: Cosmos, Humanity and Judaism," in *Routledge Companion on Science and Religion*, ed. James W. Haag et al. (London: Routledge: 2012), 428 を参照。Slifkin の引用は、Natan Slifkin, *The Challenge of Creation*, 344 を参照。Kugel の引用は *How to Read*, 673 からのものである。

最初の学者である。イザヤ書 40–66 章の著者である第二イザヤは第一イザヤのように前 8 世紀から 7 世紀初頭に預言したのではなく、バビロン捕囚中（586–538）に預言していたと想定されている。ダビデは詩編のすべてを書いた、あるいは少なくとも匿名の詩編と、明確に彼の作とされる詩編を書いたと広く信じられていたにもかかわらず、中世の独仏学派の学者の中には、詩編 137 編（「バビロンの流れのほとりに……」）を捕囚時代のものと理解し、その他の詩編も文脈からダビデ時代以後のものと説明した研究者たちがいた。これらの学者はタルムードの言説を、教義ではなく、拘束力のない意見として正しく認識していたのである。[57]

　ユダヤ教の教えを遵守する者として私は最近、（ユダヤ歴）アブの月の 9 日に断食を守った。この日は、紀元前 586 年と紀元後 70 年にエルサレムの第一神殿と第二神殿が破壊されたことを様々な形で記念する日であり、5 章からなる哀歌を典礼的に読むこともその一環である。前述の箇所や他のラビの記述では、この書物はエレミヤに由来するとされており、これはエレミヤ書と文体が似ているからである。私の考えで正しいとされる批判的研究では、5 人の異なる匿名の著者によるものであると分析されている。私が哀歌を聞いたときに、批判的な意見を受け入れても影響はなかった。哀歌は、私の祖先に降りかかった悲劇を美しく、悲しく、感動的に描いている。実際、私の

57　このセクションの冒頭に引用された古典的な一節は、*Soncino Babylonian Talmud*: *Seder Nezikin*: *Tractate Baba Bathra*, vol. 1 (London: Soncino, 1976), 14b-15a を参照。そのアガダ的な性質については、Levy, "The State and Directions of Orthodox Bible Study," 65 を参照。レヴィは、「その解釈の歴史を見ると、多かれ少なかれ自由に受け入れたり拒否したりできる他の多くのミドラーシムよりも大きな権威はないと考えられていたようだ」と指摘している。イブン・エズラの一節は、*The Commentary of Ibn Ezra on Isaiah, vol. 1*, ed. M. Friedländer (London: Pub. for the Society of Hebrew Literature, 1873), 169–171 を参照。イブン・エズラの立場は、ナハマン・クノクマルやヤコブ・バルトなど、後の正統派の学者たちによって踏襲された。ラビたちが詩編をダビデの作品であると想定していたことについては、b. Baba Batra 14b-15a を参照。中世の解釈者がそうでないことを示唆していることについては、Israel M. Ta-Shma, "Bible Criticism in Early Medieval Franco-Germany," in *The Bible in the Light of Its Interpreters*: *Sarah Kamin Memorial Volume*, ed. Sara Japhet (Jerusalem: Magnes, 1994), 453–459 (Hebrew); and Ta-Shma, "Open Bible Criticism in an Anonymous Commentary on the Book of Psalms," Tarbiz, 66 (1997): 417–423 を参照（ヘブライ語と英語の要約は , vii–ix）。

批判的な視点は私の経験を高め、各章に表された異なる神学と大惨事への反応の違いを見ることを可能にし、本の内容を豊かに味わうことができた。聖書の書物の著者性は、特にタルムードの一節に基づいて、偶像崇拝化されるべきではない。

　バビロニアのタルムードの聖書著者に関する箇所の直前には、正典に含まれる書物の順序が記されている。それによると、主要な預言者の順番はエレミヤ、エゼキエル、イザヤ、12の小預言者で、諸書の順番はルツ記、詩編、ヨブ記、箴言、コヘレトの言葉、雅歌、哀歌、ダニエル書、エステル記、エズラ記（-ネヘミヤ記）、歴代誌となっている。しかし、ほとんどの聖書の写本はこの順序に従っていない。伝統的には、聖書の書物の順序に関する、このタルムードの部分は決定的なものとはみなされていない。私は、著者についての部分も決定的なものとみなされるべきではないと考えている。また、預言書が、神が預言者に語ったことを正確に記録しているかどうかについても、ユダヤの伝統は非常に緩やかである。「預言は、預言者の個性と能力によって左右される」という考え方が主流である。実際、預言者は、自分が聞いた幻や言葉を、聴衆や個人的スタイルに合わせて自由に訳できると理解されていた。[58]

霊　感

　キリスト教における聖書の霊感の重要性を考えると、読者の中には、私が神の霊感について語らずにこの論文をほとんど終えてしまったことに驚く人もいるかもしれない。私は、ある書物が神の霊感を受けているとはどういうことなのかを知らない。先に引用したタルムードのババ・バトラの一節で

58　聖書の書物の順序については、Sid Z. Leiman, *The Canonization of the Hebrew Scripture: The Talmudic and Midrashic Evidence* (New Haven, CT: Archon, 1976), 51–52 を参照。関連する脚注も参照。写本における対照的な順序については、Christian D. Ginsburg, *Introduction to the Massoretico-Critical Edition of the Hebrew Bible* (repr. New York: Ktav, 1966), 1–8 を参照のこと。神の啓示と書かれた預言の言葉との関係については、Greenberg, "Jewish Conceptions of the Human Factor in Biblical Prophecy," 405–419 を参照。引用は 416 より。

は、聖書の書物の著者について、「ヨシュアは自分の名を冠した書物を書いた」、「エズラは自分の名を冠した書物を書いた」と非常にわかりやすく述べられているが、ヘブライ語の表現（ruach ha-qodesh、文字通り「聖なる霊」）が存在するにも関わらず、霊感という概念がどこにも記されていないことは、注目に値する。実際、この言葉は聖書の書物に関するいくつかのラビのテキストで使われているが、ここでは使われていない。シド・Z・ライマンが『ヘブライ聖文書の正典化』の中で述べているように、正典性は権威に関わるものであって、霊感に関わるものではない。つまり、「正典は霊感を受けている必要はない」ということである。先ほどの話に戻るが、私はヘブライ語聖書をユダヤ教の正典として扱っており、ラビ文献の聖書に対する名称の一つがkitvei qodesh（聖なる書物）であることを高く評価している。しかし、私にとってこの聖性は共同体に由来するものであり、これらの書物が霊感を受けているという主張に由来するものではない。私は、初期キリスト教において、聖霊の概念が非常に重要であり、新約聖書には80回以上登場することを認識している。しかし、ラビ文学においては、聖霊の概念はそれほど重要ではなく、正典の構成に関するユダヤ教の理解のために、キリスト教から聖霊の概念が導入されるべきではないと考える。[59]

結　論

　私は、聖書批判の研究成果を支持すると同時に、律法を遵守するユダヤ人

59　ユダヤ教の文脈における霊感については、Jacobs, Principles, 457–458 のコメントと、Fleischacker, *Divine Teaching and the Way of the World*, 357–359 を参照。ライマンの引用は 127 頁からで、57 頁では kitvei qodesh という名称について論じられている。その索引によると、「聖霊」は E. E. Urbach, *The Sages: Their Concepts and Beliefs* (Jerusalem: Magnes, 1975) で 3 回だけ言及されている。この用語の意味と使用についての詳細な議論は、Peter Schäfer, *Die Vorstellung vom heiligen Geist in der rabbinischen Literatur* (München: Kösel-Verlag, 1972); and Menahem Haran, *The Biblical Collection; Its Consolidation to the End of the Second Temple Times and Changes of Form to the End of the Middle Ages*, vol. 1 (Jerusalem: Bialik Institute and Magnes, 2003; Hebrew), 340–358 を参照。

1　私の聖書——あるユダヤ人の視点

としての生活を送ることは、論理的であり、整合性があると考えている。聖書自体が聖書批判の正当性を示唆しており、トーラーが長い時間をかけて作られ、最終的な段階になってモーセにその全体が帰属するようになったことを示している。したがって、ユダヤ教の重要な書物である聖書は、資料批判を支持している。また、サムエル記−列王記と歴代誌、詩編 14 編と 53 編、サムエル記下 22 章と詩編 18 編など、聖書の中の平行するテキストを注意深く見ると、聖書のテキストは時間とともに変化し、筆写する際に必然的に誤りが入り込むことが分かる[60]。

　私にとって聖書は、私のコミュニティの中で私が聖なるものと呼ぶテキストから選択し、再評価し、解釈することで、教科書にする原典である。聖書は、私のコミュニティが神聖化した古代文学のコレクションである。聖書は人間の手を介して私たちに伝えられたものであり、その中に含まれている啓示は、デビッド・ワイス・ハリブニの言葉を借りれば、（深く）「斑点を付けられ」たり、汚されたりしていると信じているため、私は聖書を選択的に使用している。どのように復元すべきかを知ることは難しく、私は、異なる方法で復元を試みた様々なユダヤ人やユダヤ人グループを尊重している。それと同様に、すべてのユダヤ人が共有するこの原典をどのように自分の教科書にしたかに基づいて、私がユダヤ人としての生活を送っていることを正当化する私の復元の方式を、他の人々が尊重してくれることを願っている[61]。

　正典の中の様々な声を代表するこの幅広い原典を、一人の人間が生き方を選択するための権威ある教科書に変える、簡単な原則は存在しない。異なる時代と場所に生きるユダヤ人グループは、異なる方法でこれを行ってきた。ユダヤ人は、この教科書構築の様々な方法を尊重することが重要である。しかし、聖書の特定箇所、つまり排外思想、女性嫌悪、同性愛嫌悪と関連する箇所を文字通りに読むことによって示唆される倫理的な問題が、教科書に転

60　Tov, *Textual Criticism*, 12–13, 172, 174–176 を参照。

61　この段落は下記の文献を参考にしながら執筆されたものである。Brettler, *How to Read*, 280 及び "Biblical Authority: A Jewish Pluralistic View," in *Engaging Biblical Authority: Perspectives on the Bible as Scripture*, ed. William P. Brown (Louisville, KY: Westminster John Knox, 2007), 1–9. このようなアプローチは「正典主義」と呼ばれ、Eryl W. Davies, *The Immoral Bible: Approaches to Biblical Ethics* (London: T & T Clark, 2002), 63–110 で批判されている。

嫁されない形で、この再構築に取り組むことが重要である。この動きは何も特別なことではない。ラビ的ユダヤ教はその解釈方法によって、ある種の聖書のテキストを置き去りにしてきた。例えば、ラビたちは申命記 7 章と 20 章にある恐るべき ḥerem（ヘレム）や追放法を「廃止」し、民族浄化の行為で虐殺されるはずのカナン人とその下位グループを区別することはもはやできないと示唆した。ラビたちは、自分たちが間違っていると認識したことを変えるために解釈を用いたのである。現代でも同じ選択肢が存在する。また、自意識のあるユダヤ人の資料批判者は、ある特定の律法が多くの古代の伝統のうちの一つに過ぎず、無視されるべきだと言うかもしれない。私は、（理神論者トーマス・ジェファーソンが自分の有名な新約聖書の中で行ったように）特定の律法を聖書から消し去ることを提案しているわけではないが、その律法が小さなフォントで印刷されていて、ほとんど読むことも従うこともできないようにすることを想定できる。聖書に含まれる問題のあるテキストを認識し、それと格闘することが重要であり、それぞれを完璧なもの、適したものとして見ることが良いことなのではない。結局のところ、預言者エゼキエルでさえ、律法には「良くない掟」（20:25）が含まれていることを認めている。[62]

　この論文の注意深い読者は、私が「批判的な」聖書研究や「聖書批判」や「聖書評論家」という言葉を必要以上に使わないようにしたことに気付いたであろうし、他の人にもこれらの言葉を避けるように勧めたいと思う。序論では、この言葉がどのように発展し、専門用語としてどのような意味を持っているかを説明した。[63]しかし、これらの用語には問題があり、この方法論が聖書とその内容を批判しているのだと、多くの人が誤解しているからである。その代わりに、この論文では、私の同僚たちの論文と同様に、これらのアプローチの中で開発された方法論が、人々の宗教的信念に建設的に適合し、さらにそれを強化する可能性があることを示そうとしている。

62　ヘレムのラビ的廃止については、Moshe Greenberg, "*Ḥerem*," *Encyclopedia Judaica* (Elusalem: Keter, 1971), 8.349 を参照。ジェファーソンの新約聖書については、*The Life and Morals of Jesus of Nazareth: The Jefferson Bible* (Washington, DC: GPO, 1904) を参照のこと。

63　特に Barton, *The Nature of Biblical Criticism*, 120 を参照。

批評の実践──詩編 114 編のユダヤ的な歴史批判的解釈

　これからの考察は、私が詩編 114 編をどのように理解しているかを反映しており、したがって、聖書のテキストをユダヤ人の観点からどのように批判的に解釈すべきであるかについて私が考えていることを示している。[64] 詩編 114 編を選んだのは意図的なもので、五書にフォーカスを当てる形で始まった本論文の冒頭とのバランスを配慮し、ユダヤ人にとっては五書が第一の正典であっても、諸書もユダヤ教の正典の基本的な部分であることを思い出させるためである。詩編はユダヤ人にとって最も重要な聖書の書物の一つである。キリスト教や死海写本の文献と同様に、詩編はラビの文献の中で最も頻繁に引用される書物であり、詩編の多くの詩や章が祈りの中で使われている。詩編 114 編は、詩編 113–118 からなる「ハレル（賛美）」と呼ばれる典礼集の一部で、ユダヤ教では特に重要な意味を持ち、特定の祭事の際に朗読されており、マタイによる福音書 26：30 に言及されているのはこの典礼集かもしれない。

　新ユダヤ出版協会（NJPS）版では、この詩編は次のように訳されている。

　　¹ イスラエルがエジプトから出たとき、
　　　ヤコブの家は、異なる言葉の民から出た。
　　² ユダは神の聖なるものとなり、
　　　イスラエルは神のものとなった。
　　³ 海は彼らを見て逃げ、
　　　ヨルダンは後ろ向きに走った。

64　この部分は、Jewish Publication Society から出版される予定である私の詩編
91–119 の注解書に基づいている。この注解書には、解釈上の決定を正当化するための広範な技術的資料と注釈が含まれている。私は聖書のテキストに詳細な注釈を加える際に、「可能な（possible）」や「たぶん（most likely）」といった言葉を頻繁に使用する。これは、ラビや中世のユダヤ教の伝統に則ったもので、確実性にこだわらないものである。

⁴ 山々は雄羊のように

　丘は羊のように飛び回った。

⁵ 海よ、あなたがたは何を恐れて逃げたのか。

　ヨルダンよ、あなたは後ろ向きに走ったか。

⁶ 山々よ、なぜ雄羊のように

　丘よ、なぜ羊のように飛び回ったのか。

⁷ 地よ、主のみ前に震えよ。

　ヤコブの神のみ前に。

⁸ 主は岩を池に変えらせ、

　石を泉に変らせられた。

　この翻訳は、ヘブライ語のマソラのテキストに添えられるのが理想的である。ヘブライ語以外の様々なテキスト（例えば、ギリシア語の七十人訳やラテン語のウルガタ）が権威を持つとされてきたキリスト教の伝統とは異なり、ユダヤ教では古代ヘブライ語のテキストだけが権威を持ち続けており、（たとえ修正されていても）ヘブライ語のテキストと密接に関わることが、ユダヤ教の聖書研究の特徴となっている。他の詩編と同様に、詩編114編も完全に保存されているわけではない。私は最後の前の一語を lema'yno から lema'ynei に修正した。ヘブライ語の「o」と「ei」はほぼ同じ文字なので、よく混同される。また、マソラのヘブライ語は絶対に不可能ではないが、煩雑である。ユダヤ人の批判的な注解は、マソラのテキストに基づいているべきだが、マソラのテキストの奴隷になってはいけない[65]。

　この詩編は独立した構成になっており、2 節ずつ 4 つのセクションからなり、非常に対称的な構造になっている。この対称性は、3–4 節と 5–6 節の間の内部的な平行性によって、さらに高められている。この自然界に関する中

65　ユダヤ人のヘブライ語テキストへの関与について、規則を証明する例外は、ギリシア語の七十人訳が権威あるものとみなされていた古代アレキサンドリアである。ここで、七十人訳がどのように構成され、実際に霊感を受けたのかという様々な伝説が生まれた。Abraham Wasserstein and David J. Wasserstein, *The Legend of the Septuagint: From Classical Antiquity to Today* (Cambridge: Cambridge University Press, 2006) を参照。古代ヘブライ語の yod と waw の文字の混同については、Tov, *Textual Criticism*, 10, 13 を参照。

心（3–6 節）を、イスラエルに関する 2 つの節（1–2 節）と神に関する 2 つの節（7–8 節）が囲んでいる。このように、この詩編の構造は、神と、神が支配する自然界と、神の民であるイスラエルを優雅にまとめている。

1–2 節：出エジプトの際、イスラエルが神のものとなる。
3–4 節：この出来事に対する海と丘の反応。
5–6 節：これらの自然存在への質問。
7–8 節：この質問に対する彼らの答え。

　しかし、これらの別々のセクションは、様々な手段で結び付けられている。例えば、1 節（イスラエル、ヤコブの家）、2 節（ユダ、イスラエル）、7 節（ヤコブ）には、イスラエルの形容辞が登場する。また、3 節（海、ヨルダン）、4 節（山、丘）、5 節（海、ヨルダン）、6 節（山、丘）、7 節（地）、8 節（ツル［NJPS「岩」、「石」］、池、泉）には、一般的な、あるいは特定の地理的用語が見られる。水のイメージが特に強調されている。不自然な変化もこの詩編の特徴で、8 節に関するキムヒの注釈にあるように、「水域は乾き、山は踊り、石は水を生む」とあり、イスラエルが神の支配下に入ることも不自然な変化であることを示唆している。最後に、詩の構造は非常にシンプルで単調である。すべての行が同じ長さのバイコロンであり、全体の平行関係は同義的である。いくつかの節では語順に変化が見られるが（例：3 節）、ほとんどの節は非常にシンプルな構造になっている。前半の動詞が後半では繰り返されず（例：4 節、「飛び回った」）、前半の 1 つの単語（例：4 節、「'eilim」、「雄羊」）と、欠けた動詞を補うための 2 つの単語のフレーズ（benei tzon、「羊」）がバランスよく配置されている。

　この詩編は比較的簡単な語彙を使っており、単純なように見えるが、非常に印象的な神話的な、あるいは比喩的なイメージが含まれており、最後の節では奇妙な文法形式も使われている。別の言い方をすれば、この詩編は見た目のみがシンプルなのである。

　詩編 114 編には、元々の形成背景や生活の座についてのヒントが不十分である。詩編の中心となる出来事が出エジプトであることから、現代の学者の多くはこの詩編を出エジプトを記念する聖書のある種の祭りと結びつけてい

るが、これは説得力のあるものではない。執筆された年代については議論があるが、後期聖書ヘブライ語の慣用句がいくつか使われていることや、詩編の最後の巻に収められていることから、この詩編は後世の詩編である可能性が高いと考えられる。

　これらの一般的な見解の多くは、ユダヤ人以外の批判的な学者やユダヤ人の無批判的な学者によって書かれていたかもしれない。私のユダヤ人としての視点は、一つの強調点にあり、構造が意味を伝えるという考えに基づいて、構造を重視する（これはユダヤ人特有の見解ではないが、ユダヤ人学者は文学的な問題に必要以上に関心を示してきた）。一方で仮説的な問題にはあまり関心がない。特に、キリスト教の注解書でしばしば強調される詩編の本来の形成背景や生活の座のような、詩編の前史に関する問題は重視されない。詩編の年代についての私の見解は、タルムードやユダヤ人の中世の注釈者とは異なるが、先に述べた理由から、私はこのことに全く違和感を覚えない。中世の偉大な注釈者である（ラビ・ダビデ）キムヒ（ラダック、1160–1235）の解釈が歴史批判的方法に合致する場合は、前提条件が違っていても引用する。一般的に、私は聖書のテキストについて書くときには、ユダヤ教の主要な中世の注釈書を研究し、必要に応じて引用している。（近代前のキリスト教の注釈書においてはこのようなことはほとんど起きないが、これはヘブライ語のテキストの単純な意味への関与が少ないためであり、それゆえ現代のキリスト教の批評的注釈とはあまり関係がないからである）。私は、ユダヤ人コミュニティのためにテキストを解明する目的でテキストに密接に関わった、これらの中世の注釈者の仕事を部分的に引き継いでいると考えている。さらに、中世の学者たちを無視して、偶然に彼らの洞察を再発見したにもかかわらず、それを認めなかった近現代の学者たちについても、記録を整理しておきたいと思っている。ユダヤの伝統はこう言う。「（最初に）言った人の名前で伝統を引用する者は、世界に救済をもたらす[66]」。

　この詩編は、イスラエルが神の民となったのは出エジプトの時であると示唆することで、それがアブラハムの時かシナイの時に起こったとするいくつ

66　この原則は、私の亡き師であるナフーム・M・サルナによって何度も強調された。その起源については、エステル記 2:22 を証明文として従っている Pirke Avot 6:6 を参照。

1　私の聖書──あるユダヤ人の視点　85

かの五書の伝統と矛盾している。この矛盾は、聖書に反映されている複数の見解を歓迎する私の批判的な視点を目立たせる。この詩編は、非イスラエル的で、逃げる海（ヘブライ語でヤム、ウガリット語の文献に登場する神）に関する古代のカナン人の伝統が反映されていると思われる。聖書は、古代近東の文学や文化の一部であり、その影響を受けている。聖書は、他の地域で見られるものがほとんどで、聖書にのみ含まれたものはごくわずかであるが、その特殊な思想の集まりが聖書をユニークにするものである。

　聖書のテキストを解釈する際には、文脈を考慮することが不可欠である。同じテキストを異なる文脈の中で解釈するため、多くの解釈は互いに異なっている。一人の解説者が複数の異なる文脈の中で異なる説明をすることがあるが、どのような文脈なのかを常に明確にする必要がある。私はユダヤ人の批判的聖書学者として、いくつかの文脈を提示する。内側から順に、一つの詩編そのもの、ハレル集の一部としての詩編、詩編書の一部としての詩編、聖書の中の詩編、ユダヤ教の中の詩編で、私はこれらを「解釈の輪」と呼んでいる。これらの異なる解釈は、聖書のテキストの意味がその文脈によってどのように変化するかを明らかにしている。また、個々の詩編は、ほとんどの聖書のユニットと同様に、ユダヤ教や学者の伝統の中で様々な文脈で読まれる可能性があり、また読まれてきた。

　詩編自体は、出エジプト記の類型に基づいて神の助けを求めるもので、詩編著者は出エジプトの再現を神に求めていることを暗に示している。ヘブライ語聖書にはしばしば類型的な要素が含まれているが、ユダヤ人の学者は類型的な要素が新約聖書に結びつけられることが多いため、類型に注目しない傾向があった。ヘブライ語聖書の類型論を示すことで、新約聖書の類型論が、ユダヤ教のヘブライ語聖書に見られる類型論の延長線上にあることも示したいと思う。私は、新約聖書をユダヤ教の書物として再認識することを意図しているわけではない。新約聖書の一部は、確かに自分がユダヤ人であると考えていた人々によって書かれたが、ユダヤ人と非ユダヤ人のそれぞれの理由のために、私はユダヤ教と初期キリスト教の間の連続性を示すことを意図している。この詩編の主なイメージは、一度行動し、再び行動することができる力強い神であり、深い感動と力強さを与えている。この詩編の読者に私の解釈を通してその力を感じ取ってもらいたいと思う。それぞれの解釈の輪で

86

は、詩編の意味や要点がどのように変化するかを示し、外側の輪（ユダヤ教における詩編）では、詩編に関するミドラーシュを引用して、ラビの解釈の大胆さを示している。これらの比較的知られていない伝統は、ラビたちがいかに聖書テキストの本来の意味に縛られず、そのテキストが乾いた歴史的遺物に留まることなく、共同体の宗教生活のために役立つべき生きたテキストであることをうまく確認していたかを示していると思う。

詩編114編のように、神の力と再び行動する能力を強調している詩編は、私が「トーラー」と呼ぶような生きた教訓的テキストとして容易に機能する場合がある。他の詩編ではこれはもっと難しく、何らかの形で再文脈化されて初めてその機能を発揮するのである。ユダヤ教の批判的解釈では、テキストは生きており、元の意味にとらわれず、トーラーとして機能し続けなければならないと主張しているため、関連する場合に私は、これらの聖書時代以降の解釈を含めている。[67]

私は年に20回以上、様々な祭事の際に詩編114編を朗読する。私は、この詩編の本来の意味や機能、ダビデ時代ではなく後期に作られたものであること、そしてテキストが不正確に保存されていることをよく理解している。私はこの詩編を朗読するとき、民数記22章を典礼的に読むことに関するフランツ・ローゼンツヴァイクの立場を採用しない。「バラムのロバは一年中、単なるおとぎ話かもしれないが、この部分がシナゴーグで読まれる安息日には、開かれたトーラーの中から私に語りかけてくるため、特別である」[68]。この詩編は、シナゴーグでも学者の世界でも私にとって同じ意味を持っているが、学術的に議論するときには、私は古代の詩編著者が神とイスラエルをどのように理解していたかについて話す。一方、祈るときには、神に向かって

67　ヘブライ語聖書における類型については、Brettler, *Creation of History*, 48–61 を参照。ユダヤ教とキリスト教の連続性については、Amy-Jill Levine and Marc Brettler, eds., *Jewish Annotated New Testament* (New York: Oxford University Press, 2011) を参照。詩編に関するミドラーシュについては、*The Midrash on Psalms*, vol. 2, trans. William Braude (New Haven, CT: Yale University Press, 1959), 215–222 を参照。教えとしてのトーラーについては、Brettler, "Torah," in *The Jewish Study Bible*, 1–2 を参照。

68　Nahum N. Glatzer, *Franz Rosenzweig: His Life and Thought* (New York: Schocken, 1961), 246. また、Uriel Simon, "The Religious Significance of Peshat," trans. Edward L. Greenstein, *Tradition* 23 : 2 (Winter 1988): 41–63 を参照。

この詩編を朗読するが、良いときには、この詩編が私の周りにおける神の存在をどのように目覚めさせるかを感じる。

最後の考察

　歴史批判的な方法と結論は、律法を遵守するユダヤ人としての私の聖書研究の重要な部分である。教えるときや学術論文を書くときに、私が使う主要な、そしてしばしば唯一の立場を示している。さらに、聖書が初期に何を意味していたかを理解しようとするユダヤ人聖書学者としての私のアイデンティティーの形成に役立ち、また、可能な場合には、その理解を現代の生活に統合しようとしている。

　現代のユダヤ人として、ユダヤ教の歴史とユダヤ教の聖書解釈を深く理解している私は、ラビ的解釈の影響を受けながら生活している。聖書は古代のテキストであり、修正や書き換えではなく、解釈によって更新されなければならない。実践という意味では、ラビの法律が発展し、今後も発展していくことが、私のライフスタイルに影響を与えている。ラビのプロジェクトは、聖書を後世の状況に適合させること、異なる聖書の伝統を調和させること、そして最も重要なことは、聖書を様々な方法で解釈されなければならないテキストと見なすことであり、これらは私が聖書をどのように見ているかを決定づけるものである。つまり、私は聖書を本来の意味にとらわれない万意のテキストとして見ているのである。残念ながら決まり文句になっているものを挙げると、「トーラーには 70 の顔がある」。聖書の解釈とは、ハンマーで岩を叩いたときのようなもので、砕け散り（エレ 23：29 参照）、それぞれが元の岩の正当な一部である。あるいは、別のイメージで言えば、詩編 62：12（英語版では 11 節）を引用することもできる。「神は一つのことを語られたが、私は二つの（解釈）を（正当に）聞いた」。 私の考えでは、歴史批判的解釈は、この 70 の顔や 2 つの声のうちの 1 つである。それは、私が最も気に入っている方法であるが、ユダヤ人である私が使う唯一の方法ではないし、

そうであるべきでもない。[69]

　この方法によって、私はヘブライ語聖書に含まれている永続的な美しさと真実をより強く意識するようになった。そのため、シナゴーグでアリヤを受け取っても偽善的だとは思わず、典礼的にトーラーが読まれるときに神から torat 'emet「真のトーラー」を受けたことを認めることを含む祝福を唱えるために「上る」のである。私にとってトーラーは、深遠な真理が含まれており、他の箇所を犠牲にして特定の箇所を選択し、時代を超えてユダヤ人が創造的に解釈することで、より真実味を帯びたものとなった書物を意味する。ユダヤ教の典礼に従って、トーラーが箱に戻されるとき、私は会衆と一緒に「彼女の道は喜ばしく平和のうちにたどって行くことができる」と唱える。これは箴言 3:17 から取られたもので、そこでは（世俗的な）知恵（ヘブライ語では ḥokhmah）を指しているが、ラビや典礼のヘブライ語において、知恵は知恵の究極的源であるトーラーとして理解されている。[70] シナゴーグでこの節を唱えるとき、私が知恵文学を教えるときに授業で教えている本来の意味とは別の意味になっていても、聖書の解釈は時間とともに発展してい

69　更新については、Stephen Garfinkel, "Applied Peshat: Historical-Critical Method and Religious Meaning," *Journal of the Ancient Near Eastern Society of Columbia University* 22 (1993): 19–28 を参照。また、全く異なる宗教的文脈では、Krister Stendahl, "Biblical Theology, Contemporary," *The Interpreter's Dictionary of the Bible* (New York: Abingdon Press, 1962), 1, 418–432 を参照。再掲：Stendahl, *Meanings: The Bible as Document and as a Guide* (Philadelphia: Fortress, 1984), 11–44. ユダヤ教の法律における時系列での変化についての優れた例としては、Daniel Sperber, *On Changes in Jewish Liturgy: Options and Limitations* (Jerusalem: Urim Publications, 2010) を参照。James Kugel が omnisignificant という言葉を作ったが、その使い方は Yaakov Elman, "The Rebirth of Omnisignificant Biblical Exegesis in the Nineteenth and Twentieth Centuries," *Jewish Studies Internet Journal* 2 (2003): 199–249 でさらに拡大し発展した。「70 の顔……」という表現は民数記ラバ 13:15 に初めて見られ、岩の上の鉄槌に関する伝統は b. Sanhedrin 34a にある。ミドラーシュの手法と文学理論を比較した重要な議論については、Susan Handelman, *The Slayers of Moses: The Emergence of Rabbinic Interpretation in Modern Literary Theory* (Albany: SUNY Press, 1982) を参照。ミドラーシュとその機能についてのより最近の著作については、Harris, *How Do We Know This?* and Bakhos, ed., *Current Trends in the Study of Midrash* を参照のこと。

70　知恵とトーラーを同一視することは、紀元前 2 世紀の著作であるシラ書 24:23 で初めて記されている。

くものなので、私はまったく気にならない。また、歴史批判的方法を正しく理解すれば、トーラーは喜びや平和につながるものであり、そうあるべきであると私は心から信じている。というのも、トーラーの資料を分けることで、問題のある箇所ではなく、特定の「平和な」箇所を強調することができるからである。ユダヤ教の日課である典礼の言葉を借りれば、「アシュレイヌ・マ……ヤファ・イェルシャテイヌ」、つまり、「このような素晴らしい遺産を持つことができて、私たちはどれほど幸せであるか」。ここで遺産というのは「タナク」、つまりヘブライ語聖書である。そして、聖書の初期の意味を、聖書解釈の歴史という豊かな遺産に組み込むことの重要性を理解し始めたユダヤ人の世代に生きていることは、私にとってどれほど幸せなことであろうか。

　2003 年、ヘブライ大学の聖書学者であるイスラエル・クノールは、『神聖な交響曲：聖書の多様な声』という批判的な聖書研究に関する本を出版した[71]。私の考えでは、この本のタイトルの比喩は、私が言おうとしていることをよく表している。私は、聖書のテキストは、様々な楽器、つまり情報源を組み合わせた楽譜のようなものだと考えている。多くの楽譜がそうであるように、あるときはその歴史の初期に、あるときはより後期に聖書は時間をかけて改訂されてきた。しかし、楽譜というものは、実際に使われなければ、少なくとも私にとっては（私は楽譜を読めないので）意味がない。私たちが知っている通りに、音楽の演奏は 2 つとして同じものはない。それは、聖書のテキストに対する 2 つの解釈が同じものではないのと同じである。人によっては、様々な理由である演奏を好むかもしれないが、誰もが認める最高の演奏というものは存在しない。音楽の世界では、楽譜に書かれている弦楽器、あるいはバイオリンだけを研究することは正当なことであり、それは資料批判に似ている。また、楽譜全体を研究することも正当であり、1 つの演奏に反映された楽譜のすべての実現を研究することも正当である。これは、編集批判や文学的解釈に似ている。何を研究するか、何を聞くかは、学者や聴者の好みの問題であるが、多くの学者は、楽譜の歴史や発展、作者の初期の作曲や同じ曲の様々な録音を研究することが、音楽の意味に深みを与えると主

71　Philadelphia: Jewish Publication Society.

張する。同じことが、私のような歴史批判的解釈方法を重んじる聖書学者にも言える。歴史批判的方法を使用することで、テキストの理解を深めることができるからである。私は聖書のテキストを、宗教的なテキストとしても、学術的な研究対象としても、大好きである。詩編119:97の言葉を借りれば、「わたしはあなたの律法をどれほど愛していることでしょう。わたしは絶え間なくそれに心を砕いています」。

　私はクノールの本の「交響曲」という言葉の理解を解き明かしたが、「神聖な」という言葉はどうであろうか？　聖書には、私の祖先が神について考察した内容が含まれており、何らかの形で神からの啓示が含まれているが、私はこの考えを十分に理解せずに受け入れている。したがって、私にとって聖書は、ユダヤ人の神、ユダヤ人、イスラエルの地、そしてこれら3つの存在を結びつける契約についての考え方を理解するための重要な資料である。私は神を信じているが、その神は聖書の見解とラビの解釈の両方を反映している。私の個人的な経験と歴史の知識から、神は常に存在するわけではなく、時には存在すると考えている。例えば、私が祈るときには、詩編69:14（英語では69:13）を考慮に入れる。それは次のようなものである。「神よ、あなたに向かってわたしは祈ります。主よ、御旨にかなうときに／神よ、豊かな慈しみのゆえに／わたしに答えて確かな救いをお与えください」。聖書の先例に基づいて、私は自分のために、そして他の人々のために、祈りが聞かれ、耳を傾けられるような「御旨にかなうとき」を期待するしかない。聖書、特に五書は、私のコミュニティが、神の望む生き方の源として理解してきた作品でもある。このことは、私のコミュニティの聖書解釈であるラビ的ハラカにおいてもそうであるし、直接的に聖書のテキストにおいてもそうである。預言者ミカが神の意志、つまり「善」や「神が求めるもの」について「正義を行い、慈しみを愛し、へりくだって神と共に歩む」（6:8）と表現した通りである。

　最後に、より個人的な話になるが、多くの人々は、「過越祭の晩餐」がいくつかのレベルで私に危機感を与えるはずだと考えるかもしれない。批判的な学者である私は、60万人の男性がエジプトを脱出したという聖書に書かれている出エジプトの真実性を信じていない（出12:37）。また、出エジプト記に書かれているいわゆる10の災いは、様々な資料を組み合わせた結果

であり、その中どの資料においても 10 の災いが全て揃っていたものはなかったと考えている。また、詩編 78 編と 105 編では、災いの数と順序が異なっていることも知っている。それでは、聖書学者である私が、なぜ異論を唱えずに過越祭の晩餐に参加できるのかと不思議に思われるであろう。

　私にとって過越祭の晩餐は、聖書の物語を後世のユダヤ人が再構築したものであり、その再構築は私の人生にとって重要な部分なのである。歴史批判的方法は、ユダヤ人である私が聖書を理解する際に用いる唯一の手法ではないからである。ラビ的伝統は、聖書そのものの中で起こっていることを受け継いでいる。そこでは、伝統が増殖し、解釈され、新たな伝統を生み出している。過越祭の晩餐のテキストであるハガダーが語る物語は真実であるが、歴史的な意味ではなく、神の真実または神とイスラエルの関係についての真実を反映している。言い換えれば、聖書に文字的あるいは歴史的真実性が欠けているとしても、それが私には苦にならない。というのも、ユダヤ教では歴史ではなく物語を大切にしていて、過越祭の晩餐の物語は私の神への理解を助けるものだと思うからである。過越祭の晩餐の物語の多くは、出エジプト記 10 章の冒頭にある「不思議なことをする神の能力を通して神を知る」という内容を反映しており、私は毎日、身の回りでそのような不思議なことを目にしている。批判的方法は、聖書の豊かさを認識させることで、神の世界の複雑さと豊かさをより鮮やかに認識させ、私のユダヤ教を昇華してくれるものである。[72]

<hr>

ダニエル・J・ハリントン S.J. の応答

　ブレットラー教授の論文に答えるにあたり、私の目的はユダヤ教の伝統や

72　ノーマン・ソロモンの最近の著書である *Torah from Heaven : The Reconstruction of Faith* (Oxford: Littman Library of Jewish Faith, 2012) は私の視点と多少重なるが、この論文の校正作業が完了した後に出版された。ソロモンは、天から与えられたトーラーという概念が「基礎的な神話」として真実であると結論づけている。

それに対する同僚の見解を批判することではなく、むしろカトリックの伝統において何が同じで（特に）何が違うのかを示すことである。そのために、4つのセクションで説明する。

異なる聖書

　論文の冒頭に、ブレットラーは私たち3人が同じ聖書について話していないことを指摘している。もちろん、最も明らかな違いは、キリスト教の聖書には新約聖書が含まれており、ユダヤ教の聖書には含まれていないということである。これは非常に大きな、そして根本的な違いである。しかし、それ以外にも明らかではないが、非常に重要な違いがある。

　ユダヤ人は聖書の書物を並べるとき、次のような順序で並べる。五書、預言書（前預言書と後預言書）、諸書である。これらのヘブライ語の頭文字をとって「TNK」と呼ばれているが、プロテスタントの聖書の場合、旧約聖書の内容はユダヤ教の聖書と同じであるが、書物の並び方が異なり、五書、歴史書、知恵書、預言書の順に並んでいる。歴史的な由来はともかく、キリスト教の書物の順序は、約束と成就の神学を示唆している。つまり、旧約聖書で預言されたことや約束されたことは、新約聖書で成就された（あるいは、現在成就されている、あるいは、将来成就される）ということである。

　カトリック（および正教会）の聖書は、プロテスタントの聖書と同じ約束と成就の順序に従っている。しかし、カトリックの聖書には、他の書物に混じって、いわゆる外典や第二正典が含まれている。歴史書にはトビト、ユディト、第一マカバイ記と第二マカバイ記、それにダニエル書とエステル記の増補版があり、知恵書には知恵の書とシラ書、預言書にはバルク書が含まれている。これらの書物が含まれていることで、イスラエルの歴史（特に第一マカバイ記と第二マカバイ記では紀元前2世紀まで）がより詳細に描かれ、シラ書では知恵の教えが拡大され、知恵の書では死後の生活や不死について明確に言及され、トビトとユディトでは娯楽的で啓発的な物語が描かれている。これらを含めることで、より大きな（そして私の考えではより良い）聖書になるのである。

　ユダヤ教の伝統では、5つの書物である「トーラー」が長い間、重要な位置を占めてきた。ミシュナーやタルムードをはじめとするユダヤ教の著作に

1　私の聖書──あるユダヤ人の視点　　93

は、トーラーを理解し、適用するための膨大な時間とエネルギーが費やされていることがわかる。しかし、カトリックでは、旧約聖書の中でも、創世記、出エジプト記の前半、ダビデやソロモンの物語、詩編、ヨブ記、イザヤ書などが好まれている。ほとんどのカトリック信者は、五書の中で、ユダヤ人にとって非常に重要な儀式の純潔やその他の法的事項に関する部分を読み飛ばしている。私たちは同じ聖書を読んでいないだけでなく、共有している書物の異なる部分を選んで読み、強調している。この現象はしばしば「正典の中の正典」と呼ばれている。カトリック、正教会、プロテスタントのキリスト教徒の間でも、新約聖書の読み方に同様の違いがある。

異なる解釈

ここでは、ブレットラーの詩編 114 編の解説と、カトリックの学者であるリチャード・J・クリフォードの解説を比較してみる。[73] 両方の解説者は一般読者向けに執筆しているが、現代聖書学に関するいくつかの識見があることを前提にしている。

両者の解説の多くは非常によく似ている。これは、両者とも歴史批判的方法の訓練を受けており、聖書に対する批判的アプローチと宗教的アプローチを効果的に組み合わせることができる学者の最良の例であることが証明されているため、驚くことではない。詩編 114 編の解説において、彼らは本文中の重要な単語やイメージを説明し、詩編の構造とその伝達方法を詳細に分析し、カナン人やウガリット人の文献にある類似点を指摘し、他の聖書のテキストによってこのテキストを解釈し、出エジプトの類型の重要性を強調し、詩編の起源の可能性として古代ユダヤ人の典礼を示唆している。

どちらもヘブライ語のテキストをベースにしているが、翻訳の選択に違いがある。この決定はもちろん、彼らの注解書が出版されているプロジェクトのスポンサーによってすでになされたものである。すなわち Jewish Publication Society（ブレットラー）と New Revised Standard Version（クリフォード）てある。ブレットラーはユダヤ教の伝統的な資料を尊重した解説を

---

73 Richard J. Clifford, *Psalms 73–150, Abingdon Old Testament Commentaries* (Nashville: Abingdon, 2003), 191–194.

行い、クリフォードは教父への言及を散りばめた解説を行っている。おそらく最も重要な違いは、この詩編の今日における神学的あるいは宗教的意義についてのアプローチにある。ブレットラーは、イスラエルが神の民となったのは、アブラハムの召命やシナイでのモーセへの契約の授受ではなく、出エジプトの時であることを確認することが、この詩編の中心的なテーマであるとしている。クリフォードにとっても、神の民がエジプトでの奴隷生活から解放され、カナンで主に仕えるようになるという出エジプトの類型が重要である。しかし、クリフォードにとって、このテーマと詩編114編での展開は、キリスト教の祭典であるイースターと洗礼を理解する上でも大きな意味を持つ。彼は、人が自由のために通過する水は伝統的に洗礼の水と解釈されてきたこと、水は混沌と死を表すこと、そして（洗礼を通して分かち合える）イエスの復活は死の力に対する勝利であることを指摘している[74]。

　このような比較から、歴史批判的方法を聖書のテキストに適用することで、そのテキストがより奥深い理解と評価を得ることができ、宗派の壁を越え、解釈者と彼らが所属する共同体の神学を豊かにすることができることがわかる。だからこそ、最近のカトリックの聖書解釈に関する文書では、歴史批判は完全には適切ではないが「不可欠」であると繰り返し主張されているのである。歴史的批判が不十分なのは、歴史的批判の分析に終始し、聖書テキストの宗教的、霊的な側面に関与しない場合である。

異なる聖書概念

　ブレットラーの論文は、歴史批判的方法がユダヤ人社会にもたらした緊張関係を非常に明確に示している。モーセは五書を書いたのか？　聖書には誤りがあるのか？　聖書はどのような意味で神の霊感を受けたのか？　これらの質問に対する最初のユダヤ人の反応は、概して否定的であった。ユダヤ人の否定的な反応は、ほとんどの場合、カトリックの関係者や神学者の反応と一致していた。このような否定的な意見は、20世紀前半の教皇庁聖書委員会の決定にも現れている[75]。

74　Clifford, *Psalms 73–150*, 194.
75　Dean Béchard, ed., *The Scripture Documents* (Collegeville, MN: Liturgical Press, 2002), 183–211 を参照。

1　私の聖書——あるユダヤ人の視点　　95

カトリック神学では、これらの問題は「霊感、無謬、啓示」という用語で扱われるが、これはユダヤ人の聖書研究では主要な用語ではない。これらの問題を扱う上で私の主要な情報源は、第二バチカン公会議の *Dei Verbum* と現在のカトリック神学である。[76] 初期のカトリック神学では、霊感を「神の口述」というモデルに従って扱う傾向があった。つまり、神（または聖霊）が何らかの方法で、個々の聖書著者が神の意図することを直接書くようにしたという考えである。このモデルによれば、霊感は主に神と著者の間のコミュニケーションであった。しかし、歴史的な批判によると、聖書の書物の構成は、もっと複雑で共同的なものであったことが明らかになっている。例えば、トーラーは様々な文書や口伝の資料から構成されている。同様に、預言書は、イザヤ、エレミヤ、エゼキエルなどに関連する神託や物語を集めたものである。箴言は、明らかにいくつかの異なるコレクションの選集である。このような認識の結果、カトリックの聖書学者や神学者は、伝統の編纂や継承に直接関わった人々や、彼らが生活し働いていた共同体を参照しながら、共同体の霊感という観点から考えるようになった。

　聖書の完全な文字的無謬性を擁護するカトリック信徒もいるが、現代の聖書の批判的研究と現代科学に照らすと、彼らは弁解の余地のないものを擁護しているように思える。[77] 創世記 1 章と 2 章の天地創造の記述を科学的に正しいと考えることは、それらの文章がどれほど美しく賢明なものであっても、現代のほとんどの人々にとって不可能になっている。今日、ほとんどのカトリック教徒は、聖書の「限定的無謬性」の原則に基づいており、*Dei Verbum* 11 にある、聖書は「私たちの救いのために神が聖なる書物に記録することを望まれた真理を、しっかりと、忠実に、誤りなく教えている」という記述を信じている。公会議が本当に「限定的な無謬性」の教義を認めようとしたかどうかについては議論があったが、現在ではほとんどのカトリック教徒がこのように解釈している。つまり、私たちの救いに関係することが無謬であり、歴史的、科学的な詳細は必ずしも無謬ではないということである。

　カトリックの神学では、聖書を神の啓示と見なしている。しかし、*Dei*

76　同上 , 19–33.

77　Scott W. Hahn, ed., *Letter & Spirit* (Steubenville, OH: Emmaus Road, 2010) の第 6 巻を参照。

Verbum 2–6 が明らかにしているように、最も重要なものは、旧約聖書を通して徐々に展開される神の人格の啓示であり、これはイエスの人格と新約聖書のイエスへの証しにおいてクライマックスを迎える。この人格的な神の啓示から、十戒などの聖書に啓示されている「命題」が生まれる。このような救済史的観点から、*Dei Verbum* は、旧約聖書の書物が、「不完全で暫定的なものしか含まれていない」にもかかわらず、神の霊感によるものであり、永続的な価値を持つものであると述べている（15）。

異なる最終的な裁定者

ブレットラーは、ユダヤ教には教導権や公式の教えの立場がないと述べている。彼の論文の冒頭では、今日のユダヤ人の間に存在する多様性が、聖書の解釈にも表れていることが指摘されている。もちろん、彼はユダヤ教の状況を教導権が存在するカトリックの状況と対比している。教導権はローマ司教である教皇を頂点とする司教団からなるカトリック教会の公式教導制度である。

Dei Verbum 10 によると、「神の言葉を、記録によるものであれ、伝統によるものであれ、真正に解釈するという任務は、イエス・キリストの名においてその権威が行使される教会の教導機関（マジステリウム）に委ねられている」。しかし、同じ段落では、「この教導機関は神の言葉の上にあるのではなく、伝承されてきたものだけを教えることによって神の言葉に仕えている」とも主張している。言い換えれば、マジステリウム自身が、聖書と伝統に導かれなければならないということである。

聖書の解釈に関しては、マジステリウムは裁定者や審判官の役割を果たすかもしれない。その役割は、米国の最高裁判所に例えることができる。最高裁判所は、個々の訴訟において、米国憲法の適切な解釈を決定することを任務としている。その役割の一つは、信仰や道徳の問題に関わる聖書の文章の意味を宣言することである。聖書の問題に関してマジステリウムが権限を行使したごく少数のケースでは、聖書のテキストが（歴史批判的観点から）古代においてどのような意味を持っていたかというよりも、むしろ（その霊的意味と影響史の観点から）それらのテキストが現在および将来の教会生活にどのような意味を持つかに関心が向けられてきた。例えば、16 世紀のトレン

1　私の聖書——あるユダヤ人の視点　　97

ト公会議では、プロテスタント改革派の反対を押し切って、様々な聖礼典と、その聖書的根拠として引用された新約聖書の特定のテキストとの伝統的な関係を支持した（洗礼［ヨハ 3：5］、懺悔・和解［ヨハ 20：23］、病者の塗油［ヤコ 5：14］）。[78]

　聖書のテキストに関するマジテリウムの決定の目的は、真理の根拠、魂の救い、教会の善を促進することである。*Dei Verbum* 10 によると、聖書、伝統、マジテリウムは三角形の関係で存在すべきである。なぜならば、これらは「密接に結合しているため、一つが他のものなしでは成り立たず、すべてが一緒になって、一つの聖霊の働きの下で、それぞれが独自の方法で、魂の救いに効果的に貢献する」からである。どのような問題があっても、生きているマジテリウムは、聖書の完全性を守り、教会生活での使用を指導することができる。

ピーター・エンスの応答

　ブレットラー教授の論文を読んで、とても懐かしい思い出が蘇った。私の博士課程での研究のほとんどは、ジェームズ・クーゲルとジョン・レベンソンという、魅力的で影響力のある二人のユダヤ人聖書学者の指導の下で行われた。福音派にルーツを持つ異邦人である私にとって、聖書の釈義とユダヤ的解釈の歴史をユダヤ人の学者と一緒に学ぶことは、方向転換を促す経験であり、聖書の特性についての私の学問的、精神的な考えの多くの方向を定めるのに役立った。

　私はクーゲルとレベンソンから、ユダヤ教の聖書解釈の歴史がいかに豊かで、多様で、創造的であるかをすぐに学んだ。この歴史はヘブライ語聖書そのものに始まり、今日まで続いている（そして、新約聖書がこれらの初期解

78　Raymond E. Brown and Sandra M. Schneiders, "Hermeneutics," in *The New Jerome Biblical Commentary*, ed. Raymond E. Brown, Joseph A. Fitzmyer, and Roland E. Murphy (Englewood Cliffs, NJ: Prentice Hall, 1990), 1163–1164.

釈の軌跡にいかによく適合しているかは広く知られている）。このように聖書を重視する姿勢については、ユダヤ教が「書物の宗教」であるということで一般的に説明されている。ブレットラーは、このような説明に抵抗がある。なぜなら、このような説明では、ユダヤ教の歴史の中で聖書がどのように使われてきたかを適切に表すことができないからである。つまり、ユダヤ人にとって聖書はプロテスタントの伝統のように、絶えず戻るべき場所ではなく、しばしば出発点として使われるということである。ブレットラーの論文から私が最も学んだことは、ユダヤ教におけるこの魅力的な力動性、すなわち、正典と、解釈によってその正典を継続的に変化させることを志向する共同体との間の力動的関係性に関する鋭い説明である。

　このような正典に対する姿勢は、ブレットラーが示しているように、ユダヤ教がカトリックやプロテスタントに比べて、認知的不協和が少ない状態で聖書批判に取り組むことができるユニークな環境にあることを説明している。（ユダヤ教は多様な信仰の伝統であるから）すべてのユダヤ人がブレットラーの考えに同意するわけではないことは確かであるが、それでも彼は説得力のある主張をしているのである。また、ハリントンが言うように、カトリックは少なくとも原理的には聖書批判と折り合いをつけてきたが、カトリックとプロテスタントの両方に影響を与えている聖書批判と聖書の権威との間にある不変の緊張関係を解決するために教会全体が苦労してきたことも事実である。しかし、ユダヤ教は、その「システム」の中に、聖書を「超える」ことは避けられないという理解を組み込んでいる。それは、知的・文化的環境の変化がそれを必要とするからだけでなく、ユダヤ教にとってそもそも聖書はそのような宗教的発展を妨げるものではないからである。ブレットラーの言葉を借りれば、権威はテキストにあるのではなく、その解釈にあるのである。

　私が自分の論文で提案するように、ユダヤ教と新約聖書が正典の問題をどのように扱うかには類似性がある。どちらにとっても、イスラエルの正典は疑いようのない重要性を持っているが、その正典を変換（再文脈化）する必要性は明らかである。ユダヤ神学の中心が、実際には正典ではなく、解釈された正典であるとすれば、つまり、権威が聖書のページに書かれた言葉にあるというよりも、その言葉に与えられた解釈にあるとすれば、キリスト教の

始まりについても同様のことが言える。ブレットラーがユダヤ教について述べた言葉を借りれば、キリスト教の信仰は、五書が形成史を持つかどうかに根ざしているのではなく、キリストに根ざしている。私はこれが真実であると信じているが、ここで多くのプロテスタント信徒にとって少し厄介なことが起こりえる。ブレットラーが、聖書批判を行うための入り口として、五書の形成史に関する聖書のデータを整理しているのは正しい。（例えば、五書の中には五書が神の著作であるとは主張されていないし、トーラーは全体を指すのではなく、祭儀法や申命記のような法的資料の小部分を指しているし、モーセの著者としての役割は後の書物になってから出てくるものである。）しかし、プロテスタントでは、もう一つの聖書的資料を考慮する必要がある。イエスは、五書の「形成」について、形成史をあまり認めない見解を持っていたようである。例えば、イエスはファリサイ派の人々との議論の中で、「モーセは、わたしについて書いた」（ヨハ 5：46）と発言している。

　プロテスタント信徒の中には、このような発言によって、資料批判が学問的な議論に入る余地が大きく制限されると考える人もいる。保守的なプロテスタントの旧約聖書学者の多くは、資料批判を非常に限定的なものとして受け入れている。プロテスタントが五書の形成史に関する批判的な研究を行うためには、神学的な整合性を保ちつつ、それを可能にするような形でイエスの言葉を組み立てるという大変さがある。例えば、イエスは「モーセが書いた」と言うべきではないことを知っていたが、聴衆に合わせていたのだと言うことができるかもしれない。あるいは、イエスはここで、五書のすべての言葉がモーセからのものであることを意味しているかのように、文字通りに受け取るべきではないという解釈もありえる。あるいは、「モーセ」は単に五書の略語であって、著者についての明確なコメントとして理解すべきではないかもしれない。また、福音主義プロテスタントではあまり考えられていないことであるが、イエスの五書に対する見方は、イエス時代の文化的な状況に形成されたものであるということも重要である。言い換えれば、イエスはモーセが五書を書いたと考えていたのであるが、これはイエスの歴史的環境を反映したものであり、したがって、五書の形成史を今日どのように理解すべきかを決定するものではないということである。この最後の見解を受け入れるためには、プロテスタントは受肉についての理解を明確にする必要

がある。そこでは、イエスが五書の著者についてどう考えていたかについて、議論する余地がある。ここからがやっかいなのである。

　私が言いたいのは、プロテスタントの聖書観や聖書批判との関係は、ユダヤ教の枠を完全に超えた要因によって決定されるということである。そうは言っても、ユダヤ教の聖書に対する態度が、プロテスタントではあまり見られないような、聖書自体の特性に直接取り組むことを可能にし、その結果、聖書批判に慎重に取り組むことを可能にしていることから、学ぶべき重要な教訓がある。

　ブレットラーは、ユダヤ教とトーラーの構成についての魅力的な議論に加えて、いくつかの潜在的な論争問題についても議論し、正しく理解されたユダヤ教が、聖書批判と現代思想の多くの課題を吸収するのに適した立場にあることを示している。例えば、ブレットラーはプロテスタンティズムの集合意識に焼き付けられるべき明白な要因を指摘している。それは、旧約聖書がそれ以前の資料を反映し、後の共同体のためにそれを変えているということである。このことは、歴代誌が歴史的伝統と法的伝統をどのように扱っているかを見れば明らかである。私の意見では、聖書の著者が同じ出来事を異なった形で報告する場合（新約聖書に表れる、この問題の変形は４つの福音書に関係している）、これはプロテスタントにとって聖書の権威の特性を理解する上で、より慎重に検討する必要があるという、重要なメッセージを含んでいる。

　私は、ユダヤ教が合意された特定の教義のセットを主張しないという意味で、ユダヤ教は非教義的な信仰であるというブレットラーの主張に心を打たれた。ブレットラーはこの見解を、ユダヤ教が律法の宗教であるという一般的な評価（これはプロテスタントの宗教改革の際に確固として広まった見解であり、福音とは対照的なものである）と対比している。同じようなことを、ハーバード大学のユダヤ人クラスメートから、もう少しくだけた言い方で聞いたことがある。「私はユダヤ人だから、何を信じてもユダヤの伝統の一部だ」。私は、個人の好みを抑制するための伝統というものがないことに愕然とした。正直なところ、ブレットラーがケルナーの言葉を引用して、「ユダヤ人が信じなければならないものは何もない」と言っているのは、まだ少し受け入れがたいものがある。なぜなら、ユダヤ教も他の宗教と同様に一定の

1　私の聖書——あるユダヤ人の視点　　101

枠組みがあり、私はそのような枠組みを「教義」と呼ぶことにまったく抵抗がないからである。しかし、ブレットラーの指摘はよく理解できる。ユダヤ教のドグマの発展は、最初から聖書に織り込まれていたというよりも、むしろ中世の現象であるようだ。

　また、マイモニデスの第8原理（トーラーはすべて神から来たものである）がユダヤ教にもたらした軌跡に対するブレットラーの苦悩も理解できる。プロテスタントにも伝統があり、その伝統では過去の主要な声が現在の結論と将来の方向性を必ず決めると考えられている。過去を否定することは伝統を否定することであり、伝統は過去の出来事や考え方の総体であるからだ。しかし、伝統を重んじることで、進歩がないと理解されてしまうことがよくある。プロテスタントでは、過去の人物が言ったことだけを根拠にして、新しいアイデアが無効にされてしまうことがよくある。どの宗教でもこのような動きは避けられないと思うが、ブレットラーは、ユダヤ教でもキリスト教でも、「伝統は常に流動的である」ということを思い出させてくれる。私たちは常に何らかの軌跡を辿っており、過去からの動きや変化の一部なのである。完全に安定した伝統というのは神話である。確かに、適応がなければ、伝統は孤立し、やがて消滅してしまうのである。

　私が思うに、ブレットラーの論文の中心点は、ユダヤ教は「ユダヤ人の進化する宗教文明」であるという考え方である。ユダヤ教はそれ自体、変化、発展、適応によって定義される。このような動きの証拠は、ヘブライ語聖書のどこにでも見られるが、時間の経過とともに構成的あるいは神学的な発展が見られる。その中で最も重要な段階は、一般的に言われているようなバビロン捕囚ではなく、ラビ的ユダヤ教への移行であったとブレットラーは主張している。ラビ的伝統が現代のユダヤ教を形作ってきた。つまり、ラビ的伝統がイスラエルの信仰の再文脈を支配し、権威を持ち、継続的に発展させてきたということである。

　この考えに続いて、ブレットラーは最も興味をそそられる、そしてプロテスタントにとっては身近な概念を述べている。ブレットラーは、ジェイ・ハリスのような学者とともに、ユダヤ教のラビ法の伝統は、イスラエルの正典に基づいたものではないと主張している。むしろ、ラビは法の伝統を継承し、それらの伝統を正典に結びつけようとしたのである。言い換えれば、受け入

れられた伝統は、釈義によって正典から生じるのではなく、正典に引っ掛けられていたのである。プロテスタントのグループに対するよくある、そして皮肉な批判は、その個々の慣習や神学の中には、聖書に根ざした原則よりも、聖書の正当性を求める習慣があるということである。その一例が教会の統治である。聖公会は、使徒継承という形で司教を任命している。会衆派は会衆の知恵によって統治される。その中間に位置するのが長老派で、正式に選出された長老たちによって統治されている。これらの統治形態は、いずれも聖書的に明確な裏付けがあるとされているが、問題はもっと複雑である。プロテスタントの様々な伝統がどのように望ましい統治方法を採用したかは、単に「聖書に書かれていることを実行する」ということではなく、様々な文化的、歴史的な要因によって決定され、すべての関係者が、多様な聖書の証しの中に現代の実践の根拠を見出そうとした結果である。

　私は、ブレットラーが文字主義とプロテスタントの長年の障害である歴史と科学の問題に触れているのを見て、非常に嬉しく思った。そして、文字主義者に檻を揺さぶられているのはプロテスタントだけではないことを知り、少し安心した。もちろん、ブレットラーが言うように、聖書は歴史の記述において柔軟性があり、歴代誌の著者のように歴史を修正することも厭わないという考え方から学ぶならば、創世記 1–3 章をめぐる科学と信仰の問題は、差し迫ったものではなく、少し平凡なものでさえある。しかし、プロテスタントの人たちは、歴代誌の著者がイスラエルの歴史を修正したとしても、それは本質的に歴史的な物語を語っているのだと言うであろう。創世記は、科学的、歴史的研究により、歴史的出来事を扱っていないという結論に達しているため、全く別の問題である。

　私見によれば、科学と信仰の論争は、創世記の冒頭の章の適切なジャンル分けをめぐる意見の相違によって引き起こされているのである。ブレットラーのユダヤ教が、プロテスタントの一部の宗派よりも科学的な起源のモデルを受け入れやすい理由は、聖書における歴史学的な柔軟性を受け入れることよりも、「歴史」は創世記の適切なジャンルのラベルではないことを受け入れる意思があることと関係している。さらに、先に見たように、キリスト教の正典は、ユダヤ教徒にはない形で、キリスト教徒への要求水準を上げている。使徒パウロは、ローマの信徒への手紙 5 章とコリントの信徒への手紙

1　私の聖書――あるユダヤ人の視点　103

一15章において、最初の人間であるアダムが行ったこと（神への反逆）と、その結果として2番目のアダムであるキリストが問題を解決するために行ったこと（十字架と復活）に、かなりの神学的な重みを置いている。

　最後に、ブレットラーのまとめの言葉に触れる。「聖書は、私のコミュニティの中で私が聖なるものと呼ぶテキストを選び、再評価し、解釈することで、教科書にする原典である」。私が思うに、ブレットラーはここで、一部のプロテスタントがすぐに疑念を抱くであろう概念を明確にしている。ブレットラーと彼の共同体は、正典を裁く立場に立ち、現代の宗教生活に何を伝えることができるか、できないか、伝えるべきか、伝えるべきでないかを宣言しているように見える。聖書は宗教的な指針となるが、宗教団体の側からの批判的な評価がないわけではない。ブレットラーは、聖書の権威や神の言葉としての聖書への真の服従という概念がない聖書観を推進していると、すぐに非難されるであろう。

　ユダヤ教とプロテスタントの間には、聖書の権威がどのように表現されているかという点で大きな違いがあるのは確かであるが、ブレットラーにとってユダヤ教における聖書の権威は（単にないというよりも）中心的なものではない、と言った方が良いかもしれない。しかし、より重要なことは、プロテスタントが権威のカードを使うのを早まってはいけないということである。キリスト教の初期の著者たち、つまり新約聖書の著者たちは、それぞれがイスラエルの物語を選別し、優先順位をつけ、再構築したのである。福音書の伝承によると、イエス自身は、旧約聖書の主要な制度や慣習を廃止しないまでも、少なくとも中和しており、パウロもこの姿勢を踏襲している。食事法の廃止、割礼のない異邦人の受け入れ、律法の分散化、犠牲制度の廃止などは、イエスとその初期の信奉者たちが進めた見解の一例である。プロテスタントの時代になると、聖書の選択性が重視されるようになった。プロテスタントのジレンマの一つは、聖書をどのようにふるいにかけるかということである。つまり、聖書は、どのような時に、規定的に語り、またどのような時に記述的に語っているのかということである。前者は永続的な服従を必要とし（敵を愛しなさい）、後者は古代の文化を反映しており、現代では従う必要がないか、従うべきではないとされている（アブラハムは自分の首を守るために、サラを妹と偽った）。

しかし、この区別はきちんとしたものではない。聖書には何が守られるべきで、何が守られるべきではないかを示す目次はない。その判断を下すには、ユダヤ人もプロテスタントも同様に、聖書をふるいにかけ、優先順位をつけ、再構成するプロセスが必ず必要になる。プロテスタントにとっての問題は、原典を教科書にするかどうかではなく、その教科書がどのようなものになるか、そしてその根拠は何かである。

このテーマに関する更なる参考文献

Bellis, Alice Ogden, and Joel S. Kaminsky, eds. *Jews, Christians, and the Theology of the Hebrew Scriptures*. Atlanta: Society of Biblical Literature, 2000. 様々な解釈の伝統の間の相違点と共通点を強調した幅広いコレクション。

Carmy, Shalom, ed., *Modern Scholarship in the Study of Torah*. Northvale, NJ: Jason Aronson, 1996. 現代の批判的聖書学と伝統的な正統派の立場との間にある、さまざまな範囲と方法について、正統派の学者による論文集。

The Condition of Jewish Belief: A Symposium Compiled by Editors of Commentary Magazine. Northvale, NJ: Jason Aronson, 1989 [1966]. このシンポジウムは、『コメンタリー』誌の編集者が編集したものであり、ユダヤ教の主要な宗派の宗教指導者の宗教観を調査した画期的なものである。（より最近の調査としては、"What Do American Jews Believe? A Symposium," *Commentary* 102 : 2 [August 1996]）。

Halivni, David Weiss. *Revelation Restored: Divine Writ and Critical Responses*. Boulder, CO: Westview, 1997. エズラが受け取って修復した後、オリジナルのトーラーが「汚された」という、ラビ的テキスト研究の第一人者による重要な議論。

Harris, Jay. *How Do We Know This? Midrash and the Fragmentation of Modern Judaism*. Albany: SUNY Press, 1995. ユダヤ教の伝統的な聖書解釈のさまざまな方法についての詳細な調査。

Heger, Paul. *The Pluralistic Halakhah: Legal Innovation in the Late Second Commonwealth and Rabbinic Periods*. Berlin: de Gruyter, 2003. ハラカの発展、ひいてはラビ法と聖書本文との関連性について、ラビ文献の重要な箇所を歴史的に検証したもの。

Jacobs, Louis. *Principles of the Jewish Faith: An Analytical Study*. New York: Basic Books, 1964. 20 世紀を代表する英国のユダヤ教学者・神学者による、マイモニ

1　私の聖書——あるユダヤ人の視点　105

デスの 13 の原理に関する研究書。

Kellner, Menachem. *Dogma in Medieval Jewish Thought: From Maimonides to Abravanel*. Oxford: Oxford University Press, 1986. 中世ユダヤ教におけるドグマの役割とドグマ的原理のリストについての調査。

Levenson, Jon D. *The Hebrew Bible, the Old Testament, and Historical Criticism: Jews and Christians in Biblical Studies*. Louisville, KY: Westminster/John Knox, 1993. ユダヤ人聖書神学の第一人者が、ユダヤ人の聖書神学はどのようなものか、ユダヤ人とキリスト教の聖書研究の根本的な違いは何かについて考察した論文集。

Levy, B. Barry. *Fixing God's Torah: The Accuracy of the Hebrew Bible Text in Jewish Law*. New York: Oxford University Press, 2001. 正統派の学者による、トーラーのテキストの正確さをめぐる問題についての綿密な研究。

Schwartz, Baruch J. "Of Peshat and Derash: Bible Criticism and Theology." *Prooftexts*, 14 (1994): 71–88. 批判的な聖書学とキユム・ミツボト（律法の遵守）を同時に受け入れることを熱心に論じた、ハリブニの立場に対する重要な批判。

Shapiro, Marc B. *The Limits of Orthodox Theology: Maimonides' Thirteen Principles Reappraised*. Oxford: Littman Library of Jewish Civilization, 2004. 権威あるものとして認識されがちなこれらの原則が、マイモニデスの前後でどの程度受け入れられていたかを検証したもの。

Shavit, Jaacov, and Mordechai Eran. *The Hebrew Bible Reborn: From Holy Scripture to the Book of Books*. Studia Judaica 38. Trans. Chaya Naor. Berlin: de Gruyter, 2007. 近代におけるユダヤ人の聖書研究の発展。

Simon, Uriel. "The Religious Significance of Peshat." Trans. Edward L. Greenstein. *Tradition* 23 : 2 (Winter 1988): 41–62. Also at http://www.lookstein.org/articles/simon_peshat.htm. 聖書のテキストを文脈（ペシャット）と説教（デラーシュ）の両方の視点から読むことの重要性を説いた美しい論考。

Sommer, Benjamin D. "Revelation at Sinai in the Hebrew Bible and in Jewish Theology". *Journal of Religion* 79 (1999): 422–451. 聖書に現れる啓示と、その現代ユダヤ教への影響について、非常に思慮深い考察を行っている。

2 聖書を批判的かつ宗教的に読むために ——カトリックの視点

ダニエル・J・ハリントン S.J.

概要

ハリントンがカトリックの視点から書いたこの章は、カトリック（および正教会）の旧約聖書におけるいわゆる外典の存在を指摘している。次に、教皇の公式文書（*Divino afflante Spiritu*）、教会会議の公式文書（*Dei Verbum*）、教皇庁聖書委員会の公式文書に照らして、現代のカトリックの聖書解釈を説明している。その上で、聖書の霊的な意味、教父の伝統、現実化と土着化がもたらす課題の重要性を主張しながら、カトリックが聖書批判を不可欠なものとして（ただし限界はあるものとして）受け入れるようになったことを示している。出エジプト記 3–4 章を参照しながら、カトリックのアプローチを説明している。

キーワード

現実化、外典、*Dei Verbum*、*Divino afflante Spiritu*、出エジプト記 3–4 章、土着化、教父的解釈、教皇庁聖書委員会、霊的な意味

　カトリック教徒がどのように聖書を読むべきかを説明するのは比較的簡単である。その主な理由は、このテーマに関して、最近の豊富で知的に洗練された公式のカトリックの教えがあるからである。[1]カトリックの想像力は、可能な限り類似性と補完性を見出す傾向がある。カトリックの伝統は、信仰と理性の統合を強調する。カトリックは、「両方……と」考える傾向がある。だから、この問題に関しても、他の多くの問題と同様に、聖書の批判的な読

1　完全な文書については、Dean P. Béchard, ed., *The Scripture Documents* (Collegeville, MN: Liturgical Press, 2002) を参照。一般的な議論としては、Daniel J. Harrington, *How Do Catholics Read the Bible?* (Lanham, MD: Rowman & Littlefield, 2005) を参照。

み方と宗教的な読み方の両方が可能であるだけでなく、聖なる聖書が何であるかを完全に理解するためには両方が必要であるというのが、カトリックの典型的な反応である。

　カトリックの社会倫理的な教えは、世界で最も守られている秘密の一つであるとよく言われる。聖書と聖書解釈に関する最近のカトリックの教えについても同じことが言えると思う。実際、世界中のカトリック教徒の 99.9％は、この教えについてほとんど何も知らないのではないかと思われる。この論文では、この謎が少しでも取り除かれ、ユダヤ教やプロテスタントのアプローチとの対話ができることを願っている。カトリックの教えは、聖書を宗教的に読むことに主眼を置いているが、カトリックの聖書解釈においては、（正しく理解されている場合）聖書批判や歴史批判的方法が不可欠であることを繰り返し主張している。

カトリック聖書の形

　カトリックの聖書は、ユダヤ教の聖書やプロテスタントの聖書とは異なっている[2]。もちろん、すべてのキリスト教の聖書には、新約聖書の 27 冊の書物が含まれている。ヘブライ語聖書のすべての書物は、旧約聖書としてキリスト教の聖書に登場する。しかし、キリスト教の聖書では、旧約聖書の書物はヘブライ語聖書とは異なる順序で配列されている。キリスト教では、ヘブライ語聖書の律法書、預言書、（歴代誌下 36 章を最後とする）諸書の順ではなく、五書、歴史書、知恵書、預言書の順に並べられ、マラキ書 4:5–6［ヘブライ語聖書では 3:23–24］にある「大いなる恐るべき主の日が来る前に」エリヤが戻ってくるという預言が旧約聖書と新約聖書の間の橋渡しの役割を果たしている。カトリック（および正教会）の聖書の順序は、プロテスタントの順序と基本的には同じで、どちらも旧約聖書と新約聖書の間に「約束と成就」の関係を設定している。そのため、キリスト教徒は旧約聖書（特にそ

2　例えば、Donald Senior and John J. Collins, eds., *The Catholic Study Bible*, 2nd ed. (New York: Oxford University Press, 2006) を参照。

の預言）を不完全なものとみなし、新約聖書で成就すると考えている。

　内容的には、プロテスタントは旧約聖書のヘブライ語の正典に従うのに対し、カトリックはより広いギリシア語の正典に従う。カトリックの聖書には、ユダヤ教やプロテスタントの聖書にあるものに加えて、7つの旧約聖書が含まれている。トビト記、ユディト記、マカバイ記1、マカバイ記2、知恵の書、シラ書、バルク書である。近年、プロテスタントの出版社は、これらの書物（およびその他の書物）を、「外典」または「第二正典」という見出しで、一種の付録あるいは別のセクションとして含めるという古い慣習を再開した。東方正教会の聖書では、7冊の他にさらに数冊の本が追加されている。加えて、カトリックと東方正教会の聖書には、ギリシア語聖書の伝統に沿って、ダニエル書とエステル記の完全版が含まれている。

　いわゆる外典が他の議論の余地のない旧約聖書の書物の中に散りばめられていることが、カトリックの聖書をユダヤ教やプロテスタントの聖書とは異なるものにしている。[3]トビト記とユディト記は、（エステル記やヨナ書のように）魅力的な物語であり、第二神殿のユダヤ人の生活や信仰についての貴重な情報を提供している。知恵の書は、不死を強調しているため、死後の永遠の命に対する聖書の希望を発展させるための重要な神学的要素となっている。（集会の書とも知られている）シラ書は、紀元前2世紀初頭にエルサレムで教師をしていた人物が、ほとんどすべてのことについて意見を述べており、彼が古代近東の知恵の伝統とユダヤ教の聖書の伝統を統合しようと努力したことを物語っている。バルク書は、ダニエル書9章、ヨブ記28章、イザヤ書40–66章などの聖書の箇所が、イスラエルの捕囚の経験に光を当てるために、どのように読み替えられ、解釈されたかを示している。エステル記の補遺では、エステル記がより宗教色の強いものになり、ダニエル書の補遺では、「アザリアの祈り」や「三人の少年の歌」に加えて、「スザンナ」や「ベルと竜」などの素晴らしいギリシアの物語が追加されている。これらの追加本により、カトリック聖書は第二神殿ユダヤ教を研究するための豊富な資料となっている。また、ソロモンの知恵が含まれていることは、不死の

3　これらの書籍の紹介については、Harrington, *Invitation to the Apocrypha* (Grand Rapids, MI: Eerdmans, 1999) を参照。

教義、百科事典的な知恵の範囲、ギリシア哲学と聖書の伝統を統合しようとする試み、聖書の初期のテキストを解釈する方法としてのアレゴリーの使用、イスラエルの救済史の知恵の文学への統合など、神学的に特に重要である。

　ほとんどのカトリック教徒は、聖書の前半を表すのに、「旧約聖書」という言葉を使い続けている。「旧約聖書」という表現は、新約聖書（2コリ3章、ヘブライ人への手紙）にその起源を持っており、カトリックの伝統と神学に合致している。古代の世界では（21世紀の私たちとは違って）、もちろん「古い」ことは良いことであった。ヨセフスやフィロのようなユダヤ人作家も、初期キリスト教の教理学者も、自分たちの宗教と聖書の古さと権威を証明するために多大な努力をした。さらに、現代の代替案には、少なくともカトリック教徒にとっては、それぞれ問題がある。「ヘブライ語聖書」という名称は、外典のギリシア語テキスト（およびエズラ記とダニエル書のアラム語部分）の存在を無視しており、多くのキリスト教界では旧約聖書は七十人訳またはその娘版として知られるギリシア語版であったという事実をないがしろにするものであるため受け入れがたい。また、「ユダヤ教の聖書」という言葉は、カトリック教徒にとっては、これらの書物が、いわゆるキリスト教の聖書（新約聖書）と並んで、私たちの聖書の一部ではないかのように、異質なものに聞こえてしまう。また、「第一聖書」という名称は旧約聖書の簡略版に過ぎないと思われてしまう恐れがある。

聖書解釈に関する最近の公式文書

　カトリックの聖書の読み方に関する現代の最も権威ある文書は、1965年に第二バチカン公会議が発表した「神の啓示に関する教義的憲章」である。この「教義的憲章」は、世界中の司教や神学者が参加したエキュメニカルな会議で発行された教会の教義問題を扱う文書であり、特に権威のある文書である。この文書は通常、最初の2つのラテン語をとって *Dei Verbum*（神の言葉）と呼ばれている。この文書が最終的に承認されたことは、第二バチカン公会議の歴史の中でも重要な分岐点となった。最初の草案（1962年）は、非常に伝統的なスコラ学的、神学的な聖書の扱いで、現代の聖書研究の発展

とは全く対話していなかった。この草案が却下されると、評議会の司教たちは、現代の聖書へのアプローチに沿ったものを要求するようになった[4]。最終的に承認されたバージョンの6つの章は、啓示、神の啓示の伝達、聖書における神の霊感とその解釈、旧約聖書、新約聖書、そして教会生活における聖なる聖書を扱っている。

もちろん、*Dei Verbum* は突然生まれたものではない。1893年の教皇レオ13世による文書（*Providentissimus Deus*）を皮切りに、聖書研究に関する教皇からの公式な（そして非常に慎重な）書簡（回勅）が次々と出されていた。これらの書簡の中で最も重要で影響力のあるものは、1943年に教皇ピウス12世が発表した *Divino afflante Spiritu* である。この書簡は、考古学的発掘、古代言語学、ヘブライ語やギリシア語の初期写本に基づくテキスト批判と翻訳の重要性を認識し、文字通りの意味を回復すること、聖書の著者の歴史的状況を考慮すること、古代近東の歴史の文脈の中で聖書を研究すること、聖書の中のさまざまな話し言葉の形態や種類を分析することなど、新しい分野を切り開いた。この文書は、聖書を宗教的に読むことの重要性を主張する一方で、歴史批判的方法の主要な関心事の多くをカトリックが公式に受け入れたことになる。

Dei Verbum のもう一つの重要な先例は、1964年に教皇庁聖書委員会（Sancta Mater Ecclesia）が発表した「福音書の歴史的真実」に関する教書である。この教書は、*Divino afflante Spiritu* で述べられた原則を用いて、聖書批判を福音書に適用することを奨励する一方で、それを用いる人々が福音書の真理と権威を否定しないように注意を促している。また、福音書は3つのレベルで読まれなければならないと強調している。福音書は、イエス、初代教会、福音書記者の3つのレベルで読まれなければならないということである。この3つのレベルの間の連続性を力説する一方で、福音書記者とその情報源が、自分たちの環境で生じた問題に対処するために、イエスに関する伝承を形成したことも認識していた。これらの洞察も *Dei Verbum* に盛り込まれた。

4　最終的なテキストは、Béchard, *The Scripture Documents*, 19–33 を参照。背景や文脈については、John W. O'Malley, *What Happened at Vatican II* (Cambridge, MA: Harvard University Press, 2008) を参照のこと。

2　聖書を批判的かつ宗教的に読むために——カトリックの視点　　111

私たちの目的、つまり、聖書の批判的かつ宗教的な読み方に焦点を合わせる、最近の最も重要な2つの文書は、教皇庁の聖書委員会によるものである。聖書学者で構成されるこの委員会は、100年以上前から存在しているが、その形態や目的は様々である。20世紀初頭には、聖書のテキストやトピックの解釈に関する質問への「回答」を発行していたが、その内容は、聖書批評家の立場に真っ向から反対するものが多かったのである。今日では、その応答の多くは、当時の「モダニストの危機」に対する恐れを反映しており、時代に逆行していて恥ずかしくさえ思える。

　第二バチカン公会議の後、教皇庁聖書委員会は、世界各地の著名なカトリック聖書学者からなる諮問委員会に生まれ変わった。この委員会は現在、定期的に会合を開き、カトリック教会の中で広く特別な関心事となっているトピックやテーマについて詳しい論文を作成している。私たちのテーマに関連する2つの最も重要な文献は、「教会における聖書の解釈」（1993年）と「キリスト教聖書におけるユダヤ人とその正典」（2002年）である。前者は、解釈のさまざまな方法を説明・評価し、解釈学上の問題を検討し、カトリックらしいアプローチを指摘し、教会生活における聖書解釈の位置づけを考察している。このように、聖書の批判的な読み方と宗教的な読み方の両方をかなり詳細に扱っている。後者では、キリスト教の聖書における旧約聖書の位置づけとその解釈を取り上げ、新約聖書の様々な部分でユダヤ人がどのように扱われているかについても考察している。

　聖書と聖書解釈に対する現代カトリックのアプローチをさらに包括的に示しているのは、教皇ベネディクト16世が2010年に発表した使徒的勧告 *Verbum Domini*（主の言葉）である。[5] この文書は、「教会の生活と使命における神の言葉」に捧げられた2008年10月のカトリック司教協議会に基づいて作成されたものである。この司教協議会は、第二バチカン公会議の *Dei Verbum* がカトリック教会の生活にどのような影響を与えたかを検証することを目的としている。教皇の勧告は、司教協議会の議事録を要約したものではなく、聖書とその解釈に関する現代カトリックの思想の多くを取り入れ、

5　Pope Benedict XVI, *Verbum Domini: The Word of God in the Life and Mission of the Church* (Ijamsville, MD: Word Among Us Press, 2010) を参照。

体系的にまとめたものである。*Verbum Domini* は非常に神学的な文書であると同時に、教会生活や教会の使命における聖書の実践的な重要性を強調している。この文書は、歴史的批判が不可欠であることを再確認する一方で、聖書の神学的、霊的解釈が必要であることを主張している。旧約聖書を扱うにあたり教皇は、ユダヤ教の聖書はキリスト教徒にとって権威があり神の言葉であると主張している。また、旧約聖書の連続性、不連続性、そしてキリストによる旧約聖書の成就と超越というテーマで、キリスト教徒にどう関連するかを論じている。

　カトリックの聖書解釈を明確にし、奨励することは、第二バチカン公会議以来、教皇ベネディクトの大きな関心事であり、神学者として、また教皇としての彼の遺産の中でも重要な要素である。ベネディクト 16 世は、旧約聖書を歴史的に厳密に批判するのではなく、霊的に、あるいは類型的に読む傾向がある。しかし、彼は歴史批判の結果に精通しており、それを出発点としてしばしば使用している。「新約聖書は旧約聖書の中に隠されており、旧約聖書は新約聖書の中に明らかにされている」というアウグスティヌスの有名な言葉は、彼自身のアプローチ（そして最近のカトリックの教えの多く）をよく表している。

カトリックの聖書に対する考え方

　カトリックは「本」の宗教ではない。イスラム教はそうかもしれない。また、ユダヤ教や（ソラ・クスリプトゥラ［聖書のみ］にこだわる）プロテスタントもそうだと言う人もいる。しかしカトリックは聖書を、主に、神の子であり、肉となった言葉であるナザレのイエスという一人の人間の証として捉えている。したがって、カトリックはむしろ人の宗教である。

　カトリックは、聖書と教会が最初からある種の共生関係にあったと考えている。共生という言葉は、一緒に暮らしている 2 つの存在が協力し合って、お互いに有益な関係を築いていることを指す。この点は、聖書と教会のどちらが先かという質問を考えてみれば理解できる。初代教会の聖書は、もちろん現在でいうところの旧約聖書である。キリスト教徒は、旧約聖書から多く

2　聖書を批判的かつ宗教的に読むために——カトリックの視点

の神学的な用語や概念を取り入れ、イエスという人物とその救いの意義について信念に照らして、それらを再構築した。新約聖書の中で最も古い完全な文書であるパウロの手紙は、パウロが設立した教会で生じた問題に対応するために書かれたものである。これらの手紙は、様々な教会で保存され、その保存の過程を経て、最終的に新約聖書に収録された。同様に福音書も、イエスにまつわる口伝や文字による伝承が教会に伝わってきたことから生まれた。福音書記者たちは、これらの伝承に地理的・神学的なアウトラインを付与し、イエスについてのつながりのある物語を作成した。これらの記述は、パウロ書簡と並んで新約聖書の中核をなすものである。カトリックでは、聖書は教会の書物であり、教会は聖書に導かれていると考えている。

　聖書を構成する正典は、カトリックの信仰と実践の規則や規範となっているが、カトリックは聖書を唯一の神の啓示の源とは考えていない。*Dei Verbum* によると、「聖なる伝統、聖なる聖書、そして教会の教導機関は、互いに結びつき、結合しているので、一方が他方なしでは成り立たないが、すべてが一緒になって、そしてそれぞれが独自の方法で、唯一の聖霊の働きのもとに、魂の救いに効果的に貢献する」（10）とある。ここでいう「聖なる伝統」とは、初代教父をはじめとする数世紀にわたる偉大な神学者たちの教えだけでなく、教会の脈々とした実践も含まれる。「教会の教導機関」（マジステリウム［Magisterium］とも呼ばれる）とは、教皇と司教たちがエキュメニカル会議のように協調して教えることで構成される。聖書の解釈の場合は、教会の教義や実践に対するテキストの解釈やその妥当性についての論争において、マジステリウムが裁定者や審判者としての役割を果たすことを意味する。しかし、このような権限は、教会の歴史上、ほとんど使われたことがない。

　カトリックの生活において重要な要素ではあるが、伝統とマジステリウムは正典に縛られており、正典から離れて活動すべきではない。第二バチカン公会議は、プロテスタントの宗教改革に端を発した神学論争を背景に、聖書と伝統は「同じ神の源泉」から流れ出ており、「ある意味で一つの流れになり、同じ目的に向かっている」と主張した。同様に、マジステリウムあるいは教導機関は、「神の言葉の上にあるのではなく、伝承されたものだけを教えることによって神の言葉に仕える」のである（*Dei Verbum* 9–10）。

カトリックは、聖書が聖霊の導きのもと、人間の著者によって書かれたと信じている。それは人間の言語における神の言葉、つまり「人の言葉による神の言葉」である。かつて、神学者の中には、聖書の神の霊感を、聖霊が個人の著者に口述するようなものだと考えていた人もいたが、最近のカトリック神学では、（私の考えでは正しく）このプロセスをより共同体的なものとしてとらえ、プロセスをあまり正確に定義することを控えている。これは、聖書学者の間で、聖書の大部分は共同体の産物であり、最終的に編集者や再編集者が現在の形にまとめるまで、書記サークルや学派が伝統的な資料を手渡し、形を変えていった結果であるという認識を反映したものである。

　カトリックでは、聖書は信頼のおける、救いへの道しるべとされている。かつては、科学や歴史を含むすべての事柄が聖書に含まれていると解釈していた神学者もいた。今日、ほとんどのカトリック神学者は、聖書の無謬性をより限定的に捉えている。この点において、彼らは *Dei Verbum* 11 の声明に従っている。そこには「私たちは、聖書の書物が、神が私たちの救いのために聖なる書物に記録することを望まれた真理を、しっかりと、忠実に、誤りなく教えていることを認めなければならない」と記されている。バチカン公会議が聖書の「限定的無謬性」（救いに関わることだけが無謬である）を教えたという見解に異議を唱える人もいるが、今日、何らかの限定的なアプローチなしに聖書を批判的・宗教的に理解することは困難である。つまり、聖書は、私たちの救いに関わることは無謬であるが、その世界観や年代、あるいは現在私たちが物理科学の領域とみなしている事柄については、必ずしも無謬ではないという考え方である。これが、今日のほとんどのカトリック教徒の見解であることは間違いない[6]。

　カトリックはまた、聖書を神の啓示の特権的な証拠であり、神の啓示の機会であると考えている。聖書が何よりもまず明らかにするのは、神の人格と私たちに対する神の意志である。したがって、聖書は主に命令、戒め、預言の書物ではない。むしろ、天地の創造主であり、イスラエルと契約関係を結ばれた方であり、神の言葉であるイエスによって示された、愛に満ちた父を

6　別の見解については、Scott W. Hahn, ed., *Letter & Spirit* (Steubenville, OH: Emmaus Road, 2010) の第 6 巻の論文を参照。

2　聖書を批判的かつ宗教的に読むために——カトリックの視点　｜　115

知るための手段なのである。また、聖書は、個人や共同体を良い方向に導くための手段としても役立つ。

Dei Verbum 24 によると、「聖なるページ」（聖書の別称）の研究は、「聖なる神学の魂」であるべきだとしている。その同じイメージは、教会の司牧的実践にも当てはまる。言い換えれば、聖書はすべてのキリスト教生活の中心にあるべきものなのである。第二バチカン公会議を受けて、「新アメリカ聖書」や「エルサレム聖書」（およびその改訂版）など、より正確で新しいカトリック訳の聖書が広く普及した。また、ミサやその他の典礼行事で使用される聖書の朗読集は、旧約聖書がより多く含まれ、福音書やその他の新約聖書の文章が継続的に読まれるように徹底的に改訂された。祈りの言葉も、より聖書的なスタイルで、より聖書的な内容を反映したものに改められた。第二バチカン公会議では、「教会のすべての説教は、キリスト教全体と同様に、聖なる聖書によって養われ、支配される」（Dei Verbum 21）という目標が掲げられた。

カトリックと歴史批判的方法

歴史批判的方法とは、聖書のテキストを調査する方法であり、特に元々の歴史的背景とその文脈での意味に注意を払う。現在のカトリックの公式見解は、正しく理解された歴史的批判的分析は、聖書テキストの科学的研究に不可欠な方法であるというものである（ただし、それだけでは不十分である）。最近のカトリックの公式文書では、聖書を宗教的に読むことへの関心が高まっているが、歴史的批判的分析は宗教的な読みのために必要な出発点であり基礎であると考えているようである。その神学的根拠は、神の言葉であるイエスの受肉である。「それは、永遠の父なる神の言葉が、人間の弱さの肉を身にまとって、人間と同じようになったように、人間の言葉で表現された神の言葉も、人間の言葉と同じようになったからである」（Dei Verbum 13）。

このような聖書へのアプローチをカトリック教徒が受け入れる道は、教皇ピウス 12 世が Divino afflante Spiritu で明らかにした。この文書は、自然と神を同一視し、奇跡の可能性を否定したバルーク（ベネディクト）・スピノザ

のようなヨーロッパの啓蒙思想家の哲学的前提を肯定することなく、歴史批判的方法を用いることができるという認識に基づいている。この回勅では、歴史的批判を肯定する一方で、聖書の教父的解釈の価値と、聖書本文の霊的・神学的な意味を探求する義務を確認している。

　教皇ピウス 12 世は、この回勅の中で、歴史批判的な聖書解釈の目的を、「『文字通り』と呼ばれる聖書の言葉の意味を識別し、明確に定義すること」（15）と表現している。この文脈では、「文字通り」とは原著者が意図したものを意味している。ピウスは、原語（ヘブライ語、アラム語、ギリシア語）から翻訳し、文献学とテキスト批評のツールを使って、聖書テキストの文字通りの意味をより正確に理解しようとする、聖なるテキストを可能な限り完璧に復元するテキスト批評家の努力を奨励した。彼は、この目的のために考古学が貢献する可能性があることを示し、聖書の著者の独特の性格や状況、彼らが生きた時代や文化、彼らが手にした口述や文字による情報源、そして彼らが使用した文学的な表現形式を明らかにすべきであると主張したのである。彼は、聖書の解釈者が、古代の著者たちの精神性や、推論、叙述、執筆の方法や技術をよく知ることを特に望んでいた。そのためには、中近東やギリシア・ローマの言語や文化を学び、その知識を使う必要がある。

　前述したように、聖書の解釈において歴史批判的方法を肯定する神学的正当性は、聖書と、神の言葉が肉となったイエスの受肉との間のアナロジーであった（ヨハ 1:14 参照）。「神の実質的な言葉が『罪を除いて』すべての点で人間に似たものとなったように（ヘブ 4:15）、人間の言葉で表れた神の言葉は、誤りを除いてすべての点で人間の言葉に似たものとされるのである」（20）。

　Dei Verbum は、聖書の解釈について、ローマ教皇の回勅 *Divino afflante Spiritu* ですでに述べられていたことの多くを引き継いだ。また、*Dei Verbum* では、「聖なる著者の時代に普及していた、慣習的で特徴的な知覚、会話、物語の様式、および当時の人々が互いに対処する際に一般的に従っていた慣習」（12）に注意を払うことを主張している。

　1993 年に教皇庁聖書委員会が発表した「教会における聖書の解釈」に関する文書は、*Divino afflante Spiritu* と *Dei Verbum* を基にしたものである。この文書は主に、聖書を解釈するための様々な文学的、歴史的、神学的な方

法を詳細に記述することを目的としている。I.A.2 節では、歴史批判的方法の3つの基本原則を指摘している。それは、古代の聖書テキストに適用され、それらのテキストを生み出した歴史的プロセスに関係するため、歴史的である。批判的であるとは、可能な限り客観的であろうとする科学的な基準を用いて行うからである。分析的であるとは、他の古代のテキストを研究するように聖書のテキストを研究し、人間の言説の表現としてコメントすることである。歴史批判的方法を用いる神学的根拠は、この方法が神の啓示の内容を解釈者がよりよく把握するのに役立つということである。

カトリックの旧約聖書へのアプローチの例

私の著書『旧約聖書解釈』(*Interpreting the Old Testament*) の目的は、カトリックの聖書学者がどのように旧約聖書のテキストを批判的かつ宗教的に解釈しているかを、専門家ではない読者に説明することであった[7]。つまり、歴史批判的方法を説明し、聖書を批判的かつ宗教的に読もうとする人々の生活に、歴史批判的方法がどのように実を結ぶかを示そうとしたのである。そのために、基本的な文芸批評、歴史批評、考古学と古代社会の類似性、言葉とモチーフ、様式批評、資料批評、編集批評、本文批評などの章を設けた。また、最近の英訳、キリスト教礼拝における旧約聖書、キリスト教神学における旧約聖書についての章も含まれている。また、あとがきでは、正典批判や社会科学批判の問題点と可能性についても触れられている。

ある方法を説明する際には、その方法を明らかにするテキストの例が旧約聖書の中から示されており、その方法を適用することによって、テキスト自体が大きく照らされることが示されている。このように、文学分析の基本的な関心事(言葉とイメージ、キャラクター、構造、文学的形式、メッセージ)は、創世記 22:1–19 のアブラハムによるイサクの縛りの記述に関わる芸術性や、イザヤ書 40:1–11 における詩の輝きを引き出すのに役立った。

7　Harrington, *Interpreting the Old Testament: A Practical Guide* (Wilmington, DE: Michael Glazier, 1981). また、私の *Interpreting the New Testament: A Practical Guide* (Wilmington, DE: Michael Glazier, 1979) も参照のこと。

歴史批判の章では、出エジプト記14章の合成物語と出エジプト記15章のイスラエルのエジプト脱出の詩的な記述を比較し、これらのテキストの背後にある歴史的出来事について、何が言えて、何が言えないのかを論じた。考古学と古代社会の類似性に関する章では、ハンムラビ法典が出エジプト記21章の特定の法文をどのように照らし出しているか、またウガリットの賛美歌や詩などの資料が聖書の詩編と多くの関連性を示していることが取り上げられている。言葉とイメージの章では、聖書の語彙と「契約」の概念が、他の古代中近東文化に見られる様々な要素を反映していることが示された。様式批判の章では、「呼びかけ」のような物語様式のほか、法的様式（命令、事例）、詩的様式（様々な種類の詩編）、知恵文学的様式（箴言、指示、勧告）、預言的様式（脅し、非難、約束）などが取り上げられている。資料批判の章では、五書の文書仮説を説明し、編集批判の章では、歴代誌上17章の著者が、サムエル記下7章におけるナタンのダビデへの託宣に関する記述を、自分の神学的目的のためにどのように編集したかを考察している。本文批判の章では、申命記31 : 1と32 : 43を参照して、死海写本の発見により、紀元前と紀元後の変わり目にヘブライ語のテキストに流動性があったことが証明されたことを説明している、といった具合である。私がこれらの事例や他の多くの例を選んだのは、これらが歴史批判的研究の最高の成果を表しているだけでなく、聖書の批判的・宗教的読解にも貢献することができ、また貢献してきたからなのである。

　カトリックの機関が発行している聖書学専門誌も、近年の歴史批判的方法の優位性を示している。代表的なものに、*Revue Biblique*（ドミニコ会の École Biblique de Jérusalem 発行）、*Biblica*（イエズス会の Pontifical Biblical Institute in Rome 発行）、*Catholic Biblical Quarterly*（Catholic Biblical Association of America 発行）がある。この3つの専門誌は、宗教や宗派に関係なく、専門的な聖書学者に開かれている。新約聖書を扱うものと同様に、あるいはそれ以上のスペースが旧約聖書の研究にも割かれている。ほとんどの論文や書評は、古代のテキストに焦点を当て、今日の聖書批判を構成するテキスト、文学、歴史的な方法に従って解釈している。論文も書評も、カトリックや他の神学的教義を押し付けることなく、テキストからどんな神学的メッセージも見出すことができるようになっている。これは、論文や本に神

学的な意味がないということではない。確かに、神学的な意味を持つことはよくある。しかし、その目的は、その意義がテキストの文学的・歴史的研究から生まれるようにすることであり、それを押し付けることではないのである。

これらの出版物は、今日のカトリックの聖書研究の特徴の一部を示している。今日のカトリックの聖書研究は国際的な視野を持ち、（明らかにしすぎる必要はないが）学問と教会生活の関係を考え、キリスト教のエキュメニズムに献身し、ユダヤ人学者を含む他宗教・宗派の学者との共同作業を行っている。このようなことができるのは、聖書学者が歴史批判的方法という共通の方法論を持っているからである。

歴史批判的方法の文学的・歴史的問題点

ユダヤ教信徒、カトリック信徒、プロテスタント信徒を問わず、現代の信仰者にとって歴史批判的方法、あるいはその一部には重大な問題がある。その一つは、文芸評論家の中には、文字通りの意味と古代の著者が意図したものとを同一視することが、（必ずしも間違っているわけではないが）文学に対する時代遅れのアプローチであると考える人がいることである。最近の哲学的解釈学や文学理論の発展は、著者の意図を追求することが本当に可能かどうかに疑問を投げかけている。実際、この試みには「意図的誤謬」という疑わしいレッテルが貼られている。しかし、今日の専門的な聖書研究の多くは、その探求に留まっている。その実践者たちは、その方法論的および哲学的な困難をよく知っている。（私は正しいと思うが）彼らは、歴史批判的研究によって、少なくとも著者の本来の意味に近づくことができ、おそらく古代の文脈を十分に考慮した解釈に到達することができ、（さらに重要なことに）ある種の他の解釈を歴史的に不可能なものとして失格させることができると弁護している。

第二の問題は、聖書のテキストを解釈するための適切な言語的・文化的背景を見つけ、それを利用することである。すぐに二つの疑問が生じる。「どれか？」と「それで？」という疑問である。旧約聖書では、アッカド語、北

西セム語（ウガリット語）、カナン語、エジプト語、あるいはその他の言語や環境を優先すべきであろうか。新約聖書では、旧約聖書、パレスチナのユダヤ教、ヘレニズムのユダヤ教、ラビ的ユダヤ教、エジプトのギリシア語パピルス、ギリシア・ローマの古典文学、ギリシア・ローマの哲学、グノーシス主義、あるいはその他の環境を優先すべきなのか。これらの文化的背景の一つ一つが、聖書を照らすという作業において、価値があると言えるであろう。しかし、どの文化がより役に立つのであろうか。古代の近東・地中海世界は非常に広く、聖書研究に必要な言語学的・歴史学的分野以外のいくつかの分野にも精通している学者はほとんどいない。他の分野で他の学者が何をしているかを尊重し、どのようなアプローチが最良の結果をもたらすかを見極めながら、自分が選んだ分野でできる限りのことをするのが最良の方針だと思われる。「それで何？」という質問は、聖書テキストの歴史的研究では、しばしば類似性を扱うことを思い出させてくれる。もちろん、幾何学では、平行線は決して出会うことはない。並行して書かれたテキストを学術的な論拠にしようとしても、それらのテキストや考古学的遺物が聖書のテキストを照らす上で、実際にどのような関連性があるのかを確立できないことが多々ある。サミュエル・サンドメルに倣って、聖書学者たちはこの問題を「パラレルマニア（parallelomania）」と呼ぶようになった。

　第三の（そして非常に重要な）問題は、学問としての歴史の性質に関わるものである。歴史学者と呼ばれる人たちは、さまざまな仕事をしている。一つは、古文書や考古学的な発掘物を編集および収集して出版することである。この作業は、聖書の世界とその文化的前提や限界をよりよく理解するのに役立つ。もう一つの仕事は、様々な資料から得られたデータを総合して、まとまった物語を作ることである。歴史家は本質的にストーリーテラーであり、何世紀にもわたって偉大な歴史家たちは、読者を啓発すると同時に楽しませることにも成功してきた。さらに、歴史家のもう一つの仕事は、文章や遺物の背後に潜んでいる、「本当に起こったこと」を探偵のように見極めることである。この３つの仕事では、憶測がどんどん増えていく。もちろん、探偵をすることは悪いことではない。しかし、映画やテレビでもお馴染みのように、探偵の仕事には「勘」を頼りにすることも少なくない。問題は、「学者が言っている」という理由で、聖書に関する仮説や憶測が既成事実として提

示され、受け入れられることである。歴史批判を実践する人やそれに頼る人
は、歴史的探偵活動の限界を自覚し、それを公に認める必要がある。

哲学的・神学的な前提条件の問題

　おそらく、カトリック教徒や他の信仰者にとって最も重要な問題は、歴史
批判的方法論の一部の実践者が持つ哲学的・神学的な前提条件に関連してい
る。その典型的な記述は、エルンスト・トレルチ（1865–1923）が1900年に
発表した「神学における歴史的および教義的方法」と題された論文に見られ
る。[8]この論文の中で、トレルチは歴史批判の三大原則と考えられるものを
明確にしている。カトリック神学の伝統が歴史批判に対して最も深刻な問題
を抱えているのはこの部分である。
　トレルチの原則の第一は、批判そのものである。すなわち、歴史は確率的
にしか達成しない。したがって、宗教的伝統は歴史的批判にさらされなけれ
ばならない。そして、歴史批判者は、歴史的偶発性を尊重するような形で、
事実の関係を確立しなければならない。問題は、歴史的真理があまりにも偶
発的であるために、歴史的研究によって理性（あるいは神学）の真理に到達
することはできないという暗示である。そうなると、歴史は単なる偶然的な
ものになってしまう。第二の原則は、類推である。つまり、過去（聖書の過
去を含む）を扱う際には、現在の経験や出来事が確率の基準となる。問題は、
類推によって、出エジプト、エリヤとエリシャの奇跡、イエスの癒しと復活
など、聖書に登場する一回限りの超自然的な出来事が事実上除外されてしま
うことだ。これらの超自然的現象のために、もっと「合理的」で「この世
的」な別の説明を見つけなければならない。三つ目の原則は相関関係である。
すなわち、すべての歴史的現象は相互に関連しているので、ある現象が変化
すると、それにつながる原因やそれがもたらす結果も変化しなければならな
いというものである。ここで問題となるのは、この原則によって、歴史にお

8　Ernst Troeltsch, "Historical and Dogmatic Method in Theology," in *Religion in
　History/Ernst Troeltsch*, ed. James Luther Adams and Walter E. Bense (Minneapolis,
　MN: Fortress, 1991), 11–32.

ける神の働きを訴えることができないということである。なぜなら、この種の歴史批判では、神的あるいは超越的な原因は認められないからである。

このように、トレルチの3つの原則は、聖書の証言が哲学的な理由で一般的に否定される世界を想定している。少なくともカトリックの観点からは、これらの原則は議論の余地のある哲学的前提に基づいており、一部のサークルで、聖書の時代に何が起こったのかを判断する唯一の基準にまで高められていることは残念であり、誤解を招く恐れがある。これらの原則を厳格に適用することは、聖書解釈に不可欠なツールとしての歴史批判に対するカトリックの積極的な理解とは相容れないものであり、その理解の一部ではない。

聖書に関するカトリックの文書が歴史批判的方法論を不可欠なものとして言及している場合、それは *Divino afflante Spiritu* とそれに続く文献で説明されているアプローチを意味しており、1993 年の教皇庁聖書委員会の文書「教会における聖書の解釈」ではそれについてより詳細に説明されている。しかし、もし歴史批判的方法や聖書批判が、スピノザやトレルチの哲学的・神学的前提を受け入れることを意味するとすれば、カトリックの伝統は、そのようなバージョンを、聖書やキリスト教（およびユダヤ教）の神学的伝統とは異質であり、相容れないものとして拒絶することになる。

カトリックは旧約聖書をどう理解するか

カトリックの聖書では、旧約聖書が全体の約 75 ～ 80％を占めている。新約時代の初代キリスト教徒の聖書は、現在の旧約聖書と呼ばれるもので、主にギリシア語版が使われていた。2 世紀以降、旧約聖書は新約聖書と並んでキリスト教の正典として認められるようになった。マルキオンは、旧約聖書を劣った神についての書物として切り捨てようとしたが、教会当局はこれを断固として拒否した。しかし、旧約聖書をどのように扱うかは、その後もキリスト教徒にとっての問題であり、チャンスでもある。

新約聖書の著者であるマタイやパウロは、ユダヤ人であるがゆえに、イエスに関する記述や、教会の慣習やキリスト教生活に関する記述を確証するために、旧約聖書のテキストをふんだんに使用した。マタイは、多くの「成

就の引用」で有名である。例えば、マタイは1 : 22 で、イエスの処女懐胎を「証明」するためにイザヤ書7 : 14 を引用し、「このすべてのことが起こったのは、主が預言者を通して言われていたことが実現するためであった」という表現を用いている。パウロは、様々な聖書の箇所（例えば、ガラテヤの信徒への手紙3 章、ローマの信徒への手紙4 章、9–11 章）で、キリストが死と復活によって行った、神との新しい、より良い関係（義認）を可能にすることは、律法ではできないと主張した。ヨハネは黙示録の中で、旧約聖書の文章を直接に引用することなく、ほとんどすべての内容において旧約聖書の文章を暗示したり、反響させたりしている。

　新約聖書の著者たち（および他の初期キリスト教徒）は、一般的に過越祭の神秘（イエスの生と死と復活、そしてその救済論的な効果）を旧約聖書を解釈するための鍵として捉えていた。この点では、死海写本を生み出したユダヤ人グループが、自分たちの共同体（おそらくエッセネ派）の歴史や思想に照らし合わせて、著者不明の預言書や詩編の注釈書（ペシャリム）を書いたことと同じようなことをしていた。どちらのグループも、ヘブライ語聖書を一般的な意味で権威あるものと考えていたが、一部のテキストは不明瞭で、その詳細の多くが「満たされていない」と感じていた。聖書の謎（ラジム）を解くために、彼らは異なる鍵を使った。エッセネの歴史と生活（死海の共同体）とイエス（初期キリスト教）である。

　2 世紀から7 ～ 8 世紀にかけて執筆活動を展開していた教父と呼ばれる初期キリスト教の教師たちは、膨大なエネルギーを費やして旧約聖書を研究し、解釈した。彼らは、旧約聖書の偉大な人物がキリストを予表していると考え、そのような予表をできるだけ多くの箇所で見つけようとした。彼らは、イスラエルの歴史の中で成就されなかったように見える旧約聖書の預言の多くが、実際にイエスにおいて、またイエスを通して成就されたと確信していた。アウグスティヌスのように、彼らは旧約聖書に隠されていたものが新約聖書で明らかになったと確信していた。つまり、旧約聖書の意味を正しく理解するためには、イエスという人物の出現が必要だったのである。

　このような背景から、旧約聖書に対するカトリックの主要なアプローチは、「約束から成就へ」、あるいは「影から現実へ」と表現するのが妥当であろう。「約束」は旧約聖書の影の中に見出され、「成就」または「現実」は新約聖書

で宣言されているキリストの中に見出される。実際に、今日、教会の日曜日や主な祭日のために行われる聖書テキストの選択の多くは、このアプローチに基づいている。（特に四旬節中には）例外もあるが、ほとんどの場合、旧約聖書の一節は、福音書のテキストの「背景」となることを念頭に置いて選ばれており、応答詩編は、福音書と旧約聖書のテキストをつなぐ役割を果たしている。

　第二バチカン公会議の *Dei Verbum* 14–16 の様々な記述は、旧約聖書に対するカトリックの約束と成就のアプローチの優位性を示し、確認するものである。「これらの神の霊感を受けた書物は永続的な価値を保持する」と肯定しながら、「旧約聖書の経綸は、何よりも普遍的な救済者であるキリストとメシア王国の到来を準備するために設計された」と述べている。これは預言と様々な「型」を通して行われた。*Dei Verbum* では、旧約聖書の中に「私たちの救いの神秘が隠された形で存在している」と主張している。しかし、同文書は旧約聖書自体にも、「神についての高尚な教えと人間の生活に関する健全な知恵、そして素晴らしい祈りの宝庫である」という評価を与えている。また、神の指示の仕方を示し、神の存在を鮮明に伝えるとも言われている。しかし、同時にこれらの書物には、「不完全で暫定的なものが含まれている」と判断されている。この言葉が何を意味するのかは説明されていないが、旧約聖書の伝統的な読み方である約束と成就という神学的なパターンを肯定しているようにも見える。

　旧約聖書に対するより積極的で、完全で、バランスのとれたカトリックのアプローチは、教皇庁聖書委員会が 2002 年に発表した「キリスト教聖書におけるユダヤ人とその正典」という文書に見ることができる。この文書は、第二バチカン公会議から約 40 年後に発表されたもので、公会議以降のキリスト教とユダヤ教の関係の進展を反映している。また、この文書は、カトリックの専門的な聖書学者によって作成された。彼らの多くは、しばしばユダヤ人学者と協力して旧約聖書のテキストに真剣に取り組んできた。これらのカトリックの学者たちは、キリストや新約聖書への明確な言及を常に求めることなく、旧約聖書の本質的な長所や貢献を単独で評価するのに適していた。

　この文書はまず、ユダヤ人の正典がキリスト教の聖書の基本部分であることを確認している。このことは、旧約聖書なしでは意味をなさない新約聖書

そのものからも明らかである。新約聖書の著者たちは、ユダヤ教の聖書の権威に訴え、ユダヤ教の解釈法を用いて聖書のテキストを解釈しただけでなく、神の啓示、人間の状態の偉大さと悲惨さ、解放者・救い主としての神、イスラエルの選別、契約、律法、祈りと礼拝、神の叱責と非難、（神の国とメシアを含む）約束など、旧約聖書の主要なテーマを発展させている。

　また、新約聖書やキリスト教の歴史において、旧約聖書のキリスト論的な読み方が重要であることを指摘する一方で、文字通りの意味への回帰や歴史批判的方法の発展により、聖書のテキストに対する重要な洞察が得られるようになったことを述べている。また、ユダヤ教の伝統的な聖書の読み方を尊重し、旧約聖書それ自体が神の言葉として大きな価値を持っていることを主張している。旧約聖書と新約聖書の間には連続性と不連続性の両方があると結論づけ、旧約聖書の偉大なテーマのどれもが、「キリスト論的な光の新たな放射から逃れられない」ことを示している。最後に、新約聖書の様々な箇所で、ユダヤ人やユダヤ教がどのように描かれているかを、その歴史的状況に注目しながら検証している。新約聖書が反ユダヤ的であるとは認めないが、新約聖書の一部のテキストに反ユダヤ的な可能性があることを認めている。そして、ユダヤ教の聖書はキリスト教の聖書の本質的な部分を構成していると結論づけ、聖書のテキストを文脈から外して反ユダヤ主義の口実に使うことに警告を発している。

カトリックは新約聖書をどう理解するか

　この本では旧約聖書に焦点を当てているが、カトリック教徒が新約聖書を含めた聖書全体をどのように理解しているかを見てみると、彼らの旧約聖書に対する考え方をより詳しく理解することができるかもしれない。カトリックの信心と典礼において、4つの福音書（マタイ、マルコ、ルカ、ヨハネ）は、「受肉した御言葉である私たちの救い主の生涯と教えの主要な証拠」（*Dei Verbum* 18）であるため、最も重要なものである。彼らが卓越しているのは、イエスが行ったこと、教えたことを「忠実に伝えている」という前提に基づいている。

しかし、*Dei Verbum* をはじめとするカトリックの公式文書は、福音書を3つのレベルで読み、解釈しなければならないと主張している。つまり、福音書はイエス、初代教会、そして福音書記者の3つのレベルで読み解かれなければならない。この点については、*Dei Verbum* 19 にある、長くて少しややこしい文章の中で述べられている。「4つの福音書を構成するにあたり、聖なる著者たちは、口伝またはすでに文書の形で伝えられていた多くの伝統の中からあるものを選び、他のものは教会の状況を考慮して要約したり、説明したりした。さらに、彼らは宣教の形式やスタイルを維持しながらも、常にイエスについての正直で真実な話を私たちに伝えるようにした」。この言明は、現代の福音書研究を反映し、また、カトリックに典型的な聖書と教会の共生関係を反映して、資料批判、様式批判、編集批判の余地を残しながらも、イエスに関する伝統の形成過程には連続性があり、福音書はイエスに関する正直な真実を語っていることを確認している。

　新約聖書の残りの部分は、「使徒言行録」、「13 のパウロ書簡」、「ヘブライ人への手紙」、「7つの公同書簡」、「ヨハネの黙示録」で構成されている。*Dei Verbum* 20 によると、これらの書物では、「主であるキリストに関する事柄が確認され、キリストの真の教えがより完全に述べられ、キリストの神的御業の救いの力が宣言され、教会の起源と驚異的な成長が語られ、その栄光の完成が預言されている」とのことである。今日のカトリックの典礼では顕著であるが、プロテスタントは書簡（特にパウロの書簡）を重視し、カトリックは福音書を重視するという観察には真実味がある。

正典の霊的意味

　歴史批判的方法は「不可欠」であると主張する一方で、カトリックの公式見解では、それが完全に適切なものではないと主張している。解釈者は、著者の意図と元の歴史的文脈における意味を確立することに加えて、テキストの霊的意味を考慮しなければならない。つまり、テキストが今日、個人やグループにとってどのような意味を持つかということである。この考えは、神の言葉は生きていて活動的なものであり、過去だけでなく、現在と未来にも

影響を及ぼすものであるという聖書の概念に基づいている（イザ55：10–11、ヘブ4：12参照）。理想的には、文字通りの意味から霊的な意味が流れてくるべきである。

　中世の聖書解釈では、「聖書の四つの意味」と呼ばれるアプローチが生まれ、旧約聖書の解釈のツールとしてよく使われた。これは、文字通りの読み方に問題があったために生まれたアプローチである。四つの意味とは、文字通りの意味（テキストの基本的な「事実」）、寓意的な意味（テキストの中でキリストに関連するもの）、道徳的な意味（正しい行動に関連するもの）、そして神秘的な意味（私たちの天の望み、すなわち終末論に関連するもの）である。このアプローチは、現代に至るまで熱心に適用され、成果を上げてきた。しかし、この方法は恣意性を含んでおり、プロテスタントの改革派からは強く批判された（しかし、彼らもしばしばこの解釈的方法を用いた）。

　聖書の霊的解釈に関する現代の理解は、1993年に教皇庁聖書委員会が発表した「教会における聖書の解釈」という文書によって大きく明らかになった。この文書では、聖書のテキストの霊的解釈は、文字通りの解釈、つまり人間の著者が文章の中で表現した意味とは異なるものであってはならないと主張している。さらに、霊的な意味を、「聖霊の影響の下で、キリストの受難の秘義とそこから流れ出る新しい命の文脈の中で読まれたときに、聖書のテキストによって表現される意味」と定義している。また、「キリスト教の釈義が霊的意味について語るのは、旧約聖書を扱う場合が最も多い」とも書かれている。本物の霊的な解釈になるためには、文字通りの意味、過越祭の神秘、そして現在状況の3つを念頭に置かなければならない。

　このような聖書の霊的意味へのアプローチは、旧約聖書を解釈する際の「約束と成就」や「影から現実へ」といった方法を彷彿とさせる。このアプローチは、文字通りの意味を尊重するという点では、より強固で正確なものであるが、聖書、特に旧約聖書の鍵としてキリストを想定し、旧約聖書をキリスト論的に読むことを優先するということに帰結するものである。

　聖書の霊的な意味に関連して、より完全な意味あるいはsensus pleniorというものがある。これは、神が意図したにもかかわらず、聖書の著者が意識的に、あるいは明確に表現しなかった、テキストの深い意味のことである。例えば、イザヤ書7：14に「アルマ」（ヘブライ語で「若い女性」の意）

が「エマニュエル」という名の男の子を産むという預言がある。イザヤとエルサレムの宮廷にいた聴衆は、アハズ王の妻の一人から生まれる男の子供（おそらくヒゼキヤ）のことを言っているのだと思ったかもしれない。しかし、より完全な意味という観点からすると、聖霊が預言者を通して語ったのは、何世紀も後に、マタイによる福音書1：18–25のギリシア語における「パルテノス」（乙女）であるマリアがイエスを処女懐胎することであったのである。この意味は、明らかに聖霊が聖書の最終的な著者であり、キリストがすべての聖書の鍵であることを前提とした神学的な調整によるものである。この意味は、キリスト教の観点から読んだときの聖書の内部的一貫性を説明するのに役立つ。これもまた、旧約聖書に対するカトリックの「約束から成就へ」「影から現実へ」というアプローチの一形態である。

土着化

「カトリック（catholic）」という言葉は、普遍的、一般的、すべてに関わるという意味である。カトリックはその名の通り、世界のすべての人々に触れようとしている。カトリックの宣教師が直面している問題は、（これまでもそうであったが）神の言葉としての聖書のメッセージが、新しい人々にそれぞれの場所や文化的な文脈の中で到達できるように伝えることである。これは神学界では「土着化」と呼ばれている。土着化の出発点は、通常、聖書を原住民の言語に翻訳したり、馴染みのありそうな言語（英語、フランス語、スペイン語など）を教えたりすることであり、それはまた、信頼できる聖書の翻訳版を手にすることを容易にすることにつながるであろう。しかし、これはほんの始まりに過ぎない。

土着化のより緊急な課題は、オリジナルの聖書の言語が言いたいことをターゲット言語でどのように言うかを学ぶことである。この課題を解決するために、「動的等価性」に基づく聖書翻訳が登場した。これは形式的等価翻訳ではなく、ヘブライ語やギリシア語の構文や語彙に縛られることなく、思想内容をできるだけ正確に表現することを目指している。同じように、神学の

2 聖書を批判的かつ宗教的に読むために——カトリックの視点　　129

教師は、それぞれの神学分野に不可欠な用語や概念について、ターゲット言語で意味のある同等物を見つける努力をしなければならない。

キリスト教の福音の土着化という課題は、解釈の問題をしばしば悪化させる。インド、中国、アフリカのカトリック教徒は、旧約聖書が彼らの文化にとって特に「異質」であると感じることが多い。彼らは、古代イスラエルの生活と自分たちの経験との間に多くの類似点があることを指摘する一方で、ヒンズー教、仏教、儒教の正典や、アフリカの伝統的な宗教の経験や儀式が、彼らにとって「旧約聖書」に相当するものであると主張する場合もある。そのため、旧約聖書の読解課題にそれらのテキストや儀式を代用（または追加）することを提案する人もいる。カトリック教会の当局は、一般的にこのような代用には反対しているが、旧約聖書よりも自分たちの歴史や経験に合致した宗教的過去を見つけ、それに取り組んでいきたいという新しい信者たちの願いは理解できる。

現実化――聖書を宗教的に読む

「現実化」とは、聖書のテキストの意味を現在に生かすことを意味する。特にここでは、聖書を宗教的に読むことの可能性と問題点を扱う。カトリックにとって、これは解釈の不可欠な要素であり、歴史批判を自然に補うものである。これには様々な形がある。

一つはレクチオ・ディヴィーナ（lectio divina：霊的読書）と呼ばれるものである。修道院に根ざしたこのアプローチは、個人でもグループでも行うことができる。4つのステップがある。第1のステップ（lectio）は、テキストをゆっくりと注意深く読み、言葉やイメージ、構造、文学的形式、文脈、主要なテーマなどについて基本的な質問をすることである。第2のステップ（meditatio）は、このテキストが今ここで私に何を言っているのかを考えることである。第3のステップ（oratio）は、この聖書のテキストに基づいて、今ここで私が言いたいこと、あるいは言う必要があることを、祈りの中で神に言うことである。第4のステップは、contemplatio（霊的体験を楽しみ、またその中で休息すること）か、actio（このテキストとの出会いに基づいて、

自分が何をすべきか、何を変えるべきかを決断すること）のいずれかである。繰り返しになるが、このような読み方は、文字通りの意味を出発点とすべきである。

レクティオ・ディヴィーナにはいくつかのバリエーションがある。ひとつは、16世紀にイエズス会を創設し、「霊性修行」を考案したイグナチオ・ロヨラにちなんで名付けられたイグナチオ観想法である。「霊性修行」の多くは、主に福音書を中心とした聖書のテキストを使った観想で構成されている。特徴的なのは、聖書のテキストに入り込むための手段として、宗教的想像力を強調していることである。テキストを注意深く読むことに加えて、可能な限り五感を使ってテキストを読むことが求められる。つまり、「何が見えるのか」「何が聞こえるのか」「何が匂うのか」「何が味わえるのか」「何が触れるのか」といったことを問うのである。観客として、あるいは積極的な参加者として、聖書の場面に個人的かつ感覚的に入り込み、その一部となることが目的なのである。

もう一つの方法は、1970年代にラテンアメリカのカトリックの「ベースコミュニティ」で開発された方法である。このプロセスは、まず現在の社会的・政治的現実を調査し、個人や共同体の繁栄を妨げている問題を評価することから始まる。次に、コミュニティを鼓舞し、励まし、前向きな行動を起こさせるような聖書のテキストやテーマ（特に出エジプト記）を探す。そして、人々の現在の状況に戻り、聖書と祈りに照らし合わせて、最も適切な対応と生産的な方法を見極める努力をするのである。

カトリックの世界では、正典の現実化の最も明白な形は、聖体の典礼（ミサ）に現れる。第二バチカン公会議を受けて、祈りの言葉はより明確に聖書的なスタイルに書き換えられた。また、聖句集も全面的に改訂され、より豊富で幅広いテキストが用意された。そのため、ほぼ毎週日曜日には、旧約聖書の一節、旧約聖書の詩編の抜粋、新約聖書の手紙の一節、福音書の一節が朗読されている。平日は、第一朗読（多くの場合、旧約聖書から）、詩編の抜粋、福音書の一節が朗読される。説教者や訓戒者は、聖書の朗読箇所を考慮し、会衆が朗読箇所を自分の状況に当てはめることができるように手助けすることが期待されている。会衆が歌う賛美歌は、ほとんどが特定の聖書のテキストやテーマに基づいており、その多くは聖書の詩編から明確にインス

ピレーションを受けている。その他の聖礼典（洗礼、堅信、和解・告白、結婚、叙階、病者の塗油）やその他の教会の儀式でも、同様のパターンが見られる。

聖書を宗教的に読むことの問題点

　カトリックの典礼と実践は、聖書を宗教的に読むことについて多くの規定を設けている。しかし、そこにはいくつかの問題がある。ほとんどのカトリック教徒は、典礼で読まれる聖書のテキスト、特に旧約聖書のテキストにあまり精通していない。同様に、多くの司祭や助祭は、自分の神学的な訓練や継続的な教育の不足もあって、聖書に真剣に取り組む能力がないと感じている。私たちが礼拝で聖書の使用を強調し続けるのであれば、人々が聖書、特に旧約聖書についての知識を深め、親しくなるように努力しなければならない。

　もう一つの問題は、カトリック信者が旧約聖書の約束と成就のアプローチに過度に依存していることである。これは、旧約聖書を単にメシアであるイエスについての預言の書としてしか見ていないという、狭義の誤った評価につながる。あるユダヤ人学者が、キリスト教の旧約聖書を「私の家族のアルバムからページを切り取るようなものだ」と表現したのを聞いたことがある。私も旧約聖書は自分の家族のアルバムでもあると主張したいところだが、カトリック教徒が典礼で旧約聖書に触れる機会は、かつてに比べて大幅に改善されたとはいえ、まだまだ不十分であることを認めざるを得ない。

　しかし、四旬節の日曜日には、通常の約束と成就のパターンに対してちょっとした例外がある。3年周期の各年の主日には、アブラハム（またはアダム）から586年のバビロン捕囚までの、神とイスラエルの契約関係の歴史をたどるための朗読が用意されている。これにより、旧約聖書の朗読は、単に福音書のテキストの背景や「粉飾」の役割を果たすだけでなく、それ自体が持つ意味をより真剣に受け止めることができる。

　このような考察は、聖書の宗教的な読み方においても、歴史批判的方法の肯定的な価値をよりよく理解するのに役立つ。カトリックでは、この2つの

読み方は完全に分離しているわけでも、敵対しているわけでもない。これまで見てきたように、この方法は主に、聖書テキストを調査する客観的な方法として理解されており、特に元の歴史的背景とその文脈で何を意味していたかに注意を払っている。しかし、古代のテキストを書いた人たちと私たちの間には、共通の人間性があり、実存的な人間としてのつながりがある。カトリックでは伝統的にこれを「自然法」と呼んできた（ただし、この言葉は歴史的な重荷を背負っており、今日では役に立たない）。もっと良い言葉は、私たちの「共通の人間性」（ヒューマヌム［humanum］）である。

　歴史批判的な方法を用いて、聖書の著者、彼らが書物の中で描いた人々、そしてその書物の読み手であった人々の経験や洞察に注意深く目を向けることによって、私たち自身の経験が大いに豊かになり、聖書のテキストの中に、今日の私たちにとって本当に重要な素材を見出すことができる。これは、私たちの関心事を楽しませたり、個人的な好奇心を満たしたりするためのものではなく、真剣に古代（および現代）のテキストを読むときに可能となる。聖書の人々と私たちを結びつけるのは、聖書を生み出した人々やそれを読む人々と共有する、共通の人間性と宗教的遺産である。そのおかげで、私たちは聖書のような古代のテキストを理解できるだけでなく、聖書の登場人物に共感し、そこから学ぶことができるのである。カトリックの神学では、聖書は人間の言葉で書かれた神の言葉であると理解されているので、私たちにはヒューマヌム（私たちの共通の人間性）だけでなく、ディビヌム（divinum：聖霊）があるため、そのテキストと私たちを結びつけることができるのである。

批判的かつ宗教的にテキストを読む
——モーセの呼びかけ

　出エジプト記3章では、モーセがホレブ山に来て、燃えながらも燃え尽きることのない柴を発見する。柴の中から聞こえてきた声は、自分がアブラハム、イサク、ヤコブの神であると名乗った。この神は、イスラエルをエジプトの奴隷状態から解放し、ヘブライ人を約束の地カナンに連れて行こうとしている。そして、その代理人としてモーセを選び、民を奴隷状態から自由に

導くのである。モーセが神の名を尋ねると、先祖の神は「わたしはあるという者だ」（3：14）と告げる。そして、モーセにエジプトの王のところに行って、ヘブライ人を自由にするように要求するよう指示する。

　出エジプト記 4 章で、モーセは、ヘブライ人にもファラオにも相手にされないだろうと反対する。杖が蛇になったり戻ったり、手が重い皮膚病にかかったり回復したり、ナイル川の水が血になったりと、3 つのしるしが与えられる。神がこのような奇跡を起こせるのであれば、モーセもきっと耳を傾けるだろうという考えである。最後に、モーセは「口が重く、舌の重い者」（4：10）であることを理由に抵抗する。しかし、神は彼の兄であるアロンがモーセに代わって話すことができると言って、モーセを安心させる。

　出エジプト記 3–4 章の分析において、私はまず、カトリック聖書研究の第一の目的は、私たちに伝えられたテキストの世界を照らすことであることを強調する。次に、私はカトリック教徒が聖書のテキストを古代の歴史的文脈の中で読むことに熱心になるべきであると提案する（しかし、テキストの背後にある世界に関するより冒険的な仮説に対しては、健全な懐疑心を持つべきである）。そして、出エジプト記 3–4 章がカトリック聖書の中で重要なテキストであることを示したい。このテキストは私自身の人生において強力な影響力をもつものであり、テキストの前に横たわっている現代世界にとってもそうである。

　テキストの世界。カトリックは、聖書を、人間の言葉による神の言葉、つまり、聖霊の霊感を受けた人間の著者によって書かれたものと理解している。聖書のテキストにアプローチするということは、文献学と文学的分析のツールを用いてその箇所を分析することを意味する。これらは今日のカトリックの聖書解釈における 2 つの主要な関心事である。「文献学」とは、ヘブライ語、ギリシア語、ラテン語のテキストで使われている単語やフレーズの語源や歴史に関するものである。「文学的分析」とは、現在のテキストを、言葉やイメージで構成されていること、一定の構造を持っていること、一定の文学的形式やジャンルを表していること、より大きな文学的文脈の中に位置していること、メッセージを伝えていることを尊重することである。

　カトリックと他のキリスト教の宗派では、出エジプト記 3：14 に記されたヤハウェという神の名をめぐって、多くの人々が命を落とし、多くのインク

が使われた。言語学者たちは、ヘブライ語の語源である「hayah」(存在する)との明らかな関連性を指摘し、創造におけるイスラエルの神の役割、すなわち「存在させる者」としての役割を暗示していると考える。何世紀にもわたって哲学者や神学者たちは、この言葉の中に「純粋な存在」としての神への言及を見出し、キリスト教の形而上学における本質的な概念として捉えようとしてきた。現代の解釈者は、この名前を神の側からの言い逃れ("I AM WHO I WILL BE")と見なし、この神が出エジプト記の残りの部分、あるいは五書やヘブライ語聖書全体に続くすべての部分で何をするかから、この神が誰であるかを見極めることを促す挑戦として見なすことを好むようである。

　文学批評の観点からは、出エジプト記3–4章を召命物語として認識することが重要な関心事である。これは、ギデオン、イザヤ、エレミヤなどの聖書の物語や、マリア、イエスの最初の弟子たち、パウロなどの新約聖書の登場人物の物語に類似した文学的様式である。その要素は、神(または天使)の突然の出現、挨拶あるいはそれに相当するもの、使命や依頼、最初の抵抗、その依頼が本物であり、神の助けによって可能であることのしるし、さらなる抵抗としるし、そして最終的な受け入れである。これが聖書の宗教体験のダイナミズムである。

　テキストの背後にある世界。一口に「歴史」といっても、その興味は多岐にわたる。それは、古代近東の類似点を見つけること、聖書の著者がどのような資料をどのように使ったかを明らかにすること、あるいは、テキストが執筆された歴史的状況を確立することを意味する。ここでは、テキストが証言している現実を把握するために、テキストの背後に横たわっている古代世界を明らかにする目的で行われている調査に限定して議論したいと思う。

　資料批判とは、聖書に記載されているテキストの背後にある文字および口述の資料を特定することである。いわゆる五書の文書仮説では、少なくとも4つの主要な源があるとされている。J(Yahwist)、E(Elohist)、D(Deuteronomist)、P(Priestly)である。出エジプト記3–4章の古典的な資料批判的分析では、出エジプト記3章の主要な物語はE(3:1–6、9–15、21–22)に、J(3:7–8、16–20)からの短い文章が含まれており、4章の主要

な物語（6:2 まで）はＪに、Ｅからの短い文章が含まれている。[9] この分析にも一理あるが、完全に説得力があるわけではない。カトリックの信者がこの分析を受け入れるかどうかは自由である。最近では、このような仮説的分析を否定し、テキストの最終形態のみを研究対象とする学者もいるが、一方では、五書の形成に関与した可能性のある、さらに複雑な過程を探求しようと努力している学者もいる。

　古典的な文書仮説によれば、ＪとＥの資料は紀元前 1000 年から 800 年の間に生まれ、7 世紀か 6 世紀に結合され、Ｐの編集者の下で捕囚中または帰還後に五書の一部となった。しかし、モーセと出エジプト記 3–4 章の出来事の間には、まだ数世紀の時間がある。歴史家にとっては 2 つの明らかな疑問がある。(1) ヤハウェという名前はどこから来たのか？　(2) 歴史上のモーセがホレブ山・シナイ山で実際に何をしたのか？

　出エジプト記 3:14 とヤハウェの名前に関して、歴史家にとって最も重要な問題は、いわゆるカイン族仮説である。カイン族（またはミディアン・カイン族）仮説とは、ヤハウェはもともとカイン族の神であり、エトロ（モーセのカイン族である義理の父）を通してモーセに知られ、モーセを通してヘブライ人に受け入れられ、イスラエル人の「父祖の神」（アブラハム、イサク、ヤコブの神）と同一視されるようになったと主張するものである。著名なカトリックの聖書学者であるジョセフ・ブレンキンソップは最近、この仮説を上手に擁護している。[10] この仮説のバリエーション（PBS が最近制作した考古学と古代イスラエルの歴史に関する番組の中心テーマとなったもの）は、ヘブライ人がヤハウェを自分たちの神として受け入れたのはもっと後のことであり、それをモーセの時代まで遡って投影したとするものである。この仮説がどれほど興味深いものであったとしても、カトリックの聖書研究の中心となるものではないし、歴史批判から本当に知ることができることの限界についての教皇ベネディクト 16 世の警告を呼び起こすような仮説でもある。

9　Samuel Rolles Driver, *An Introduction to the Literature of the Old Testament* (New York: Meridian Books, 1956).

10　Joseph Blenkinsopp, "The Midianite-Kenite Hypothesis Revisited and the Origins of Judah," *Journal for the Study of the Old Testament* 33 (2008): 131–153.

もっと根本的な歴史的問題は、出エジプト記3-4章に記述されている出来事と歴史上のモーセとの関係にある。言い換えれば、何があったのか？　つまり、実際に何が起こったのか？ということである。私たちは、聖書に書かれている文章を通してのみ、これらの出来事について知ることができる。もし、出エジプト記が捕囚期、あるいはその後すぐに現在の形になったとすれば、現在のテキストの形と記述されている出来事との間には約1000年の隔たりがあることになる。その1000年の間に、この物語は正確に伝えられたのであろうか。それとも、これは、もっと後の時代に作られたものなのであろうか。興味深い問題ではあるが、この問いも歴史研究の限界に直面することになる。

　テキストの前にある世界。聖書を現実化するということは、その意味を現代に生かし、私たちの生活に適用することである。それは、個人レベルでも共同体レベルでも起こりうることである。私が10歳くらいの時、新聞で「聖書によるとモーセは吃音（きつおん）だ」という記事を読んだ。私も吃音だったので（今でもそうであるが）、それが本当なのかどうか知りたくなった。そして、聖書を手にして調べてみると、出エジプト記4:10に、モーセは「口が重く、舌も重い」という理由で、民を率いてエジプトの奴隷状態からの解放をファラオに嘆願するようにという神の呼びかけに抵抗したと書いてあった。多くの解釈者は、これをモーセの言語障害を意味するものと理解している。

　この聖書箇所は、出エジプト記3-4章にある、ホレブ山でのモーセの神との出会いと、神の民を導くための召命についての物語の一部である。この箇所が重要なのは、出エジプト記3:14でヤハウェという神の名が明らかにされているだけでなく、宗教的な経験のダイナミクスが示されているからである。神秘的な燃える柴、モーセの好奇心と恐れ、聖地の概念、神からの呼びかけ、神の自己啓示、アブラハムとその子孫に約束された地に行くようにとの命令、モーセと共にいてこれらすべてのことを実現するとの神の約束、モーセへの奇跡的な力の発揮、呼びかけを受け入れることへの継続的な抵抗、そして最終的な受け入れ。

　少年時代に出エジプト記3-4章を読んだことは、私に個人的な励ましを与えてくれただけでなく、もっと重要なことに、聖書の宗教的経験の世界全体

2　聖書を批判的かつ宗教的に読むために——カトリックの視点　　137

を私に開いてくれた。それが私の宗教的アイデンティティを形成した。その
おかげで、私はイエズス会に入会し、ハーバード大学で古代近東の言語と文
学を学び、カトリックの司祭に叙階され、40年以上にわたって聖書につい
て教え、説教するようになった。私は落胆したとき、出エジプト記3-4章に
戻る。明らかに、このテキストは個人的に大きな意味を持っている。そして、
カトリックの聖書解釈の伝統における重要な原則は、聖書が個人的かつ宗教
的に捉えるべきものであるということである。

　出エジプト記3-4章には、宗教的な読み方を求めている人のための多くの
豊かなテーマがあり、個人的にも共同体的にも瞑想や祈りを深めるためのポ
イントがある。その中には、燃えながらも燃え尽きない柴への興味、聖地の
概念、mysterium tremendum et fascinans（怖くもあり、魅力的でもある神秘）
としての宗教的経験、神が民の窮状に関心を持ち、苦しみや奴隷状態から解
放したいと願っていること、召命と委託の経験、神の名への関心、神がモー
セをその思いがけない道具として選んだこと、エジプト人の略奪、神からの
しるしの意味、モーセの反対意見の解決などが含まれる。

　私は、モーセと出エジプト記3-4章に対する個人的な宗教的熱意を伝えよ
うとする一方で、カトリックの聖書学者がこのテキストを文学としてどのよ
うにアプローチするかを説明し、歴史的観点からいくつかの疑問を投げか
けようとした。最近、フランスのカトリック聖書学者 J.-P. ソネが提起した
挑戦的な観察に注目してみよう。[11] ソネの論文のタイトルは「紙の上に書か
れている存在のために命をかける（Risking One's Life for Beings That Exist on
Paper）」であった。ソネは、私たちはモーセ、ダビデ、イザヤ、イエス、パ
ウロを主に紙の上の存在として知っているが、多くの人が彼らの例に倣い、
彼らのために命をかけていると述べている。この現象は、聖書の研究を学問
的な遊び場から、実存的、神学的なレベルへと引き上げるものであると思う。
私の考えでは、聖書は本来このレベルに属する書物である。

11　J.-P. Sonnet, "Risquer sa vie sur des êtres de papier?" *Christus* 225 (2010): 16–27.

教父的解釈

　歴史批判的アプローチを支持する最近のカトリックの正典解釈に関する文書には、正典の解釈者としての教父への高い評価も見られる。教会史の多くの時代において、教父はユダヤ教のラビに相当する存在として機能してきた。教父とは、2世紀から7〜8世紀までの初期キリスト教の神学者で、ギリシア語、ラテン語、シリア語で書かれ、異端やグノーシス派ではなく、おおむね正統派とみなされる人物のことを指す。代表的な人物としては、オリゲネス、アレクサンドリアのクレメンス、ジョン・クリュソストム、バジル、グレゴリー・ナジアンツス、アンブロジウス、アウグスティヌス、ヒエロニムス、エフレム、アフラハトなどが挙げられる。

　彼らの出エジプト記3:1-4:17の解釈は、彼らの関心事の一例であり、歴史批判的なアプローチとは対照的なものである。[12]教父たちは、聖書を注意深く批判的に読み、聖書本文のある特殊な特徴を理解し説明することに特に関心を寄せていたのである。例えば、主の御使いとは誰か？ 柴の意味は何だったのか？ モーセはなぜ靴を脱ぐように命じられたのか？ などなど。しかし、彼らはこの本で使われているような意味での歴史批判的研究者ではなかった。彼らの関心は主に聖書のテキストの世界にあった。彼らは、聖書のテキストを与えられたものとして受け取り、それに基づいて作業を行い、読者を啓発し、キリスト教の信仰を確認することに主な関心を寄せていた。

　教父たちにとって、テキストの背後にある世界とは、今日の歴史批評的研究者のように、古代世界の文学や文化ではなかった。教父たちの関心は、キリスト教の物語であり、それは新約聖書だけでなく旧約聖書のテキストの背後にあるものと考えていた。彼らは、キリスト教の物語をほとんどすべての聖書箇所で発見した。彼らは、文字通りの読み方だけでなく、ある聖書のテキストを別のテキストやアレゴリーによって解釈することで、キリスト教の

12　Joseph T. Lienhard with Ronnie J. Rombs, *Exodus, Leviticus, Numbers, Deuteronomy*, vol. 3, Ancient Christian Commentary on Scripture: Old Testament Series (Downers Grove, IL: InterVarsity Press, 2001), 9–29.

2　聖書を批判的かつ宗教的に読むために——カトリックの視点　　139

物語を発見したのである。このように、彼らは聖書の歴史批判的な読み方よりも、宗教的・霊的な読み方に関心があった。彼らは、キリスト教の神学的な事柄、すなわち、神の様々な名前、ヤハウェ（I AM WHO I AM）の意味、三位一体の働き、エジプト人を略奪することの道徳性、モーセの奇跡の意味などに興味を持っていた。

出エジプト記 4:10 のモーセの言語障害について、アウグスティヌスは、モーセは「主が彼に語りかけ始めたとき」、突然、雄弁になることができたし、実際にそうなったと記している。オリゲネスは、これをユダヤ人が自分たちの律法の戒律や預言者の預言を合理的に説明できないことの象徴と考えている。別の箇所では、オリゲネスはモーセの状態を唇の割礼をまだ受けていないことと関連づけ、そこにユダヤ人が包皮の割礼を行う際にアレゴリーを適用する必要性を見出しているのである。このように、教父たちは旧約聖書のテキストに大きな関心と好奇心を持ち、キリスト教神学的に解釈しようとする神学的情熱を持っていた。また、教父たちは置換神学や反ユダヤ主義、つまり、キリスト教徒がユダヤ人に代わって神の民となり、旧約聖書はキリストの出来事の観点からのみ意味を持つとする不幸な傾向も示している。

結　論

聖書を批判的かつ宗教的に読もうとする人にとって、聖書解釈に関する最近のローマ・カトリックの教えは、良い枠組みを提供することができる。その教えは、歴史批判的方法論の多くの重要な要素を受け入れることによって、聖書のテキストを本来の歴史的文脈の中に置き、聖書の著者が本来の読者に何を言おうとしていたかをできる限り把握することを勧めている。また、聖書解釈の作業は、過去におけるテキストの意味を決定することで終わるのではなく、今日におけるテキストの意味を考え、宗教的または霊的な読み方をするように求めている。

しかし、旧約聖書との対話においては、もしかしたら将来のカトリック信者は、歴史批判的方法を理解した上で、その方法を用いて、テキストの中にある実存的あるいは超越的な人間の価値をより深く掘り下げることに前向き

になるかもしれない。このように、旧約聖書には手つかずの豊かさがあり、歴史批判的方法はカトリック信者がそれを回復するのに役立つ。旧約聖書のキリスト論的な読み方は、キリスト教そのものと同じくらい古くからあるものであり、それがなくなることはない（ありえない）。しかし、旧約聖書を約束と成就の神学的スキーマに押し込めるのではなく、旧約聖書自体の価値をもっと真剣に受け止めることで、旧約聖書に対する私たちの理解は大きく深まるだろう。また、第二バチカン公会議の「ノストラ・アエタテ4」に沿って、旧約聖書に付随する置換神学や反ユダヤ主義を阻止することも必要である。そうすれば、現代に生きる私たちにとっても、これらのテキストの人間的な意味と神的な意味の両方がより明確に見えてくるのではないだろうか。

　最後に、個人的な証言をさせて頂く。私は大人になってから、聖書の批判的な読み方と宗教的な読み方の両方に取り組んできた。私は18歳（1958年）でイエズス会に入会したが、語学や文学の分野で才能を発揮してきた。ヨハネの福音書をギリシア語の原文で読んだときの感動は忘れられないものであった。聖書学に本格的に興味を持ったのは21歳（1961年）の頃で、イエズス会の賢明な学部長が、カトリック界では聖書学が「これからの分野」であり、それを目指すことを考えてみてはどうかと助言してくれたのである。これは私に与えられた最高のアドバイスであった。それ以上に感激したのは、旧約聖書をすべてヘブライ語で読んだことである。イエズス会のアカデミック・コースと、1965年から1969年にかけてのハーバード大学での博士課程では（エルサレムのヘブライ大学とドミニコ会聖書学学院でのコースワークを含む）、当代の偉大な学者たち（カトリック、プロテスタント、ユダヤ人）、そして批判的な意識と宗教的な敬意をもって聖書にアプローチする教授たちと一緒に仕事をするという特権を得た。

　私は40年以上にわたり、聖書の言語、旧約聖書後期とユダヤ教初期の書物、新約聖書のすべての部分、そして聖書神学のトピックに関するコースを教えてきた。その間、主要な聖書関連の定期刊行物や最新の書籍を閲覧できる新約聖書抄録（New Testament Abstracts）の編集に携わってきた。これまでに50冊以上の本、多くの記事、書評を書いてきた。また、カトリックの学者による新約聖書の専門的な注解書18巻のシリーズ（Sacra Pagina）を編集した。その間、私はカトリックの司祭として、毎週日曜日にボストン地域

の2つの教会で、また平日は地元のイエズス会のコミュニティで聖書のテキストについて説教してきた。そして、いつの日からか、私は聖書の批判的な読み方と宗教的な読み方の間を行ったり来たりしている。両者が矛盾しているとは思わないし、それぞれのアプローチは多くの点で他方を豊かにすることができ、またそうしていると確信している。

ピーター・エンスの応答

ローマ・カトリックの伝統には、聖書解釈に関する古くて堅固な歴史があり、ハリントン教授の素晴らしい論文は、それを簡潔かつ学術的に紹介してくれている。特に本書のテーマに関連して、ローマ・カトリックの聖書解釈は、その歴史の中で、聖書の霊的な読み方と批判的な読み方の両方が重要視されているので、非常に貴重なガイドとなっている。聖書研究の分野で、カトリックの研究が主要かつ持続的な貢献をしていない分野はない。この点は、学問的キャリアを通じて、プロテスタントである私にも理解されている。ハリントンが概説したように、歴史的批判はカトリックの伝統の中で公式に認められ、尊重されている。このことは、正典の理解における学問的進歩に対して開かれた態度を促進するだけでなく、現代の学問に対する批判が提示された場合には、それに大きな信憑性を与えることになる（ハリントンは、歴史批判のいくつかのバージョンにおける潜在的に役に立たない哲学的な先入観を読者に警告することによって、様々な箇所でそれを行っている）。

カトリックの伝統における聖書の宗教的な読み方については、ハリントンは2つの中心的な例を正しく挙げている。まず、一つ目は、何よりも聖書の究極的なキリスト中心主義であり、この点は、キリストについての最古の記録である新約聖書に示されている。この究極の焦点は、常に存在する聖書の批判的読解に取り組む必要性から目をそらすものではない。宗教的な読み方と批判的な読み方を対話させることは、カトリック（およびキリスト教）の解釈学的・神学的な旅の一部であり、常に進行中であり、決して到着するこ

とはない。二つ目は、古代から行われてきたレクチオ・ディヴィーナという観想法である。これは、正典を深い霊的な観想の源とし、頭だけでなく心を働かせるものである。宗教改革者たちが、命題となる神学的知識の源として聖書を重視していたため、プロテスタントでは観想的な読書はあまり支持されなかった。また、プロテスタントだけでなく、ローマ・カトリックでも、啓蒙主義的な哲学の影響を受けて、観想的な活動が疎外されていた。最近では、トマス・マートンをはじめ、カルロ・マリア・マルティーニ枢機卿、トーマス・キーティング、リチャード・ロア、プロテスタントのリチャード・フォスターなどの影響もあり、観想的な活動が復活しつつある。

　なぜなら、プロテスタントの伝統における最大の障害の1つは、正しい考え方に焦点を当て、それ以外の多くのことを排除していることだからである。もちろん、正しい考えを排除したいと思う人はいないであろうが、神との交わりには、よく練られた神学的な議論をすること以上のものがある。言い換えれば、神は単に「頭から入って」きて、人間の他の能力に働きかけるわけではない。神は様々な方法で被造物に語りかけるので、頭は心の支配者ではなく、いわば心の生徒として追いつかなければならないこともあるであろう。プロテスタントの傾向として、信仰を正確に知的に表現することに誇りを持っていることは、教義の表現が分裂の基礎となっているプロテスタントの歴史に現れている。私はキリスト教の知的活動を軽視するつもりはないが、後述するように、知的なかかとが土に埋まってしまうと、聖書批判との真剣な対話が必要とするような知的な柔軟性は起こりにくくなる。

　いずれにしても、ハリントンの論文に期待されているのは、プロテスタントの人たちが、ローマ・カトリックの聖書解釈に組み込まれている神学的、批判的、キリスト教的な感性に折り合いをつけ、新しい考え方を受け入れるように促してくれることである。

　このような気持ちを背景に、ハリントンの議論を少し拡張したいと思う一般的なポイントが3つある。

　約束・成就のパターン。このパターンは、（プロテスタント、カトリックを問わず）キリスト教の旧約聖書と新約聖書の関係を説明する一般的な方法である。実際、新約聖書の著者たちは、イスラエルの歴史の始まりにまでさかのぼる神の長年の目的の観点から、福音を提示するために非常に長い紙面

を割いている。イエスは、神の贖罪の使命を果たす約束のメシアである。しかし、ここで皮肉なことが起こる。約束と成就のパターンは（明らかに）キリスト教的なものであるが、「序論」で見てきたように、イエスが旧約聖書を成就すると言われる方法は、旧約聖書の創造的な取り扱いを示唆する場合が多いのである。

　このような創造的な聖書の使い方を表すのによく使われる言葉が「ミドラーシュ」（ヘブライ語で調査、研究の意）である。ミドラーシュとは、一般的には、過去と現在を融合させようとする、特にユダヤ教的な聖書の扱い方に限定されており、そのために様々な手法が用いられている[13]。したがって、新約聖書の著者たちが旧約聖書を扱う際に提示する「約束／成就」は、ユダヤ教的な読み方にしっかりと根ざしている。もちろん、初期の新約聖書の著者たちは、ユダヤ教と急激に分断したわけではなく、実際には、自分たちは単にイスラエルの物語を継承しているだけだと考えていたのであるから、これは驚くべきことではない。また、私の論文でご紹介するように、初期のユダヤ教は、全く新しい状況に対処するために古代の聖書に訴えるという、独自の問題に悩まされていた。

　以上のことから、約束と成就のパターンが軽視されるべきであるということではない。しかし、これらについて知っておくことはこのパターンの背後にあるものを、解釈学的に認識するための一歩となる。このような認識は、ユダヤ教とキリスト教の対話、あるいは少なくとも相互の尊敬と称賛のための基盤を提供するかもしれない。なぜなら、結局のところ、ユダヤ教とキリスト教は2つの異なる宗教であり、正当かつ明白な違いを持っているからである。その事実を無視しても何も得られないし、それを述べても何も失われない。

　正典の霊的な意味。聖書を神学的、歴史的な情報源としてではなく、神との交わりの手段として読むことは、キリスト教会の長年の伝統であり、少な

13　余談であるが、「ミドラーシュ」は学者によって定義が異なる。ある人は、特定のユダヤ教のミドラーシュのテキスト、つまり、聖書の注釈書を指すためだけに使っている。私のように、もっと一般的に、古代ユダヤ教でよく記録されている、創造的で革新的な聖書の読み方を特徴とするテキストへのアプローチを示すために、この言葉を使う者もいる。

くともキリスト教初期における荒野の教父たちにまで遡ることができる。しかし、中心となる問題は、霊的な読み方と批評的な読み方がどのように関連しているのか、あるいは全く関連していないのかということである。一つのレベルでは、両者の間にはひずみがない、あるいは少なくともひずみがある必要はないと言えるが、批判的読解がそう簡単には霊的読解と和解してくれないのではないか。この２つのアプローチは、それぞれ異なるものを求め、異なる理由で設計されていると結論づけることができる。そして、批判的な読み方は、歴史的文脈に根ざしていない読み方の完全性に疑問を投げかける。しかし、ここでは、歴史批判的な問題が解釈にどのように影響するかについては語らないことにする（例えば、イザヤ書の三部分の著者、文書仮説など）。霊的な聖書の読み方は、基本的な文脈の問題に左右されない。その代わりに、詩、節、あるいは個々の言葉が、霊的な思索のための肥沃な土壌として用いられる。

　私は、聖書の霊的な読み方は、霊的成長のためのキリスト教の中核的な道であると私が考えていることが明確になっていることを願っている。しかし、聖書批判は、聖書を読むための説得力のあるアプローチを導入した。それは、定義上、文学的または歴史的な文脈に注意を払わない読み方を排除するものである。聖書批判のポイントは、「この詩編や創世記のこの節を、霊的に意味があると思うような方法で読むことはできない」ということである。私の知る限り、聖書批判はそのような断定をする立場にはないが、もしあなたが宗教的な読み方と批判的な読み方をどのように共存させるかということに焦点を当てているのであれば、両者の関係を説得力のある方法で明確にしなければならない。言い換えれば、精神的に敏感で批判的な情報を持つ読者が、自分の中のスイッチを切り替えて、あるタイプの読み方から別のタイプの読み方に移行する方法を説明する必要があるであろう。どのようにして、ある時、ある読み方を他の読み方に比べて正当化することができるのであろうか？　あるレベルでは、「今、教会にいるから、あるいはリビングで一人でいるから、霊的な読書が起こる」と言えば十分かもしれない。しかし、これも問題を前面に押し出している。批判的な聖書学は、霊的な読み方の正当性を（直接的または間接的に）疑問視しているのである。

　これが、私の考える中心的な問題である。聖書批評を導入することなく、

2　聖書を批判的かつ宗教的に読むために——カトリックの視点　　145

霊的な読み方を実践し続けることは、知らず知らずのうちに、批評家の世界で見られる2つの分岐点を支持することになる。「霊的な読み方は克服しなければならないものだ」と言うことと、「霊的な読み方と批判的な読み方はどちらも正当なものだが、別々にしなければならない」と言うことは、2つの読み方が対立しているという同じ前提の上に立っている。私の考えでは、両者の間に何らかの相互的影響力があるかどうかが問題となるが、この問いはどちらにとっても忌避すべきものとなっている。

聖書の中と背後と前にある世界を区別する。ハリントンの論文で最後に触れたいのは、聖書を読むことに関わる3つの「世界」の関係である。ハリントンは、テキストの世界とは、言語学的・文学的な問題、つまり、言語的・文学的な文脈におけるテキストの意味に焦点を当てることだと理解している。言い換えれば、ヘブライ語のテキストを読み、その文脈の中で何が起こっているかに注意を払うのである。その文脈とは、周囲の節だけでなく、少なくとも原則的には書物全体、さらには聖書の様々な書物の間の相互作用も含む。テキストの世界とは、言い換えれば、聖書のテキスト全体のことである。

これは、歴史批判の対象であるテキストの背後にある世界とは区別される。テキストの世界とは異なり、ハリントンは、霊的に破壊的な仮定が解釈の結論を決定しないように注意しなければならないと警告している（例えば、奇跡は起こらない、人は死から蘇らない）。考古学的な研究は、現代の読者がどのように聖書を解釈するかに大きく、そして永久に影響を与えているが、データもまた解釈されなければならず、ここではテキストに何をもたらすかを明確にしなければならない。例えば、古代メソポタミアの創造神話と創世記1–3章はイデオロギーが似ていると結論づけることと、（他の理由も含めて）創世記1–3章は歴史的なものとして読むべきではないと結論づけることは一つのことである。しかし、神話的な性質を認めることは、神学的価値がないことを意味するというのは、全く別の問題である。このような言い方をすると、歴史的な物語は非歴史的なものよりも宗教的な価値があるとか、価値のある神は深い真実を神話的な方法で表現するほど身を低くすることはないという哲学的な先入観が見えてくる。奇妙なことに、この先入観は根本主義者にもリベラル派にも共有されている。これは、悪い哲学がイデオロギー的なスペクトラムのどちらの端にも存在するということを私たちに教えるも

のである。

　聖書の前の世界は、多くの人が「応用」や「現実化」と呼んでいるもので、先に述べた霊的な意味と関連している。また、解釈の歴史を学ぶことも含まれており、現代のクリスチャンは、以前の混乱していない時代の洞察力から恩恵を受けることができる。ここでも中心となるのは、聖書に対する真のキリスト教的霊的洞察の鍵となる受難の秘儀に焦点を当てることである。これまで見てきたように、この最後の解釈の世界が前の二つの世界と具体的にどのように関係しているのか、いわば三つの世界がお互いのエネルギーを引き出すような点があるのかどうかを問うことができるが、それはここでは解決に至らせることができない。おそらく、最後には、本や論文では捉えきれないほどの謎があるであろう。

　私が言いたいことは、このようにまとめられる。対話を続ける必要があるのは、まさにローマ・カトリックの聖書へのアプローチの中で、キリストを中心とした霊的な読み方が得意とする分野であり、それらの読み方と聖書批判が相互に利益をもたらすために対話することが可能であり、またそうしなければならないということである。

マーク・ツヴィ・ブレットラーの応答

　私はハリントン神父の論文を、ユダヤ教で神学的な問題がこれほど集中していたら、という嫉妬の気持ちで読んだ。私は自分の論文のほとんどを、聖書の初期テキストから昨日のユダヤ人思想家の発言まで、3000 年分のテキストと信念を整理し、ふるいにかけ、総合することに費やさなければならなかった。ハリントンの論文は、カトリックの伝統の権威ある教えを反映している。それは、第二バチカン公会議の革命的な教えに先行し、その教えに道を開いたものであり、その公会議から生まれた教えであり、特に「キリスト教聖書におけるユダヤ人とその正典」や、教皇ベネディクト 16 世の *Verbum Domini* から続く教えである。このように、彼の論文は、ローマ・カトリッ

ク教会の明確な教えの内容、それがどのように発展したか、様々なタイプの批判とどのように関係しているか、そしてこれらの教えが個々のカトリック教徒の宗教生活にどのように影響するかに焦点を当てるという豊かなものであった。

この本の3人の寄稿者は、批判的聖書解釈と信仰の問題についてエキュメニカルな対話を開くことが私たちのプロジェクトの一部であることを理解している。私はこのプロジェクトに参加したばかりであるが、各人が自分の伝統を内から堂々と表現してこそ、このプロジェクトが成り立つと信じている。私は、世界の宗教、一神教、あるいは「単なる」ユダヤ教やキリスト教が、お互いのマイナーな変種として紹介されることに大きな不安を覚える。[14] その意味で、私は「旧約聖書」という言葉を使っていないが、ハリントンがこの言葉を使い、「新約聖書のルーツ」であり「カトリックの伝統と神学に合っている」と正当化していることに拍手を送りたいと思う。批判的聖書研究を評価するために、私たちはそれぞれの伝統に基づいた異なる方法を用いているだけでなく、異なる聖書を研究しているのである。旧約聖書という言葉をきちんと使っていることが、このことを強調している。また、ユダヤ教聖書などの中立的な用語を用いることが流行しているが、ハリントンはこれらの用語の問題点を正しく指摘している。いずれにしても、カトリックの告白的観点から執筆する場合、旧約聖書という用語の使用は正当であるだけでなく、不可欠である。このことは、初期のカトリック解釈者が「置換神学と反ユダヤ主義への不幸な傾向」を持っていたことを最も賞賛すべき形で指摘している論文において、特に顕著である。

旧約聖書という言葉を意識的に使うことで、この問題に関する私とハリントンの視点、さらにはユダヤ教とカトリック（そしておそらくはより広いキリスト教）の視点の間にある大きな違いを浮き彫りにすることができる。ハリントンはこの違いを、彼が「アウグスティヌスの有名でよく引用される言葉」と呼ぶものを引用することで指摘している。「新約聖書は旧約聖書の中に隠されており、旧約聖書は新約聖書の中に明らかにされている」。これは、

14　Arthur Allen Cohen, *The Myth of the Judeo-Christian Tradition and Other Dissenting Essays* (New York: Harper & Row, 1969) の批判は依然として鋭いものである。

ハリントンが言うように、現教皇の考え方を反映していることからも、今、特に重要である。このように、カトリックの観点からは、新約聖書は旧約聖書を読むことができる、あるいは読むべきレンズを提供しているのである。

　一部のユダヤ人にとっては、（エンスの論文への応答で詳しく説明している）ラビの伝統も同様であるが、ほとんどのユダヤ人にとってはそうではない。さらに、ユダヤ人がラビ的伝統との関連でヘブライ語聖書を読み、（アウグスティヌスの言葉を借りれば）「口伝法（ラビ的伝統）は文伝法（トーラー）の中に隠されており、文伝法は口伝法の中に明らかにされている」と信じるかもしれない程度であっても、ハリントンのさらなる考察が明らかにしているように、新約聖書はラビ的伝統と本当に似ているわけではない。彼はこう指摘する。「カトリックは、聖書を主に、神の子であり、肉となった言葉であるナザレのイエスという一人の人間の証として捉えている。したがって、カトリックはより人の宗教である」。つまり、カトリックとユダヤ教の旧約聖書・ヘブライ語聖書に対する見方は、その書物がイエスに何らかの成就を見出すかどうかだけでなく、解釈された書物とはいえ書物として重要なのか（ユダヤ教）、それとも個人の証として重要なのか、という点が大きな違いとなっている。

　モーセは、五書やヘブライ語聖書の他の箇所で重要な役割を果たしているが、個人としてではなく、特に（それだけではないが）律法立案者としての役割が重要である。マラキ書3:22（英語版4:4）では、モーセの個人としての重要性ではなく、律法を与えた者としての重要性を強調していることは注目に値する。「わが僕モーセの教えを思い起こせ。わたしは彼に、全イスラエルのためホレブで掟と定めを命じておいた」。つまり、クルアーンではユダヤ人とキリスト教徒（この時点ではカトリック教徒）を「書物の民」と呼んでいるが、書物の民としてのあり方は全く異なる。ユダヤ人は書物の教えを尊び、カトリックは主人公であるイエスを尊ぶ。

　この点は、J.-P. ソネによる素晴らしいタイトルの素晴らしい論文「紙の上に書かれている存在のために命をかける（Risking One's Life for Beings That Exist on Paper）」に対するハリントンの考察で、さらに明確に強調されている。このトピックにおいても、ユダヤ教とキリスト教は共通しているように見えて、結局は大きく異なっている。ユダヤ人は、ある状況下では「アル・

2　聖書を批判的かつ宗教的に読むために──カトリックの視点　　149

キドゥシュ・ハ・シェム」、つまり「（神）の名の聖化のため」に命を賭けることを命じられている。これは、偶像崇拝、殺人、近親相姦（および姦淫）を要求される状況に直面したとき、ユダヤ人はその違反を犯すよりも死ぬべきだという意味として最もよく理解されている。「キドゥシュ・ハ・シェム」は十字軍時代に改宗するよりも殺されることを選んだユダヤ人にも頻繁に唱えられていたし、現代のユダヤ教の典礼ではホロコーストで死んだユダヤ人を「アル・キドゥシュ・ハ・シェム」と呼んでいる。ダビデやイザヤの歴史性をめぐって、ユダヤ人が命をかけた例を私は知らない。これらの特定の人物がソネによって言及されているのは、彼らがイエスを予表し、預言しているからであり、彼らの歴史性は、キリスト教共同体にとってイエスの証しの真実性に影響を与えているからである。このように、ソネの論文のタイトルと内容は、ユダヤ人とカトリック教徒の間の最も重要な違いの一つを強調するものでもあり、それをハリントンは私のために明らかにしてくれた。カトリックは（プロテスタントもそうであるが）、聖書に登場する特定の人物を重要視する人々であり、ユダヤ人はその代わりに聖書の教えを重要視するのである。ユダヤ人の論文は、「羊皮紙に書かれた（ラビの解釈による）特定の思想に命をかける」というタイトルになるかもしれない。

　ハリントンは、「旧約聖書に対するカトリックの主要なアプローチ」は、「約束から成就へ」、あるいは「影から現実へ」と捉えることであると指摘している。約束よりも成就の方が重要であり、影よりも現実の方が重要である。つまり、カトリックの伝統においては、旧約聖書よりも新約聖書の方が重要であることを示唆している。ユダヤ人は、特に 19 世紀後半から 20 世紀初頭にかけて、キリスト教徒が批判的な方法を用いてユダヤ教の聖書を実質的に解体することに熱中していたのは、このためだと考えていたし、一部のユダヤ人はこのような考えを支持し続けている。新約聖書の研究に関して私が知っている限りでは、これは公平な主張ではない。カトリックを含むほとんどのキリスト教徒は、聖書のすべての部分に対して等しく批判的であるからである。しかし、ハリントンが述べているように、カトリック教徒にとっては、（批判的に研究された）旧約聖書よりも（批判的に研究された）新約聖書の方が重要である場合があり、このことは、実際に典礼や聖書日課に反映されている。

ユダヤ人の伝統の中では解釈された聖書が重要であり、ラビ的伝統は聖書そのものよりも重要であることを考えると、「聖書はキリスト教生活のすべての中心にあるべきである」というハリントンの観察は、ユダヤ人には簡単には通用しない。実際、歴史批判的方法は「（それだけでは不十分であるが）聖書テキストの科学的研究に不可欠なものである」という「現在の公式なカトリックの立場」についての彼のまとめも、ユダヤ教には簡単には通じない。その代わりに、歴史批判的方法は合理的な範囲内で受け入れられる方法ではあるが、何世紀にもわたるユダヤ人の聖書解釈に取って代わるものではないと言われるかもしれない。

　ハリントンは、聖書本文の本格的な霊的読解について論じているが、これはユダヤ教の目標でもあり、ラビ的文献、ほとんどの中世の注釈書、そしてほとんどのシナゴーグの説教に見られ、ユダヤ教とカトリックの共通点であるように思われる。しかし、ここにも大きな違いがある。彼は、そのようなカトリックの読み方は、「文字通りの意味、過越祭の神秘、そして現在状況の3つを念頭に置かなければならない」と指摘している。これまでのユダヤ人の霊的読解は、テキストと現在の状況だけを念頭に置き、文字通りの意味を無視することが非常に多かったが、私は新しいユダヤ人の霊的読解は文字通りの意味に基づいて行うことができるし、そうすべきだと提唱している。もっと一般的に言えば、ユダヤ教の霊的解釈は、カトリックのものよりも拡散的である。それらは（明らかに）過越祭の神秘に焦点を当てていないし、過越祭の神秘に代わる焦点となる項目は一つもない。

　しかし、私たちが検討しているすべての事柄において、カトリックとユダヤ教が急激に異なるかというと、そうではない。ハリントンがカトリックについて述べていることの多くは、私の心に深く響くものであり、いくつかのケースでは、彼の「カトリック」の代わりに「ユダヤ人」または「ユダヤ的」という言葉を使うことができる。例えば、「カトリックの社会倫理的な教えは、世界で最も守られている秘密の一つである」と書いているが、これはユダヤ教のラビの教えについても同様である。

　また、カトリックとユダヤ教の伝統の意外な共通点として、聖書を権威ある書物として解釈する際に、後世の伝統が重要な役割を果たすことが挙げられる。私は古典的なラビの権威に関する様々な伝統を引用している。ハリン

トンが指摘するように、第二バチカン公会議の *Dei Verbum* では、「聖なる伝統、聖なる聖書、そして教会の教導機関は、互いに結びつき、結合しているので、一方が他方なしでは成り立たない」と述べられている。これも、口伝法と文伝法のつながりについてのラビ的理解に似ている。*Dei Verbum* のこの部分が「古典的なラビに反映された正典と聖なる伝統」から始まっているとすれば、それはユダヤ教の文書である可能性がある。実際、ユダヤ教の伝統の中には、ラビ的伝統を預言的伝統の継承と見なすものがある。例えば、ラビ的歴史書である『セーデル・オラム・ラッバー（Seder 'Olam Rabbah）』には、アレキサンダー大王以前には「預言者は聖霊によって預言したが、今後は耳を傾けて賢者の言葉に従いなさい」と記されている[15]。しかし、*Dei Verbum* によると、これらの伝統は「魂の救済に効果的に貢献する」ために「結び付けられ、結合されている」とあり、類似性の中にも重要な違いがある。ラビ的ユダヤ教では、少なくとも死後の世界を享受すると理解される「救い」がテーマとなっているが、これはカトリックにおける「救い」のように目立つものではないし、個人による救いでもない。言い換えれば、聖書と聖書以降の伝統や教えを結びつけることは、ユダヤ教とカトリックでは根本的に異なる目的を持っているということである。

　ハリントンがモーセの召命を扱ったことと、私が詩編114編を扱ったことには大きな類似点があると思われる。私は、詩編そのもの、ハレル集の一部としての詩編、詩編集の一部としての詩編、聖書の中の詩編、ユダヤ教の中の詩編など、様々な解釈の輪について話した。これは、彼の「テキストの世界」、「テキストの背後にある世界」、「テキストの前にある世界」と同じではないが、似ている。具体的には、彼が「教父的解釈」を含めることにこだわっていることは、私が「ユダヤ教の中の詩編」を含めることにこだわっていることと似ている。私はいくつかのバランスの違いを感じる。ハリントンは「テキストの背後にある世界」を別のセクションにしているが、私はそうしない。私のテキストの背後にある資料は、「詩編そのもの」に含まれているが、それはテキストの解釈に関連すると私が信じる範囲内におけるものであ

15　*Seder 'Olam Rabbah* §30; see also, e.g., b. Megillah 7a–b; b. Sotah 48b; b. Sanhedrin 11a; b. Yoma 9b.

る。一般的に、ユダヤ人の学者は、テキストとその前史よりも、テキストとその後史に興味を持っていると私は考えている。キリスト論的な読み方を導入することに関する説明で、ハリントンは「旧約聖書のキリスト論的な読み方は、キリスト教そのものと同じくらい古くからあるものであり、それがなくなることはない（ありえない）」と断言している。繰り返しになるが、解釈の歴史の中で、ユダヤ人である私が必ず入れなければならない、そしてユダヤ人である私の視点から見て、なくなることのない項目はない。

ハリントンは「更なる参考文献」の中で、オーストラリアのイエズス会の学者アントニー・キャンベルの近著を紹介しているが、この本は、旧約聖書の批判的研究が、現代の読者にとって、難解で問題の多いと思われる正典テキストを、現代の信仰に有益で、かつ危険にさらされない方法で理解するのに役立つことを示している。これは、ユダヤ人の批判的聖書学者としての私の個人的な感情と経験をも表現していると思われる。ユダヤ人の聴衆のために、歴史批判的方法の重要性に関する追加の見解を述べたい。それは、歴史批判的方法によって、ラビ的テキストをよりよく理解することができるということである。ラビ的テキストは、聖書のテキストの矛盾、テキストの欠落、聖書に見られる難解な伝承を取り扱うことが多い。ラビ的伝統は、現代の批評家が異なる著者や異なる伝統に由来する矛盾と見なすものを、明らかな矛盾として扱っている。したがって、私はキャンベルを拡張して、ヘブライ語聖書の批判的研究は、古典的なラビや中世のユダヤ人の解釈者がどのような問題に答えようとしていたかを理解するのに非常に役立ち、したがって、カトリックよりもユダヤ教においてより重要であるかもしれないと提案する。

ハリントンの明快な論文によって、私は自分の立場を明確にし、典型的なユダヤ教とカトリックの立場の間の重要な類似点と相違点を概説することができた。旧約聖書とヘブライ語聖書を議論する際に、私たちは何を共有し、どのように根本的に異なるのかをよりよく理解することができる。私は、他のユダヤ人学者がハリントンの論文や、特に彼自身の著作を含む彼の参考文献に倣って、ユダヤ教の中で同等の本を作ってくれることを願っている。私は論文の中で、ユダヤ教においてこの分野が未発達である理由を述べたが、「聖書参考文献：ユダヤ教の教えの選集」、「ユダヤ人の聖書解釈論」、「ユダヤ人は聖書をどう読むか？」、「危機の中の聖書解釈」、「ユダヤ教釈義におけ

2　聖書を批判的かつ宗教的に読むために——カトリックの視点　　153

る歴史批判的方法論」、「ユダヤ教における聖書解釈の原則」のようなタイトルの本を私たちは大いに必要としている。この本がそのような出版物に拍車をかけ、「それぞれのアプローチは多くの点で他方を豊かにすることができ、またそうしている」というハリントンの主張（私はそれがユダヤ教にも当てはまると信じている）がさらに明らかにされることを願っている。しかし、私がここで示そうとしたように、ユダヤ教におけるこの豊かさに至る方法はカトリックとは異なるのである。

このテーマに関する更なる参考文献

Béchard, Dean P., ed. *The Scripture Documents: An Anthology of Official Catholic Teachings*. Collegeville, MN: Liturgical Press, 2002. 聖書の研究を促進し導くための教会の最近の取り組みを記録した、カトリック公式文書の優れた翻訳集。

Benedict XVI, Pope. *Verbum Domini. The Word of God in the Life and Mission of the Church*. Ijamsville, MD: Word Among Us Press, 2010. 教会の生活と使命に関する神の言葉について論じた 2008 年のカトリック司教会議に対応する教皇の使徒的勧告。

Boadt, Lawrence. *Reading the Old Testament: An Introduction*. New York: Paulist Press, 1984. 旧約聖書における個々の書物の原文の文脈、古代近東の類似性、文学的特徴、宗教的・神学的特徴を扱っている。

Campbell, Antony F. *Making Sense of the Bible: Difficult Texts and Modern Faith*. New York: Paulist Press, 2010. 聖書のテキストに対する一般的な解釈が、歴史、考古学、科学、学問、そして良識と衝突したときに何が起こるかを探求している。

Curtin, Terence R. *Historical Criticism and the Theological Interpretation of Scripture: The Catholic Discussion of a Biblical Hermeneutic: 1958–1983*. Rome: Gregorian University Press, 1987. 1970 年代後半から 1980 年代前半にかけての、聖書解釈における歴史批判的方法の使用に関するカトリックの議論を記述している。

Duggan, Michael W. *The Consuming Fire: A Christian Guide to the Old Testament*. Huntington, IN: Our Sunday Visitor, 2010. 旧約聖書を代表的なカトリックの書物として扱い、新約聖書への関連性や、瞑想や祈りへの誘いもある。

Fitzmyer, Joseph A. *The Interpretation of Scripture: In Defense of the Historical-Critical Method*. New York: Paulist Press, 2008. 著名なカトリック聖書学者が歴史批判的方法の肯定的な側面について 7 つの論文を書いている。

Hahn, Scott W. *Covenant and Communion: The Biblical Theology of Pope Benedict XVI.* Grand Rapids, MI: Brazos, 2009. 聖書解釈に関する教皇の多くの著作を参考にしながら、ベネディクト 16 世（ジョセフ・ラツィンガー）は現代の科学的手法と霊的釈義をうまく融合させたと論じている。

Harrington, Daniel J. "Biblical Criticism." *Oxford Bibliographies Online.* New York: Oxford University Press, 2011. 聖書批判の性質、歴史、実践、問題点などを扱った注釈付き文献集。

Harrington, Daniel J. *How Do Catholics Read the Bible?* Lanham, MD: Rowman & Littlefield, 2005. 聖書批評を、特に第二バチカン公会議の「神の啓示に関する教義的憲章」（*Dei Verbum*）で明確にされた現代カトリックの聖書へのアプローチの文脈で位置づけている。

Harrington, Daniel J. *Interpreting the Old Testament: A Practical Guide.* Wilmington, DE: Michael Glazier, 1981. 旧約聖書を中心に、聖書批評のさまざまな方法を説明し、解説している。

Prior, J. G. T*he Historical Critical Method in Catholic Exegesis.* Rome: Gregorian University Press, 1999. 歴史的批判法は、カトリックの聖書釈義において（限定的ではあるが）本質的で不可欠な部分であり、今後もそうであると主張している。

Williamson, Peter S. *Catholic Principles for Interpreting Scripture: A Study of the Pontifical Biblical Commission's.* The Interpretation of the Bible in the Church. Rome: Biblical Institute Press, 2001. 1993 年に発表された教皇庁聖書委員会の文書を詳細に分析し、カトリックの聖書解釈のための 20 の基本原則を導き出している。

3　プロテスタンティズムと聖書批判
——困難な対話への一つの視点

ピーター・エンス

概要

エンスは福音主義プロテスタントの立場から、今日の「プロテスタント」を定義することの難しさを説明している。次に、プロテスタントが過去に聖書批判を受け入れる際に障害となったいくつかの事柄、すなわち、ソラ・スクリプトゥラ（聖書のみ）、聖書の特性、そして19世紀におけるプロテスタントのアイデンティティについて説明している。さらに、進化論、文書仮説、古代バビロニアの神話などがもたらす特別な問題に焦点を当てている。最後に、聖書の批判的な読み方と宗教的な読み方を統合するために、経験に基づいたアドバイスをしている。

キーワード

考古学、文書仮説、福音派、進化論、神話、プロテスタント、ソラ・スクリプトゥラ

　本章では、プロテスタントの宗教的な信仰と、聖書の批判的な読み方との対話について説明する。「プロテスタント」とは何かを定義した後、その対話を妨げるいくつかの障害に焦点を当て、正典の批判的な読み方とプロテスタント的な読み方を結びつけることが特に困難であるにも関わらず、対話を続けなければならない2つの幅広い事例を見ていく。その過程で、そしてこの論文の最後に、批判的な聖書の読み方と宗教的な読み方を対話させるために私が歩んできた道について、いくつかの考えを述べたいと思う。

自分がいる方角を知る

そもそもプロテスタントとは何か？

　最初の課題は、プロテスタントとその聖書観を定義することであるが、これはすぐにちょっとした混乱に陥る。プロテスタントとは、プロテスタントの宗教改革に由来する様々な運動や伝統を指すため、人によって意味が異なる。今日、プロテスタントには、アメリカの若い創造主義者、リベラルなドイツのルター派、メインラインのメソジスト、中国のペンテコステ派、韓国のハイパーカルビン派、モラルマジョリティーのバプティスト、新興教会の追従者などが含まれている。

　プロテスタントの聖書の読み方には、確かに単一の視点はない。実際、プロテスタントの歴史は、聖書を「正しく」読むとはどういうことかということをめぐる対立によって特徴づけられており、数多くの神学的な伝統や教派がその対立を物語っている。[1]というのも、プロテスタントは対立から生まれたものであり、ローマ・カトリックが聖書に服従していないことにマルティン・ルターが異議を唱えたのがその始まりだからである。この抗議の精神は、プロテスタントの様々な教派に受け継がれており、いずれも（他よりも）自分たちが聖書に忠実であると主張している。ローマ・カトリックとは異なり、プロテスタントには神学上の意見の相違を解決するための公式の教導権者は存在しない。プロテスタントはその代わりに、神の明確な言葉に直接訴えることを選ぶ。また、ユダヤ教とは異なり、プロテスタントには、聖書の解釈を議論するためのタルムードやミドラーシュの伝統（それらは多岐にわたる）がない。むしろ、プロテスタントの様々な運動は、社会的、政治的、地理的、宗教的に特定の時期に支持者を集めた、マルティン・ルターやジョン・カルヴァンのような影響力のある創設者に由来しており、それぞれ

1　プロテスタントの伝統と特定の教派を区別する必要がある。プロテスタントの宗教改革から生まれた主な伝統は、ルター派、カルヴァン派、バプテスト派、アナバプテスト派であり、やや間接的には英国国教会である。これらの伝統の中で、何世紀にもわたって何百、何千という数の細分化された教派が生まれた。

　　　3　プロテスタンティズムと聖書批判——困難な対話への一つの視点　　157

の運動は、聖書を信仰の最高の権威として回復しようとしていた。このようにして始まったプロテスタントでは、神学的な多様性は当然のことと言える。

　プロテスタントが聖書をどのように理解すべきかについて一つの見解を持っていないように、現在のプロテスタントの信仰が、聖書批判の多くの差し迫った課題とどのように対話すべきかについても、確かに一つのまとまった見解はない。プロテスタントのスペクトラムの一方の端には、根本主義がある。この運動は、19世紀末から20世紀初頭にかけて、聖書批判に直面して危機に瀕していると考えられていたキリスト教信仰の「基本」（主に聖書の権威とキリストの神性）を強調するために起こった。根本主義は反対運動として生まれたので、聖書批判をキリスト教の敵とみなして、断固として反対してきた歴史がある。もう一方の端には、この議論全体が陳腐で退屈なものとなったと思うプロテスタントがいる。信仰と聖書批判がどのようにして建設的な対話をすることができるのかという質問は、古風な好奇心の目で見られ、まだ乗り越えていない古い世代の遺物のように捉えられている。「リベラル」と呼ばれるこのグループは、主な教派に多く見られる。

　このように様々な意見がある中で、プロテスタントの定義を限定し、信仰と聖書批判がどのように対話できるかに関心を持つ可能性の高いプロテスタントに焦点を当てる必要がある。この定義は、前述の2つの極端な立場を排除するため、私たちを前進させる。この狭義の定義に含まれるのは、主流派教会の多くの人々と、自らを福音派と称する多くの人々であり、福音派の運動が自らのアイデンティティの危機を経験していることから、この用語を定義することは日に日に難しくなっている。[2]聖書に関して、福音派は（根本主義とかろうじて区別できる）文字通りの無誤謬主義的な見解から、より進歩的な見解まで、さまざまな意見を持っており、その中にはリベラルな見解と大きく重なるものもある。しかし、福音主義者の共通点は、聖書を高く評価することであり、聖書には神的権威があり、それゆえに耳を傾けるべきであるという立場である。

　プロテスタントをこの多教派の中間グループに限定しても、聖書を忠実に

2　Googleで「福音主義の未来」を検索すると、古い境界線を維持しようとする伝統的な福音主義者と、その境界線をさらに押し広げようとする進歩的な福音主義者の間で、近年、この問題が注目されていることがわかる。

読むとはどういうことなのか、聖書批判に対してどのような態度をとるのか、という点では、様々な意見がある。ある人々は、対話の必要性を認めながらも、聖書の批判的な読み方に対して疑念を抱く傾向があり、そのため批判的な学問を利用するとしても、必要に迫られてから問題に取り組むという断片的なものになっている。また、信仰と批判的学問の統合をより慎重に行う人々もいるが、様々な程度の不愉快さを抱えており、例えば、特定の問題（出エジプトは起こったのか？アダムは神話なのか？）に対して当惑を感じる人もいるであろう。また、一般的な認知的不協和、つまり常に背景から聞こえる雑音やいずれは前面に出てくる不快感を経験している人もいるかもしれない。

この章では、できるだけこの広い中間グループを念頭に置いているが、少しだけ保守派にも焦点を当てている。なぜなら、このプロテスタント信徒たちは他の人よりも認知的不協和を起こしやすく、おそらくこの本が推進しようとしているタイプの対話をより必要としているからである。また、より保守的な人々を対象とすることで、他のスペクトラムの人々も共感できる問題が取り上げられることを期待している。プロテスタントの定義をまとめると、私が念頭に置いているプロテスタントは、信仰の目で聖書を読むことと、聖書批判の目で聖書を読むことの間の緊張感をある程度感じている中間的なグループである。これらのプロテスタントは、聖書を真剣に受け止めることに心がけているが、現代の聖書研究が無視できない難しい課題であることも（たぶん不本意ながら）感じている。

この中間グループの中には、聖書学や神学の上級学位を取得しており、おそらく聖書批判に対する古い保守的な答えが説明力を持たなくなった人たちなど、洗練されたレベルでこれらの緊張関係に取り組んでいる人もいる。しかし、このような緊張関係は、これらの分野の正式な教育を受けた人に限ったことではない。大学で聖書入門の授業を受けたことのある人、歴史チャンネルやPBSを見たことのある人、クリスマスやイースターの時期に「タイム」や「ニューズウィーク」を読んだことのある人は、従来のプロテスタントの立場に疑問を投げかけるような、聖書批判の大まかなテーマに触れたことがあるだろう。聖書に関心のある人であれば、創世記の天地創造と洪水の物語について、18世紀から19世紀にかけての科学的・考古学的進歩に

よって明らかになった歴史的問題を避けて通ることはできない。（神話的な
バビロニアの洪水物語は、聖書の洪水物語を神話として読むための証拠と
して、大学の入門コースで典型的に紹介されている）。歴史上のイエスの問題
は、単に学術的なテーマではなく、ダン・ブラウンの『ダ・ヴィンチ・コー
ド』や、新約聖書学者のバート・アーマンが「コルバート・レポート」や
「デイリー・ショー」に出演したおかげで、一般の人々の意識にも深く浸透
している。私が想定しているプロテスタントの聴衆にとって、説得力があり、
かつ脅威となる批判的見解を避けることは困難である。聖書批判に触れるこ
とは、彼らにとって長くて不安な精神的な旅の始まりとなるであろう。

逆説

　では、このようなプロテスタントの人々は、宗教的にも批判的にも聖書を
読むことができるのであろうか？　それは可能であり、実際、そう読まなけ
ればならないと私は主張したい。しかし、彼らはあるパラドックスを克服し
なければならない。彼らは、現状に挑戦するプロテスタントの精神を受け入
れると同時に、プロテスタンティズム（少なくとも彼ら自身のバージョンの
プロテスタンティズム）の現状を厳しく見なければならない。言い換えれば、
プロテスタントの精神を内向きにして、自分たちの慣れ親しんだ考え方にど
のような調整が必要かを見極めようとしなければならない。

　このような調整を行うことは、過去100年ほどの紛争が示すように、非常
に難しいことである。結局のところ、プロテスタントの中心的な信念である、
神が語りかける聖なる書物に信仰が根本的に根ざしているのであれば、聖書
批判は、特に聖書の基本的な歴史的信頼性が疑われる場合には、何らかの信
仰上の問題を引き起こすに違いない。天地創造と大洪水の物語は歴史ではな
く神話であり、アブラハムは歴史上の人物ではなく伝説であり、モーセは実
在したとしても、エジプトから奴隷を連れ出したり、五書を書いたりしては
いないし、出エジプト記や征服物語は、明らかな捏造ではないにしても、せ
いぜい歪んだ歴史でしかない。新約聖書においても同様の問題がある。例え
ば、福音書や使徒言行録が正確な歴史的記述であるのか、それとも後のキリ
スト教共同体による偏った神学的印象の描写に過ぎないのかという点である。
私はこれらの質問に対する答えを性急に予断しているわけではないし、聖書

160

批判が一つにまとまった答えを出しているわけでもない。聖書批判は不可侵の立場にあるものではないし、最終的な真理の守護者でもない。しかし、これらの質問やその他の問いは、伝統的なプロテスタントの立場からは好ましいものではないとしても、完全に妥当なものであり、実際、聖書の現代的な研究の対象となっている。

　しかし、少なくともプロテスタントのいくつかの緊張関係の原因は、聖書批判がプロテスタントにとって快適な目的地に到着していないことにあるかもしれない。あるいはその違和感の原因は、プロテスタンティズムそのものにあるのかもしれない。なぜなら、プロテスタントでは、聖書が担いきれない程の宗教的最高権威の役割が聖書に押し付けられているからである。ユダヤ教、ローマ・カトリック、プロテスタントは、いずれも聖書に深い敬意を払ってきた長い歴史を持っているが、プロテスタントは、特に 19 世紀の発展を経てからのプロテスタントは、ローマ・カトリックやユダヤ教よりも多くのものを聖書に要求し、その要求は聖書批判が許す範囲をはるかに超えていた。

　次のセクションでは、なぜプロテスタントが聖書批判に関して特別な問題を抱えているのかについて、さらに掘り下げていく。その問題点を知ることは、プロテスタントの信仰と聖書の批判的な読み方がどのようにして対話できるかを考える上で必要である。他にもあるだろうが、私はこの議論に重要だと思われる 3 つの要素を挙げる。（1）宗教改革の叫びであるソラ・スクリプトゥラ、（2）キリスト教の聖書の特性、（3）19 世紀の「聖書をめぐる戦い」から生まれたプロテスタントのアイデンティティである。[3]

3　例えば、南北戦争中のキリスト教徒は、聖書の根拠に基づいて奴隷制度を擁護できるかどうかで意見が分かれていた。この問題はここでは扱わないが、当時の聖書の権威の危機を物語っている。この論争の双方が同じ聖書を使って反対の主張をしていたという事実は、当時のプロテスタントにとって明白な問題を提起していた。聖書の権威が、反対の意見を支持するために使われるのであれば、その権威は何の役に立つのだろうか？　現代の差し迫った道徳的問題を解決する助けにならないのであれば、誤りのない聖書は何の役に立つのだろうか？　M. A. Noll, *The Civil War as a Theological Crisis* (Chapel Hill: University of North Carolina Press, 2006) を参照。

聖書と聖書批判──プロテスタンティズムにおける 3 つの障害

ソラ・スクリプトゥラ

　プロテスタントの信仰と聖書批判との間の緊張関係を助長する要因の一つは、プロテスタントの始まりからして必然的なものと思われる。ラテン語で「聖書のみ」を意味する「ソラ・スクリプトゥラ（sola scriptura）」は、改革派の明確なスローガンであり、聖書のみが神の言葉であるため、信仰に関するすべての事柄について教会の最終的な権威であることを意味する。このスローガンは、特に根本主義者の間で、すべての教会の伝統を否定して聖書を支持するものと誤解されることがある。むしろ、このスローガンは、どのような伝統が聖書の証しに忠実であるかについて、聖書が最終的な裁定者としての役割を果たすことを意味している。しかしこれは、聖書の意味が単純明快で、私たちが邪魔をしないで聖書に語らせればよいということを意味するものではない。プロテスタントの伝統の中でも最も優れたものは、ソラ・スクリプトゥラを、教会を神学的に導く上での聖書の主要な役割（「唯一の」ではない）を示すものとして理解してきた。例えば、ウェスレアンの伝統では、正典は 4 つの要素のうちの 1 つであり、残りの 3 つは伝統、理性、経験であると語っている。同様に、聖公会の伝統では、正典、理性、伝統が 3 本足の腰掛けであると言われている。つまり、神学とは、単に「聖書に書かれていること」を確認することではないのである。聖書に書かれていることは、一人一人の神経験、理性、伝統（広い意味でのキリスト教の伝統全体を含む）に照らし合わせながら、個人が接近するものである。

　このように正典に対する寛大な理解があったにもかかわらず、19 世紀に聖書批判がもたらした激動に対応できる人はほとんどいなかった（詳しくは後述する）。聖書がプロテスタントの要求通りに権威的に機能するためには、それが神から人間への啓示であり、したがって他の種類のコミュニケーションとは質的に異なるものであると見なされなければならなかった。しかし、聖書批判は、正典が古代世界の他の宗教的テキストや思想の中で特別なものではないことを指摘した。プロテスタントは、神から与えられた聖書が教会

を導くために、おおむね明確で一貫していることを期待していたが、聖書批判は聖書解釈に曖昧さと多様性をもたらした。プロテスタントは、聖書が神の声を語っているのだから、真実で信頼できるものでなければならないと考えていたが、聖書批判によって誤りや矛盾が指摘された。プロテスタントでは、解釈において教会の大いなる伝統にある程度適合することが重要であったが、聖書批判は教会の伝統に特権を与えず、知的・科学的な発見に照らして伝統を批判した。プロテスタントは、聖書によって懲らしめられ、神の霊の導きを受けた理性の役割を重んじるが、聖書批判は、超自然的なものや教会の干渉を受けない人間の理性を重んじる。聖書批判が正しければ、プロテスタントが要求するように、聖書が教会の最終的な権威として機能することはあり得ないのである。

　このプロテスタントの問題は、もう一つの要因によって悪化している。ソラ・スクリプトゥラの大きな皮肉の一つは、ソラ・スクリプトゥラが、曖昧さのない権威ある神の言葉の周りに集まったすべての人々の統一ではなく、プロテスタントの間にあわてふためくような不一致を最終的にもたらしたことである。これは、今にして思えば仕方のないことである。「神が聖書に書かれていることだけに耳を傾ける」と言えば、聖書に細心の注意を払わざるを得ない。そして、まともな訓練を受けた神学生であれば、誰でも観察しているように、聖書を読めば、聖書は宣伝されているほど明確ではないことが分かる。聖書が権威的に言っていることを理解するのはそう簡単ではない。なぜなら、聖書には正当に多様な解釈の余地があるからである。だからこそ、プロテスタントには「聖書の権威」に固執する様々なサブグループが存在し、権威ある聖書が何を言っているのかについて、正反対の結論に達しているのだと思う。このような分裂はプロテスタントの経験の一部であり、熱を帯びることもある。だからこそ、プロテスタントは新しい教会や教派を形成し、隔離された聖書大学を設立し、警戒心の強い神学校を作り、歴史上一度以上、意見の合わない人々を殺したり虐待したりするのである。結局のところ、聖書は神の書物であり、神が教会に御心を伝えるための手段なのである。この権威あるテキストをどのように扱うかには、多くの、いや、すべてのことがかかっているのである。

　最も驚くべき皮肉は、プロテスタントの精神とソラ・スクリプトゥラへの

こだわりが、聖書批判の台頭と結びついていることである。宗教改革が起こった同じ土壌であるドイツが、100年ほど後に聖書批判が育まれた場所であることは、きっと偶然ではないであろう。マルティン・ルターらがカトリックの権威を否定したのと同じ聖像破壊的な精神が、後のヨーロッパの学問では（啓蒙思想の影響下で）あらゆる教会の権威に適用されたのである。また、ルターが聖書をドイツ語に翻訳したことで、聖書が人々の手に直接渡るようになったことは、確かに両刃の剣であった。誰もが聖書にアクセスできるようになると、その解釈は教会が監視するのではなく、個人の探究心の問題となり、解釈上の混乱が生じる。プロテスタントの宗教改革は、聖書学の世俗化への扉を開くことになったのである。[4]

　プロテスタントの歴史が示しているように、ソラ・スクリプトゥラはその理想に従って生きにくいものであり、聖書批判はその要求をさらに高めていたのである。この章で私が注目するプロテスタントの間では、聖書が宗教上の最終的な権威であるということが、依然として強い推進力となっている。解釈に新しい読み方や聖書外の証拠を導入する聖書批判は、しばしばその権威を損なうものとみなされる。このように、聖書批判は依然として共通の敵であり、少なくとも遠くて厄介な対話の相手である。

キリスト教聖書の特性

　プロテスタントと聖書批判の間に緊張関係をもたらした第二の要因は、キリスト教の聖書そのものの特性である。[5]歴史を通じて、キリスト教徒は聖

4　このようなプロテスタント宗教改革と高等批評との関連性はよく議論されている。例えば、Gerhard Ebeling, *Word and Faith* (Philadelphia: Fortress, 1963); John Barton, *The Nature of Biblical Criticism* (Louisville, KY: Westminster/John Knox, 2007) を参照。
5　プロテスタントの聖書は、旧約聖書と新約聖書で構成されている。旧約聖書は、ユダヤ教の聖書を構成するのと同じ書物で構成されているが、順番が異なる。典型的なプロテスタントの分け方は、五書、歴史書（ヨシュア記から歴代誌下）、詩歌・知恵書（ヨブ記、詩編、箴言、コヘレトの言葉、雅歌）、預言書（四大預言書と哀歌、十二小預言書）である。プロテスタントの旧約聖書は、外典も含まれているカトリックの旧約聖書とは異なる。プロテスタントの新約聖書には、カトリックと同様に、4つの福音書と使徒言行録、パウロの手紙（パウロが書いたもの、またはパウロによるとされるもの）、残りの手紙（公同書簡またはカトリック書簡と呼ばれることが多い）、そして黙示録が含まれている。

書を、ナザレのイエスの誕生、生涯、死、そして復活に至るまでの救いの物語として展開し、統一されたものとして読んできた。つまり、聖書は首尾一貫した全体として読まれるのである。ユダヤ人聖書学者のジョン・レベンソンは次のように述べている。「教会では、正典は堂々と宣べ伝えられるべき言葉（ここで単数形が使われているのは多くのことを物語る）と見なされる傾向があるが、ユダヤ教では、注意を払うべきもので多くの側面を持つ問題と見なされる傾向がある」[6]。

　レベンソンのコメントは、ユダヤ人とキリスト教徒の聖書に対する見方の重要な違いを指摘しており、この観察は、プロテスタントが聖書批判との関係に不安を抱いている理由を説明するのに大いに役立つ。ユダヤ人の聖書解釈は、その歴史の中で、聖書の中にある緊張や矛盾をよく認識しており、それらに対処するために多くのエネルギーを費やしてきたが、その努力はプロテスタントのような教義的な不安とは無縁であった。ユダヤ教の聖書は複雑であり、その多くの山や谷、隙間や傷は、対話や議論、論争を通して聖書に関わり、神とつながるための招待状なのである。それゆえ、聖書批判は、歴史的にはユダヤ教の様々な層にとって依然として困難なものではあるが、少なくともユダヤ教が聖書の山や谷、隙間や傷を指摘する限りにおいては、それほど問題ではないのである。

　プロテスタント、そしてキリスト教の伝統全体にとって、聖書は、教会が解釈上の葛藤を通して神を発見するような釈義的な冒険をするためのものではない。聖書の問題点は最小限に抑えられている。なぜなら、聖書は究極的には一貫した壮大な物語であり、クライマックスを持つ唯一の物語を語っているからである。すなわち、十字架につけられて復活した神の子がイスラエルの物語を完結させるのである。新約聖書の著者たちは、ナザレのイエスがどのようにしてイスラエルの物語を完成させ、それに一貫性を与えるのかを説明するために、多大な労力を費やしている。このように、全体として見ればキリスト教の聖書には単一のメッセージが込められている。

　もし聖書が最終的に単一のメッセージを持っているのであれば、聖書批判

6　Jon D. Levenson, *The Hebrew Bible, The Old Testament, and Historical Criticism* (Louisville, KY: Westminster/John Knox, 1993), 56. この引用は第2章の "Why Jews Are Not Interested in Biblical Theology " からのものである。

が問題を起こす理由がわかる。聖書批判は、聖書を統一するのではなく、聖書が最初に書かれた、あるいは語られた特定の歴史的環境に焦点を当てることによって、聖書を様々な矛盾したメッセージに分解する。例えば、創世記1章と2章の2つの天地創造の物語は、異なる時代に異なる理由で書かれたため、異なる神学を持っている。歴代誌はイスラエルの歴史を記述したもので、その前身である申命記主義的歴史（特にサムエル記上下、列王記上下）とは明らかに異なるものである。歴代誌は紀元前5世紀後半、つまりイスラエル人がバビロン捕囚から帰還してからかなり後に、第二神殿時代初期の差し迫った問題、すなわちイスラエルの輝かしい過去に対して現在の共同体が自分たちをどのように見ているかという問題を解決するために書かれた。四つの福音書は、イエスの生涯と教えについてそれぞれ相反する内容を伝えているが、その理由の一つは、異なるコミュニティで書かれ、異なる問題に対処したためである。聖書の完成版ではなく、様々な記述の起源に焦点を当てて、聖書の統一性を解体しようとする批判的な衝動は、キリスト教の統一されたメッセージの宣教を妨げ、プロテスタントが聖書批判に抵抗する理由の一端となっている。

　皮肉なことに、プロテスタントの聖書の統一性の概念に疑問を投げかけている一つの差し迫った問題は、意外なところから来ている。それは、新約聖書の著者自身が、福音とイスラエルの物語とのつながりを確立するために、旧約聖書をどのように使っているかという問題である。簡単に言えば、キリスト教聖書の神学的統一性は自明のものではなく、新約聖書の著者たちの創造的な思考に負うところが大きいのである。特に1947年に死海写本が発見されて以来、批判的な研究では、新約聖書の時代、あるいはそれに近い時期に作られたユダヤ教の文書にも同様の創造的な技術や傾向があることが指摘され、この現象が明らかになってきた。[7] 新約聖書の著者たちが旧約聖書をどのように使っているかは、プロテスタントにおける、聖書を一つの全体として捉える聖書観に課題を投げかけている。この問題については後ほど詳し

7　新約聖書とクムランのペッシャー解釈との関連性についての最近の簡潔なまとめとしては、Maxine Grossman, "The Dead Sea Scrolls," in *The Jewish Annotated New Testament*, ed. Amy-Jill Levine and Marc Zvi Brettler (Oxford: Oxford University Press, 2011), 569–572 を参照。

く考察していく。

19世紀のプロテスタントのアイデンティティ

　プロテスタントが聖書批判に建設的に取り組む上での第三の障害は、「聖書をめぐる戦い」が始まった19世紀の争いの遺産である。約20年の間に、3つの独立した技術的で強力な力が、聖書の一書である創世記の歴史的信頼性に異議を唱えるために集結したのである。第一に、1859年にダーウィンが『種の起源』を出版して有名になった進化論が出現した。第二に、1878年にユリウス・ヴェルハウゼンの文書仮説が発表され、モーセの時代から恐らく1000年後に五書が書かれたと主張した。第三に、1876年にバビロニアの天地創造と洪水に関する神話が解読され、創世記と非常に似ていることが知られた。

　これらの勢力は、それぞれ単独でも手強い相手であったが、一緒になって創世記、ひいては聖書全体の基本的な歴史的信頼性に疑問を投げかけ、プロテスタントのアイデンティティに強い影響を与えた。実際、プロテスタントの聖書観にとって、この歴史的信頼性への挑戦ほど大きな挑戦はない。保守的なプロテスタントは、この3つの聖書への攻撃に対抗するために多くのエネルギーを費やし、その戦いの記憶は今日まで多くのプロテスタントの心に刻まれている。聖書を批判的に読むこと、つまりこれら3つの要素と戦うのではなく、これら3つの要素と関わることは、多くのプロテスタントにとってあまりにもハードルの高いことである。これらの力に対して純粋な境界線を維持することは、昔も今も、しばしば最大の関心事である。

　このような境界線を作った反感を理解するためには、まず、これら3つの問題が当時のプロテスタントの意識に与えた脅威の性質を明確にする必要がある。まず、猿と人間は共通の祖先を持っているというダーウィンの理論は、創世記に人間の起源の問題を解決することを求めていたソラ・スクリプトゥラのプロテスタントはもちろん、多くの人々に大きな不安を与えるものであった。18世紀までには、化石の記録から、地球が何百万年も何千万年も前のものであることが明らかになっていた。これは、ほとんどの人々が信じていたよりもはるかに古く、聖書を文字通りに解釈することが許すよりもはるかに古いものであった。しかし、ダーウィンの研究によって、この問題は

3　プロテスタンティズムと聖書批判——困難な対話への一つの視点 ｜ 167

まったく新しいレベルに達した。進化論は、創世記 1–3 章の天地創造の物語、特にアダムとエバの物語の歴史的な信憑性に重大な疑問を投げかけたのである。この問題の核心は、単に創世記の歴史的信頼性だけではなく、パウロがローマの信徒への手紙 5：12–21 で主張しているように、イエスが十字架で死んで回復して下さった人類堕落の実際原因がアダムであったかどうかということであった。つまり、進化論は聖書だけでなく、キリスト教をも根底から覆すものと考えられていたのである。これがどれほど不安なことだったか、理解できないわけではない。

　第二の要因は、ヨーロッパの聖書批評が成熟し、それがアメリカの聖書研究に影響を与えたことである。最も緊急性の高い問題は、聖書の書物が従来考えられていたよりもずっと後に書かれたという主張であった。さらに、個々の書物の中には、最終的な形になるまでに、複数の著者がいて、口伝や文字による長い伝統を持っていたことが明らかになったものもある。最も有名な例は、イザヤ書、ダニエル書、そして最も重要な五書である。

　五書の著者についての伝統的な見解は、紀元前 2 千年紀の半ばに生きていたモーセという一人の人間が、聖書の最初の 5 冊を（多かれ少なかれ）単独で書いたというものであった。1 世紀ほど前から本格的な学術的議論が行われ、この問題がようやく熱く語られるようになったのは、ドイツの旧約聖書学者ユリウス・ヴェルハウゼン（1844–1918）の研究によって触発されたからであった。[8] ヴェルハウゼンは、それまでの多くの聖書学者の肩の上に立ち（先代学者の積み重ねた発見に基づき）、他の学者の洞察を説得力のある形で統合・拡張したのである。ヴェルハウゼンは、五書が 1 つの文書ではなく、もともとは 4 つの文書であり、紀元前 10 世紀から数百年かけて書かれたものであると主張した。これらの文書は、モーセが生きていた約 1000 年後に、無造作に継ぎ足された（あるいは編集された）。ヴェルハウゼンの説で、最も議論を呼んだのは、モーセの律法は、イスラエルの宗教を自分たちの政治権力の下に置こうとする熱心な祭司たちによって、捕囚期の後に書かれたというものであった。つまり、モーセの律法はプロパガンダだったので

8　ヴェルハウゼンの大作『古代イスラエル史序説』は、1878 年にドイツ語で（別のタイトルで）初版が出版され、1883 年に改訂版が出版された。英語版は 1885 年に出版されている。

ある。ヴェルハウゼンの研究の詳細は、今では学術的に重要な意味を持っていないが、当時、彼の理論は注目を集め、保守派の反発も大きかった。ヴェルハウゼンは五書を歴史的に重要な意味を持たないものにしてしまったのだから、それも無理はない。今日でも、ヴェルハウゼンに少しでも譲ることは背教の証しだと考える人がいる。

　第三の要因は、古代イスラエルとその周辺地域における考古学の分野、つまり聖書考古学の発展であった。考古学は、イスラエルの隣国や先住者である古代中近東世界の人々のテキストや遺物といった外部データを聖書研究に導入した。これらの発見は、聖書が書かれた当時の知的・文化的環境をより深く理解するのに役立ち、また、プロテスタントの聖書に関する信念に疑問を投げかけた。

　「エヌマ・エリシュ」とは、「そのとき上に」という意味で、聖書ヘブライ語の遠い親戚であるアッカド語で書かれた古代物語の最初の言葉である。この物語は、創世記1章の天地創造の物語と明らかに類似した要素を持っている（例えば、天地創造に先立って暗黒が存在し、天体が形成される前に光が存在し、上部に堅固な構造物があって天の水を抑えている）。また、バビロニアの「アトラハシス」と「ギルガメシュ」という2つの叙事詩が発見されたことも画期的であった。これらのテキストには、聖書の創世記6–9章の物語と非常に似た洪水物語が含まれており、学者たちは通常聖書の物語がこれらのテキストに依拠していると考えている。

　これらの発見は、聖書の権威に関するプロテスタントの考え方に大きな影響を与えたと言っても過言ではない。かなり奇抜なバビロニアの天地創造と洪水の神話が創世記と非常に似ているということは、創世記1–11章全体の歴史的価値について明白な疑問を提起した。もし聖書がこれらの異教的な神話に酷似しているのであれば、どうして聖書は神の聖なる、啓示された、唯一無二の言葉であり続けることができるのであろうか？　創世記2–3章に書かれている物語は、現代の読者にとっては、しゃべる蛇や不思議な実を結ぶ木など、以前は空想的に見えたかもしれない。しかし、創世記と異教の神話が少なくとも間接的にはつながっていることを確証させる外部の証拠が現われたのである。

　ダーウィン、ヴェルハウゼン、そしてバビロニア神話という3つの要素は

3　プロテスタンティズムと聖書批判——困難な対話への一つの視点　　169

プロテスタントに大きな影響を与え、その反応は迅速かつ確固としたもので
あった。聖書の歴史的価値を疑うことは、それを書いた神を攻撃することに
なる。創世記を疑うことは、イエスや復活を含む、聖書に書かれているほと
んどのことを疑うことにつながるからである。プロテスタントは、不信仰
への滑り台となる罠の扉がひび割れていることを感じ、それを閉める必要が
あった。明確な戦線が引かれ、対立が続いた。伝統を重んじる何世代もの聖
書学者たちは、これらの脅威から聖書を守るためにキャリアのすべてを捧げ、
分離主義的な聖書大学や神学校がより高密度に点在するようになった。19
世紀の挑戦は、関与ではなく、抵抗にぶち当たり、その結果は永続的なもの
となった。

　こうした挑戦に対する最初の抵抗が、今日まで続く社会学的境界標識の確
率につながった。多くのプロテスタントは、このような初期の対立を注意
深く学んできており、自分たちは、これらの陰湿な影響に屈した人々とは異
なる部族の一員であると考えている。このような理由から、聖書を宗教的か
つ批判的に読もうという提案は、最初から一種の攻撃としてみなされる可能
性がある。批判的な研究に参加するには、社会学的な境界線を引き直し、教
会の物語を書き換える必要がある。このプロセスは、通常、個人やグループ
の物語を脅かすものであるが、その物語に、究極の意義、宇宙の性質とその
中での自分の位置、神、永遠の命に関する非常に明確な考えが含まれている
場合は、なおさらである。批判的思考を行うことが、部族の存在を脅かすも
のとみなされるのではなく、物語の一部となるまで、争いは続くだろう。

　私の考えでは、このような変化はすでに進行中であり、一部のプロテスタ
ント（特に福音派）のサークルでは内省が見られ、不安定になっているのも
そのためである。先に述べたような要因によってアイデンティティが形成さ
れたプロテスタントの人々が、批判的な自己反省が脅威とみなされるのでは
なく、むしろ高く評価されるような文化を創造することが、進むべき道だと
私は感じている。事実上、満場一致で受け入れられている聖書批判の洞察が

9　福音主義における聖書観の変動は、単に神学的な議論として理解されるべきでは
　なく、深い社会学的な要因を含んでいる。最近の論考としては、Christian Smith,
　The Bible Made Impossible: *Why Biblicism Is Not a Truly Evangelical Reading of Scripture*
　(Grand Rapids, MI: Brazos, 2011) を参照。

あるが、それはプロテスタントの神学的カテゴリーを乱すものでもある。このようなカテゴリーを再検討することは、教団、大学、神学校において、防御的な姿勢ではなく、建設的な対話を促進することになるであろう。境界線を守ることは、常に誘惑されることではあるが、信仰を守るための最善の方法ではない。

　自己検証のためには、プロテスタントの物語の主要なテーマの外に目を向け、他の宗教や宗派が聖書批判をどのように扱うかを検証することで、どのような知恵が得られるかを考える必要があるかもしれない。例えば、プロテスタントは、聖書を無謬の歴史的情報の原典として扱うのではなく、聖書を読むという対話の中で神に出会うというユダヤ教の対話的なアプローチから学ぶことができる。また、プロテスタントは、ローマ・カトリックの伝統的な観想法（レクチオ・ディヴィーナ）から学べることが多いと思う。聖書を正しく理解しなければならない、あるいは正しく理解できているかどうかに悩む、あるいは間違った理解をした場合に神にどう思われるかなどに苦悩することは、健康な精神状態ではなく精神的・感情的な機能不全に起因し、成熟した敬虔さではなく偽りの傷ついた自己に起因している。キリスト教に限らず、宗教の霊的指導者たちは、他者や神を支配しようとすることが、たとえ聖書を通してであっても、神との交わりや霊的成長の妨げになることを、すぐに私たちに教えてくれる。プロテスタントの皮肉なことに、聖書への深い愛情がかえって精神的な障壁となる場合がある。

　言い換えれば、プロテスタントの人々が、物事がうまくいっているかどうかを評価し、必要な場合には変更を加えようとする意志を持つことが、今後の進むべき方向性となるであろう。このようなプログラムは、プロテスタントの精神を損なうものだと言う人もいるかもしれない。私はそうは思わない。宗教改革の真の精神は、壁の外に潜む敵ではなく、内側に向けられたものであると考えている。探索的な自己評価は、プロテスタントの正典の宗教的な読み方と批判的な読み方の間の真の統合への第一歩である。しかし、プロテスタントの苦境は、内観することこそが最も困難なステップであるかもしれないということである。

聖書批判とプロテスタント信仰との対話

前進

ここで、プロテスタントにとって永遠の難問であり、聖書を読むための総合的なアプローチが切実に必要とされている2つの大きな分野に話を移す。(1) 新約聖書の著者が旧約聖書を解釈する創造的な方法、(2) 旧約聖書につきまとう困難な歴史的問題。これらの問題は、(私が最初にプロテスタントを定義する際に触れたように) プロテスタントの正典概念と次のような点で矛盾している。すなわち、聖書外の証拠 (ソラ・スクリプトゥラではない) が聖書解釈の問題を構成することを許容し、正典の統一性を損なう。総合的に批判的な学問に取り組むことで、過去150年間のプロテスタンティズムの防御的な遺産に疑問を投げかける。

この2つの問題は、プロテスタントにとって同じ課題をもたらしている。神の言葉であると信じられている書物が、その信念にそぐわない作用を示すことがあるのか？　神の霊感を受けた書物が、疑問のある古代の習慣や信仰とこれほどまでに類似しているのはなぜか？　このように多くの問題を抱えた書物を、どうして宗教的な敬意を持って読むことができるのか？　言い換えれば、なぜ聖書はプロテスタントの期待に沿うことができず、プロテスタントによる聖書の弁護が常に必要なのか？

聖書の批判的な読み方と宗教的な読み方の間のギャップを埋めるためには、神の言葉がどのように振る舞うべきかという読者の期待を再調整する必要がある。プロテスタントは一般的に、聖書は書かれた時代や起こった出来事の産物であることをある程度認識している。これは簡単なことのように見えるが、プロテスタントにとって問題となるのはまさにこの部分である。ここ数世代の間に、私たちは聖書の歴史的背景について多くのことを学んだ。その結果、聖書は「神的」というよりも「地に足の着いた」、避けられない不快な雰囲気を帯びてきた。聖書は時に、バビロニア神話に垣間見られるように、他の古代文化に登場する文学や宗教的思想と不穏に似ていることがある。

このような聖書の地に足の着いた感覚に馴染むには、キリスト教信仰の

中心的な神秘であるキリストの受肉に思いを馳せることが一つの方法である。[10] プロテスタントに限らず、キリスト教の基本的な信仰は、それがどんなに神秘的で究極的には説明できないものであるとしても、ナザレのイエスが人間の形をした神であり、完全に真の人間であると同時に完全に真の神でもあるというものである。キリスト教の歴史の中で、神学者たちは、聖書も同じように語ることができると提案してきた。聖書は特定の時代と場所で書かれ、その環境を反映しているが、同時に「神」の書物でもある。つまり、著者は神の霊感を受けており、聖書は神の権威を持っている。聖書は、完全に人間と神の産物なのである。

　イエスを聖書と比較することは、議論を終わらせるよりも始めさせることが多く、聖書をどのように解釈すべきかを特定の部分で解決するものではない。むしろ、この比較は、今日のプロテスタントがどのようにして聖書を宗教的なテキストとしてアプローチするかについての一般的な基準を提供するものであり、また、その歴史的文脈の一部である限界や奇抜さ、その他の奇妙さを神の言葉として受け入れるものでもある。実際、聖書が古代の歴史的環境の痕跡を持つことを喜んで受け入れるべきである。なぜなら、イエス自身は完全に人間であり、1世紀のパレスチナのユダヤ人のように見て、話して、行動して、考えたからである。このように考えると、プロテスタントの人々は、正統派のキリスト教の教えによれば、神の特権を捨ててしもべとなるまでに、イエスご自身が進んで引き受けられたのと同じような人間性の抱擁を、聖書に期待するようになる。それは、使徒パウロが彼の手紙の中で述べている通りである（フィリ2：6–8）。

　もちろん、イエスや聖書をこのように語ることは、比喩的なものである。イエスは人間であり、正統派のキリスト教では神性と人性を同時に持っているとされている。聖書は文章の集合体であるから、本性のようなものはない

10　私はこの考えを下記の書物でより詳しく展開している。*Inspiration and Incarnation: Evangelicals and the Problem of the Old Testament* (Grand Rapids, MI: Baker, 2005). ローマ・カトリックでは、聖書をキリストの受肉になぞらえて考えるという豊かな歴史がある。教皇ベネディクト16世の使徒的勧告 *Verbum Domini*（2010年）の第1部では、聖書の特性と機能について、しっかりとした魅力的な受肉の理解が貫かれている。また、第二バチカン公会議の *Dogmatic Constitution on Divine Revelation*（1965年）である *Dei Verbum* も参照。

3　プロテスタンティズムと聖書批判——困難な対話への一つの視点　173

が、神と人間の言葉の産物である。簡単に言えば、キリスト教はイエスが受肉された神であることを肯定するが、聖書がそのような存在であることを肯定するわけではないということである。それでも、このイエスと聖書の「受肉論的類似性」は、教父たちに早くも見られるキリスト教の強い衝動のようなものである。[11]現代の読者にとって、この類似性は、聖書を高く評価しながらも、聖書批判が執拗に指摘する聖書の人間性に関わる必要性を感じている人たちの認知的不協和を和らげる助けとなるだろう。

新約聖書の著者は旧約聖書をどのように捉えたか

先に述べた通りに、プロテスタントが聖書批判を受け入れることを妨げる3つの障害の一つは、キリスト教聖書の全体的な性格である。新約聖書の著者たちは、ナザレのイエスをイスラエルのメシア、神に選ばれた者、つまり神自身の息子と見なし、イスラエルの物語を締めくくる人物と見なしていた。言い換えれば、キリスト教の聖書は、イスラエルから始まりイエスで終わる統一した、かつ一貫した2部構成の物語である。

新約聖書の著者たちは、旧約聖書と福音書の間の統一性を示すことに非常に執着した。ある計算によると、新約聖書には旧約聖書の直接的な引用が約365箇所、言及が約1,000箇所ある。[12]実際、旧約聖書の重要な部分、テーマ、登場人物は、新約聖書の著者によって何らかの形で、キリストにおいて成就されたもの、または例示されたものとして関連づけられている。新約聖書の様々な箇所で、イエスは、民を新しい国に導く新しく改善されたモーセ、ダビデの家系の最後の王、アブラハムの信仰の究極の対象、新しいアダム、究極の預言者、祭司、賢者、犠牲の小羊、神殿そのもの、万物が新たに創造される神の創造の同伴者、律法の終わり、イスラエルの羊飼い、イザヤの苦難のしもべ、などと表現されている。このように、それぞれのテーマは様々な

11　例えば、4世紀の神学者であるニュッサのグレゴリーやジョン・クリュリストム。前注で引用した *Dei Verbum* を参照。簡潔で読みやすい論文は Mary Healy, "Inspiration and Incarnation: The Christological Analogy and the Hermeneutics of Faith," *Letter and Spirit* 2 (2006): 27–41.

12　この統計は、Barbara Aland et al., eds., *The Greek New Testament*, 4th rev. ed. (Stuttgart: Deutsche Bibelgesellschaft, 1993), 887–900 の索引からまとめたものである。

方向に展開することができる。

　しかし、新約聖書を学ぶ人はよく知っているように、新約聖書の著者たち
は、イスラエルの物語と福音をこのように完全に一致させるために、いくつ
かの明確な自由を持っていた。新約聖書の一般的な読者でも、新約聖書の著
者が旧約聖書の一節をどのように使っているかを、旧約聖書の著者がその文
脈の中で何を言っているかと比較すれば、その問題に気づくだろう（「パウ
ロはどうやってイザヤ書からそれを取り出したんだ！」）。あまり細かいこと
を言うつもりはないが、現代の読者にとって、キリスト教聖書の統一性は自
明の事実というよりも、押し付けられたものなのである。多くのプロテスタ
ントにとって、自分の聖書がどのように振る舞うかを観察することは非常に
困難なことである。もし聖書が本当に教会の権威あるガイドであるならば、
なぜ新約聖書の著者たちはこれほどまでに自由に旧約聖書を使用しているの
か？　なぜ新約聖書の著者たちは、プロテスタントにおける聖書のあるべき
姿についての信念を共有していないのか？　このプロテスタントのジレンマ
を説明するために、以下の簡単な例を考えてみよう。

　マタイによる福音書 2 : 15 とホセア書 11 : 1 について考察する。4 人の福音
書記者の中で、マタイの著者は、イエスの生涯と教えが、多くの具体的な、
そして私たちにとっては予想外の方法で、旧約聖書を満たしていると示すこ
とに特に力を入れている。例えば、マタイによる福音書 2 : 15 では、イエス
が少年時代にヘロデの「男の子供を殺せ」という命令から逃れるために、エ
ジプトを往復したことが語られている。ヘロデの死後、イエスがエジプトか
ら戻ってきたことで、神が「わが子をエジプトから呼び出した」（ホセ 11 : 1
参照、マタ 2 : 15 に引用）と言った預言者ホセアの言葉が実現したとマタイ
は主張している。ホセア書に立ち返れば、預言者が少年イエスや未来の誰か
のことを言っていたのではないことが分かる。彼はただ、イスラエルがエ
ジプトから脱出したという過去の出来事を暗示していたのである。ホセアは、
神がその愛によってエジプトから救い出したイスラエルを「神の子」（出
4 : 22 も参照）と呼んでいる。

　マタイがホセアの言葉を、明らかにイスラエルを指しているにもかかわら
ず、少年イエスを指していると読んだのは、イエスが死からよみがえった神
の子であり、それゆえに聖書全体の焦点となるべき存在であるという、マタ

3　プロテスタンティズムと聖書批判——困難な対話への一つの視点　　175

イの確信があったからである。実際、この確信は、新約聖書の著者たちが旧約聖書をどのように読んだかという中心的な焦点を捉えている。現代の読者が新約聖書のイエスに関する主張をどう思うかはさておき、新約聖書の著者たちにとって、イエスの十字架と復活は旧約聖書を読むための出発点であった。新約聖書の著者たちは、イスラエルの物語がイエスの中で成就すると信じて、自分たちの聖書に立ち返り、その信念に基づいて再解釈したのである。

　さらに、当時のユダヤ人の聖書解釈の方法は、何世紀にもわたって創造性に富んでいた。聖書は神の導きの源であり、それを解き明かすには微妙な工夫が必要な謎が隠されていると考えられていた。様々なユダヤ人グループ（有名な例は死海写本のクムラン共同体）は、現在の状況を理解するために、過去の時代の話を聖書に求めた。過去と現在の架け橋となる必要性から、聖書を解釈する際に柔軟な姿勢が求められた。というのも、歴史批判的な観点から見ると、聖書は執筆されていた時代の状況とは異なる状況に対処するよう求められていたからである[13]。

　最後の点については、後で少し触れることにする。ここで言いたいのは、マタイのホセア書に対する扱いは、何もないところから生まれたものではなく、イエスに対する彼のキリスト教的確信と、同時代のユダヤ人と共有していた聖書解釈へのアプローチの両方をよく示しているということである。その一つが「フックワード」と呼ばれる、聖書の相互関連性を示すテクニックである（そして、それを指摘できる解釈者の技量である）。マタイは、イエスが「神の子」であるという確信を、旧約聖書の「神の子」の一節にフックして（捕まえて）いる。ホセア書11:1がエジプトからの脱出について言及していることから、マタイはさらにこれもイエスと何らかの関連性があると捉えている。しかし、マタイがホセアを使ったのは、ランダムな箇所にフックワードがあったからというよりも、私たちにはすぐにはわからない内部的な論理から生じている可能性が高い。ホセアの「神の子」はイスラエルを指しているため、マタイはイエスの人生がイスラエルの物語の再現であるという確信を表しているのかもしれない。マタイにとって、イエスは模範的なイ

13　この問題に関する優れた入門書は、James L. Kugel and Rowan A. Greer, *Early Biblical Interpretation* (Philadelphia: Westminster, 1986) である。

スラエル人であり、「神の子」と呼ばれるにふさわしい人物であり、それゆえマタイの読者が全面的に同意するに値する人物であると考えているようである。

しかし、そのような推測は脇に置いておくことにしよう。明らかなのは、マタイがホセアの言葉を、ホセアが認識していなかったであろう方法で流用しているということである。福音書とホセア書の間の一致は、旧約聖書の著者がそれを理解していたかどうかにかかわらず、聖書の真の主題はキリストであるというマタイの確信に基づいて作られている。イスラエルの物語とキリストとの一致は、ホセアが何を言っているかではなく、マタイがホセアをどのように読んでいるかに支えられている。

次に、ガラテヤの信徒への手紙3:11とハバクク書2:4を考察する。ガラテヤの信徒への手紙の中でパウロは、クリスチャンが神の前で義と認められるのは信仰によるものであり、律法を守るという人間の努力によるものではないと主張している。パウロにとってこれは、神に命じられた、イスラエルの共同体に入るための儀式である男性の割礼を含む（創17:11–14、出12:48 参照）。しかし、ガラテヤのユダヤ人クリスチャンの中には、異邦人が旧約聖書に記された神の律法に従い、まず割礼を受けてユダヤ人になるのであれば、その信仰は健全であると主張する人もいた。パウロは譲らなかった。割礼が神と正しい関係になるための必要条件だと言う人は、偽りの福音を宣べ伝えているので、非難されるべきである（1:8）。割礼は神への従順のしるしではなく、「奴隷のくびき」（5:1）であり、神への真の信仰からの離脱（1:6）であり、キリストの死と復活の恩恵を取り消すものである（5:2）。

パウロの見解は、確かに旧約聖書とは相容れないように思える。旧約聖書では、割礼が命じられていただけでなく、詩編18:28（ヘブライ語版では29 節）や119:105にあるように、律法全体が「人の歩みを照らす灯」として祝福の対象となっていたからである。パウロの信念は、律法にはそれなりの役割があるが、イエスが到来した今、もはや拘束力はないというものであった。これだけでも十分問題なのであるが、パウロはさらに大きな主張をしている。律法の疎外は、すでに旧約聖書に組み込まれているということである。イスラエルの物語は、見かけによらず、律法の先にあるイエスを指し示している。したがって、イスラエルの物語と福音は究極的には一つの物語な

のである。パウロは、聖書を創造的に扱うことによって、この一体性を主張しているが、ハバクク書2:4の使用は、その有名な例の一つである。

　ガラテヤの信徒への手紙3:11で、パウロはハバクク書2:4を引用している。「正しい者は、信仰によって生きる」。パウロはこの聖句を使って、人が神の前に正しく立つことは信仰の問題であり、個人が律法を守る努力をすることではないということを主張している。ハバククが「信仰によって生きる」と言っているので、一見、パウロの主張は正しいように見える。しかし、ハバククの文脈を見てみると、問題点を理解することができる。預言者ハバククは、イスラエルの指導者たちが行っている不正を神に訴えている（1:1–4）。神はこの状況を打開するために、憎きバビロン人を送ってイスラエルを懲らしめることを約束する（1:5–6）。しかし、これはハバククが考えていた解決策ではなかったので、彼は神に再考を求める（1:12–2:1）。2:2からは、神がハバククに「心配しないで。私はバビロン人のことをすべて知っているし、彼らも相応の報いを受けるだろう」と答えている。

　パウロは、2:4の最後の部分だけを引用しているが、その冒頭では、バビロン人が「高慢」であり、「正しい精神」を持っていなかったことを述べている。続けて5節では、彼らの富は裏切りであり、彼らは死のように傲慢で貪欲であると言っている。このようにバビロンの邪悪さを非難する中で、パウロが引用した4節の部分がある。文脈的には、ハバククが言っていると思われる「信仰によって生きる義人」とは、バビロン人とは対照的に、神の律法に忠実なイスラエル人のことである。2:4の「信仰」とは、クリスチャンが考えがちな、神を「信じる」という意味ではなく、自分の行動によって示される確固たる信仰を意味する。つまり、ハバククは、正しい者とは、神の律法に忠実に生きる者であり、暴力や不正によって律法を曲げるイスラエルの指導者（1:2–4）や、傲慢で高慢なバビロン人のような者ではない、と言っているのである。義人とは、今も昔も、神の正義の基準、すなわち神の律法に対する「忠実さ」の問題である。

　では、パウロは律法を守る者を義と称えるハバクク書2:4を引き合いに出して、律法を守ることは今や神の御心に反するという主張をどうやって裏付けるのであろうか。それは、マタイによる福音書2:15で見たのと同じ理由で、イエスが復活した神の子であるという事前の確信が、聖書をどのよう

に読むべきかの基準となっているからである。現代人の感覚からすると、パウロはハバククの言葉を誤用しているように思える。しかし、パウロの立場からすれば、ハバククの言葉は福音に照らして再解釈されなければならない。さらに、マタイの例で見たように、パウロがイスラエルの古文書を独創的に利用したことは、当時としては驚くべきことではなかった。パウロのユダヤ人反対者たちは、キリストを中心としたハバクク書の読み方を受け入れられなかったのは確かであるが、パウロが「適切な解釈のルール」に従わなかったから、彼らが反対したわけではなかったであろう。

　続いて、ローマの信徒への手紙4章と創世記15:6について考察する。三つ目の例は、パウロの別の手紙からである。ローマの信徒への手紙4章で、パウロはアブラハムが律法を守るイスラエルの父というよりも、信仰を持つすべての人の父であると主張している。アブラハムは、律法が与えられる何世紀も前に生きていたので、律法を守る人ではなかった。むしろ、アブラハムは信仰によって生きていたに違いない。アブラハムは律法ではなく信仰の人であったため、福音は旧約聖書の中にずっと組み込まれていたとパウロは主張する。その際、パウロは創世記15:6を3度にわたって引用し、アブラハムを理解するための錨（よりどころ）として提示している。「そして、彼（アブラハム）は主を信じ、彼（主）はそれを彼（アブラハム）の義と認められた」。

　先ほどの例と同様に、パウロは、アブラハムは信じたことで神から義と認められたのではないか、と一理あるように思える主張を展開する。しかし、よく考えてみると、創世記15:6は、クリスチャンが「救いのために神を信じる」と言っているような、感情や意志の問題として神を信じることを意味しているのではない。むしろ創世記では、アブラハムが神に信頼して（ヘブライ語のより良い訳）、老後に子孫を与えるという特定のことをしてもらったことが語られている。パウロが創世記15:6から、律法ではなく信仰が神の前で人を義とさせるという一般的な原則を推定することは、この節が提供するメッセージ以上のものを必要とする。さらに、旧約聖書における「義」とは、ガラテヤの信徒への手紙でパウロが言っているように、神の前での人の内面的な状態ではなく、「正しい」行動を意味する。律法を守ることもあれば、創世記15章に見られるように、神を信頼する行為を意味する。実際、

神自身も、自分の民に対して忠実に行動するときに「正しい」と言われる（例えば、詩4:1）。

　神はアブラハムに子孫を残すことを約束し、アブラハムは「あなたを信じています」と答える。神は、「この信頼の行為において、あなたはよくやった（あなたは正しい）」と言っているのである。このやり取りの核心はこうである。アブラハムは神を信頼して約束を果たし、神はそれを称賛したのである。もし、パウロがいなかったら、読者はこの節をほとんど立ち止まることなく通り過ぎたであろう。

　パウロは馬鹿ではない。彼は、訓練を受けたユダヤ人なら誰でもそうであるように、アブラハムの物語の輪郭と詳細を理解している。しかし、キリストの死と復活の観点から、イスラエルの物語を考え直さなければならないという確信に基づき、パウロは創世記を新鮮な目で読んでいるのである。このような強引な読み方は、パウロにとって不利に働くのではないか、そんな粗雑な聖書の使い方で誰が納得するのか、と反論されるかもしれない。しかし、それは現代的な考え方である。繰り返しになるが、このような創造的な聖書のテキストの取り扱いは、単にパウロの発明ではなく、聖書の取り扱いに関するユダヤ人の伝統の一部であった。

　この点を強調したいと思う。ユダヤ人とキリスト教徒は、ヘブライ語聖書（旧約聖書）を異なる方法で読んできたが、それは当然のことで、両者の宗教的信念は全く異なる。しかし、彼らに共通していたのは、聖書は現在の状況を考慮して新鮮な目で読まれるべきだという一般的な視点であった。言い換えれば、ユダヤ教徒もキリスト教徒も、その形成期には、それぞれの物語が古代イスラエルの物語の真の継承であることを示すために、同じような創造的エネルギーを発揮していたのである。両者とも、自分たちのために書かれたものではないテキストを受け入れることに苦労した。結局、ヘブライ語聖書は、土地を確保し、それを維持することが最も重要であると仮定している。当時も将来も、イスラエルに起こるべきすべての良いことは、王と祭儀制度がしっかりと確立された土地にあることを前提としている。

　ユダヤ教もキリスト教も、それには当てはまらない。イスラエル人は、異邦人に占領され統治されている土地に戻り、何世紀にもわたってその状況下で生活することになった。そして、紀元後70年にローマ人によって神殿が

破壊された後、彼らは離散し始めた。書物が想定していなかった状況下で「書物の民」になることを求められたユダヤ人は、神の民としてのアイデンティティを維持するために、創造的な方法で書物の伝統に取り組んだ。その成果がバビロニアのタルムードである。つまり、ユダヤ教とは、変化する状況の中で、ユダヤ人たちの正典に対する反応であったのである。

新約聖書は、キリスト教のタルムードのようなものである。もちろん、タルムードと新約聖書が同じものであり、私たちは手を取り合ってエキュメニカルな夕日の中を歩くことができると言っているのではない。私が言いたいのは、タルムードも新約聖書も、正典に対する姿勢が似ているということである。それは、パラダイムを変えるような突然の出来事を踏まえて読まれるべきだということである。ユダヤ教では、捕囚とそれに続く外国の占領下への帰還によって、その土地に存在し続け、神の祝福を受けるという約束が失われた。イエスの初期信奉者の多くは、福音書の物語から判断すると、イエスが従来待望されていたメシアであり、民衆を宗教的・政治的に独立させるための軍事的な人物であると期待していた。また、彼らはイエスが犯罪者として死ぬことや、死から復活することも期待していなかった。キリストの死と復活は、初代キリスト教徒にとって、イスラエルの物語の意味をあらためて考えるきっかけとなる、画期的な出来事だったのである。そのきっかけとなった出来事は、ユダヤ教徒とキリスト教徒で異なっていたが、状況の変化の中で、私たちはどのようにしてイスラエルの物語の一部であり続けることができるのか、という一般的な問いかけは同じであった。新約聖書は、キリストに従う者たちがその問いにどのように答えたのかを一貫して証言している。

新約聖書の著者たちが旧約聖書をどのように使用したのか、また、なぜそのようなことを言ったのかは、非常に大きなテーマである。私がここでこのテーマを取り上げたのは、これがプロテスタントの人々にとって、聖書について確信しながら、つまり聖書の権威を信じ続けながら、心を落ち着かせるのが難しいテーマの一つであると思うからである。新約聖書の著者たちは、旧約聖書に対して明確な敬意を払う態度を示しているが、一方で、プロテスタントの考え方からすると、その敬意を裏切るような方法で聖書を扱っている。進むべき道は、プロテスタントのドグマの下に聖書を収めるために、新

約聖書の著者による旧約聖書の創造的な取り扱いを最小限に抑えることではない。むしろ、新約聖書の著者による聖書の取り扱いは、彼らが生き、またその中で執筆に取り組んでいた古代環境の観点から説明されなければならない。そのような環境では、新約聖書の著者たちが行ったことは理にかなっている。したがって、プロテスタントにとっての課題は、聖書がどのように振る舞うべきかを決めるのではなく、実際にどのように振る舞うかを考察し、それを反映するように信念を再調整することである。

旧約聖書と歴史の問題

　聖書批判は、旧約聖書の歴史的性質についての理解に大きな影響を与えてきた。先に見たように、19世紀に3つの要因（進化論、聖書批判、聖書考古学）が重なったことで、旧約聖書全般、特に創世記の歴史的信頼性について多くの人が深い懸念を抱いた。宇宙は6日で創られたのか（創世記1章）？　アダムとエバは実在したのか（創世記2–3章）？　初期の人間は本当に何百年も生きていたのか（創世記5章）？　地球全体を覆う大洪水があったのか（創世記6–9章）？　世界の言語は、塔の建設計画の失敗から生まれたのか（創世記11章）？　旧約聖書を学ぶ人ならよく知っているように、旧約聖書の隅々まで現代の歴史的調査の影響を受けていないものはほとんどない。旧約聖書全体の歴史的裏付けを否定する学者はほとんどいないが、旧約聖書の著者は現代の歴史家のように出来事を語るのではなく、ストーリーテラーとして語っているので、旧約聖書が報告する歴史的な出来事に関する記述の正確さを額面通りに受け取るべきではないというのが大方の見解である。そのため、旧約聖書の歴史的な正確さを鵜呑みにしてはならず、聖書のテキストと歴史的な出来事との間の関係を、ケースバイケースで見極めなければならない。

　旧約聖書と歴史の問題は、プロテスタントの伝統的な聖書観に対する現代の聖書批判の最大の挑戦であり、聖書批判とプロテスタントの間に緊張した関係が続いてきた理由の大部分を占めている。結局のところ、聖書が神の言葉であるならば、少なくとも歴史の記述が正確であることを期待すべきであり、また、ある人が主張するように、わずかな歴史的誤りも絶対にないことを期待すべきである。しかし、神の言葉と歴史の正確さを同一視することは、

聖書がどうあるべきかという仮定であって、聖書が何であるかを評価するものではない。また、何をもって歴史的な正確さとするかは、ほとんど明示されていない。おそらく、表面的には、優れた歴史記述（神が確かに行ったであろう歴史記述）は、現代の期待される正確さに見合ったものであるという仮定が働いているのであろう。しかし、新約聖書の旧約聖書の使用の問題で見たように、古代のテキストに現代の仮定を押し付けることは、解決するよりも多くの問題を引き起こす。プロテスタントの人々は、聖書がどのように振る舞うべきかを推測し、その理論に沿うようにデータを加工するのではなく、聖書が実際にどのように振る舞うのかをやすらかでこだわりのない心で理解することを学ばなければならない。

　旧約聖書の歴史的な問題は広範囲に渡っており、合理的な疑いの余地がないため、このような心構えが必要である。実際のところ、これらの問題点を概観するだけでも、この章ではカバーしきれないほどの内容となっていくのであろう。その代わりに、この問題を示す一つの難しい歴史的問い、すなわちエジプトからの脱出という出来事に簡単に焦点を当てたいと思う。旧約聖書では、出エジプトは、イスラエルの建国につながる奇跡的な歴史的出来事として描かれている。ヤハウェは、一連の災いと紅海の分断によって、奴隷の一団をシナイ山に連れて行き、そこでイスラエル人に他の国々と区別されるための道徳と礼拝の基準である律法と幕屋を与えた。その後、荒野での40年間の生活を経て、イスラエル人はカナンに入った。比較的短期間で次々と都市を征服し、この地を手中に収めた。

　聖書学者の間では、出エジプトと征服の物語は、遠い歴史上の出来事を脚色したものであり、聖書の記述と実際の出来事の間に類似性はほとんどない、あるいは、聖書の記述は単なる捏造であるというのが一般的な見解である。考古学的には、イスラエル人がエジプトに滞在していたことや、約60万人の大規模な出エジプト（出 12:37-38 および民 1:46 参照）を示す明確な直接の証拠がない。もしその数に女性や子供、その他（出 12:38 参照）を加えると、エジプトを脱出した人々は200万人を超える可能性がある。このような大規模な集団が、エジプト（当時の人口約300万人）から、エジプトの文献（または他の国の文献）や考古学的記録に跡形もなく去っていき、その後40年間荒野を放浪したということは、一般的には考えられない。

3　プロテスタンティズムと聖書批判——困難な対話への一つの視点　　183

一方で、この物語の背後には、ある種の本物の歴史的記憶があることを間接的に示唆している。ヨセフの物語は、エジプト人の生活の一部をよく表している。ヨセフ物語とほぼ一致する時期のエジプトには、明らかにセム族（イスラエル人とは特定できない）が存在し、セム族の奴隷がナイル・デルタの建設プロジェクトで労働力として使われていた（出エジプト記によれば、イスラエル人が奴隷として使われていた場所である）。モーセ、アーロン、ピネハスなどの名前はエジプト由来である。ピトムとラメセスの倉庫（出 1:11）は、明らかに歴史的なもので、その場所はナイル・デルタで特定されていると思われる。聖書の物語の中にはエジプトでの「記憶」があるようであるが、学者たちが指摘するように、これは聖書に書かれている通りに出エジプトが起こったという証拠にはならない。

　カナンの征服に関する考古学的証拠にも問題がある。考古学的な記録は、ヨシュア記に書かれているよりもはるかに複雑な様相を呈している。最もよく知られているのはエリコで、この町はヨシュア記 6 章によるとヨシュアによって破壊されたが、考古学的な遺跡によると、ヨシュア記に描かれている時期（前 13 世紀）には、占領も破壊もされていなかった。アイとエルサレムも同様である。他の 2 つの都市、ハゾルとラキシュは、考古学的な遺跡によると破壊されたはされたが、ヨシュア記 10:31-32 と 11:13 にあるようにすぐに破壊されたわけではなく、聖書が示す時代とは約 100 年離れて破壊されていた。これらの理由から、聖書の考古学者たちは、「イスラエル」がカナン人に押しかけた、大規模な外部集団ではなく、ほとんどがカナン人であり、（エジプトから出てきたかもしれない）少数の外部集団の影響を受けて形成されたのではないかと結論づけている。イスラエル人がカナン人と陶器の様式、アルファベット、神の名前などを共有していたという事実（カナン人の高位神はエルと呼ばれていたが、この神名は旧約聖書ではイスラエルの神にも 200 回以上、ベテル「エルの家」への言及を含めると 300 回以上使われている）は、イスラエルがカナン文化から発展したという考えをさらに裏付けるものである。

　聖書のストーリーを文字通りに解釈することは、このような考古学的データとは相容れない。また、文学的な証拠からも同様の問題が生じている。出エジプト記で描かれているモーセの姿は、古代メソポタミアの世界でよく知

られている2つの物語と明らかに類似している。エジプトのシヌヘ（歴史上の人物かもしれない）の物語は、エジプトの第12王朝（紀元前1800年頃）で生まれたもので、モーセの生涯が描かれるようになる約300–500年前の話である。シヌヘの大まかなストーリーは、モーゼの物語を知る人なら誰でも馴染みを感じられるようなものであろう。[14] モーセもシヌヘも、殺人事件に対するファラオの怒りから逃れ、天幕生活者となって部族の首長の長女と結婚し、再びファラオの前に立ちはだかるというストーリーである。もちろん、これらの類似性は、聖書の著者がシヌエを模倣したと考えるほど顕著なものではない。両者の間に何らかの直接的なつながりがあるかもしれないが、それは誰にもわからない。しかし、モーセの人生が偶然にも同じようなパターンであったということは考えにくい。それよりも、モーセの物語は、古いシヌエの物語に見られるテーマを模したものである可能性が高い。

　サルゴン（紀元前2300年、アッカドの古代王）の伝説は、出エジプト記2：1–10のモーセの誕生物語とよく似ている。貧しい生まれのサルゴンは、母親によって瀝青を敷いた葦の籠に入れられ、川に流され、王の水汲み人に発見されて息子として育てられ、やがて王になった。これらの類似点は印象的であり、出エジプト記で、歴史の報告以外の何かが作用していることを示唆している。これらの例は、モーセが純粋に文学的な人物であるという証拠ではないが、出エジプト記のモーセが、当時の文学的な慣習というレンズを通して、今日の私たちに知られていることを示唆している。

　私の目的は、出エジプト記やモーセという人物の歴史的根拠を擁護したり、否定したりすることではない。むしろ、プロテスタントには、考古学的・文学的証拠を考慮すると少なくとも歴史的な報告というよりは物語の雰囲気を醸し出している出エジプト記の歴史的性格について語る方法を見つけなければならないというプレッシャーがあることを示したいのである。このような

14　"The Story of Si-nuhe," trans. John A. Wilson (James B. Pritchard, ed., *Ancient Near Eastern Texts Relating to the Old Testament* (Princeton, NJ: Princeton University Press, 1969), 18–22). "Sinuhe," translated by Miriam Lichtheim (William W. Hallo and K. Lawson Younger, eds., *The Context of Scripture* (Leiden: Brills, 1997), 1.77–82). 古代近代のテキストを集めたお手軽な著作は Bill T. Arnold and Bryan E. Beyer, eds., *Readings from the Ancient Near East* (Grand Rapids, MI: Baker, 2002) である。"Tale of Sinuhe " は 76–82 頁にある。

課題に直面して、福音派プロテスタントの学者の中には、イスラエル人がエジプトに滞在し、最終的にカナンに進出したことが歴史的に妥当であると主張し、聖書の物語の「基本的な歴史的信頼性」を主張することで満足している人もいる[15]。確かにこのような主張は価値があるが、出エジプト記の物語を歴史的に妥当であると語ることは、プロテスタントが伝統的に理解してきた歴史的事柄に対する権威を聖書から奪うことになるということを認めなければならない。このアプローチでは、歴史的証拠の性質上、聖書の物語に対して「蓋然性」以上のものを目指すことはできないからである。

　「蓋然性」といっても、出エジプト記のどこまでが歴史的な核心を反映しているのかはわからない。それは最低限の歴史のヒントなのか？　例えば、数十人のセム族の奴隷がエジプトを出て、長い年月をかけて物語を作り、それが奇跡的な解放の物語へと発展していったのか？　これはもっともな仮説であるが、他の仮説もありえる。先に述べた「エジプトの響き」は、聖書の出エジプト記が歴史的に正しいかどうかを示すものではない。本質的に捏造によって作られた物語にエジプト的な風味を加えたかもしれない。私たちはわからない。いずれにしても、出エジプト記の蓋然性を擁護することは、これらの差し迫った歴史的問題に譲歩することになる。現在の証拠の状態があまりにも説得力があるので、蓋然性に訴えることは必要な解釈の戦略であると思われるからである。

　さらに、出エジプト記をめぐる歴史的な問題は、考古学的な遺物やモーセ物語りと古代近東の物語との文学的な類似性以上に深いものがある。出エジプト記は、古代世界の他の古いテキストで知られている、いわゆる宇宙の戦いの神話を反映している。それらのテキストでは、神々の間の原初的な戦いが語られており、1つの神が勝利者として現れ、パンテオンの高位の神、そして宇宙の支配者となる。イスラエル人は、エジプトからの解放をもう一つの「宇宙の戦い」として描いていた。

15　James K. Hoffmeier, *Israel in Egypt: The Evidence for the Authenticity of the Exodus Tradition* (New York: Oxford University Press, 1996); Kenneth Kitchen, *On the Reliability of the Old Testament* (Grand Rapids, MI: Eerdmans, 2003); Iain Provan, V. Phillips Long, and Tremper Longman III, *A Biblical History of Israel* (Louisville, KY: Westminster/John Knox, 2003).

このことは、出エジプトの物語から少し離れてみるとわかるだろう。例えば、詩編77:16（ヘブライ語聖書では17節）では、紅海が神を「見て、身もだえ」し、「おののいた」と表現している。これは、単に詩的な言葉を鮮やかに使っているだけではない。他の古代の物語では、海は混沌の象徴であり、戦士である主神に打ち負かされた神の姿として擬人化されている。前述の「エヌマ・エリシュ」では、混沌の象徴はティアマトと呼ばれている。[16]高位の神マルドゥクがティアマトを半分に切り、半分で天を、もう半分で地を創った。カナンの宗教では、混沌とした海はヤムと呼ばれ、高位の神バアルに倒されている。詩編77編の紅海は、悪い嵐のためにおののいているのではなく、自分を倒すために来た戦士ヤハウェの姿を見てパニックになっているのである。紅海の分断をこのように描くことで、著者はこのよく知られていた古代の原初的な神の戦いのイメージを想起させる。つまり、海を破った戦士の神が、イスラエルのために再び海を打ち破って戦っているということである。

　詩編77編のイメージは、詩編136:13に目を向けると、もう少し明確になる。詩編136:13には、ヤハウェが「葦の海を二つに分けた」とあるが、これはマルドゥクの手にかかったティアマトの運命をより明確に反映している。海を分断することは、イスラエルの創造の物語にも反映されている。創世記1:6–10では、神は混沌とした水（「深淵」と呼ばれる）を、大空の上の水と下の水に分けている（6–8節）。エヌマ・エリシュとは異なり、創世記の海は神ではなく、ヤハウェが二つに分けた混沌とした、非人格的な力である。創世記1:9–10では、2回目の海の分断が描かれている。今度は下の水が裂け、乾いた大地が姿を現す。紅海での出来事と同様に、水が分かれて下に乾いた土地が現れた（創世記1:9と出エジプト記14:21の表現を比較すること）。

　紅海を古代の宇宙の戦いに結びつけることは、旧約聖書の他の箇所にも見られるテーマであり（例えば、ヨブ9:8、26:7–13、38:1–11、詩93:3–4、イザ27:1、59:9–11）、このテーマがイスラエル人にとって出エジプトを考

16　"The Creation Epic," trans. E. A. Speiser (ANET, 60–72); "Epic of Creation," trans. Benjamin R. Foster (COS, 390–403). Arnold and Beyer, eds., *Readings from the Ancient Near East*, 31–50 も参照。

える上で重要な意味を持っていたことを示している。もちろん、このこと自体が、エジプトからの出発や紅海の横断がなかったことを証明するものではないことは、はっきりしておく必要がある。もっともらしい歴史的な核が実際に起きたかどうかは、他の要素を考慮して判断する必要があるのだろう。しかし、結論としては、聖書の中の出エジプト物語は、明らかに文学的、神学的、神話的な性質を持っているということである。出エジプト記の歴史的価値を問うには、これらの要素を考慮する必要がある。他に何が言えるにせよ、出エジプト記は歴史を伝える以外のことをしている。これは、聖書批判が導く必然的な結論であり、プロテスタンティズムはこれに適応しなければならない。

宇宙的な戦いのニュアンスは、出エジプト記の他の部分にも見られる。ファラオは神格化された人物であり、パンテオンの高貴な神の地上における顕現と考えられていた。出エジプト記の多くは、これらの「神々」のうちどちらがイスラエルを自分のものとするかという、ヤハウェとファラオの間の戦いである。ファラオは、イスラエルが奴隷として留まり、自分に「仕える」ことを望んでいる。ヤハウェはイスラエル人を解放して、彼らがシナイ山で彼に「仕える」ことを望んでいる（特に出 7:16 参照）。「仕える」とは、ヘブライ語の「アヴァド」という言葉の語呂合わせで、奴隷として仕えることや、礼拝の意味で仕えることを指し示す。出エジプト記は、言い換えれば、真の神ヤハウェと、イスラエルが仕える偽りの神ファラオとの戦いの記録である。ファラオに奴隷として仕えるか、シナイ山のヤハウェに礼拝者として仕えるか。

災いの物語（出 7–12 章）は、この神々の戦いのテーマを引き継いでいる。災いは無作為に力を誇示するものではなく、エジプトの社会的・宗教的な構造を破壊するための一連の鋭い攻撃である。この戦いは最初から全くのミスマッチであったが、ヤハウェは戦いを長引かせ、その力を最大限に発揮した（特に出 9:15–16 参照）。第一の災いでは、ナイル川が血に変わる。ナイル川はエジプトの生存の源であり、この行為は経済に大打撃を与えた。また、ナイルは擬人化され、神として崇められていた。ヤハウェはナイルを血に変えることで、エジプトの生存に関わる神を支配することを示したのである。出産の女神ヘケトは、カエルの頭を持って描かれていたので、カエルの災い

（第二の災い）は、第十の災いでエジプトの長男が死ぬことを予見していた。母であり天空の女神であるハトホルは、牛の姿で描かれていた（第五の家畜の災い）。雹（第七の災い）は、嵐に関連するエジプトの神々（例えば、セス）に対するヤハウェの優位性を示している。ファラオは太陽神レ（またはラー）の地上での代表者と考えられており、第九の災いでヤハウェは太陽を消し去った。オシリスはエジプトの死神であるが、ヤハウェはエジプトの長子を死なせることで、彼らに対する権利を主張したのである（第十の災い）。

　「神々の戦い」というテーマは、出エジプト記 12 : 12 に集約されている。「その夜、わたしはエジプトを国を巡り、人であれ、家畜であれ、エジプトの国のすべての初子を撃つ。また、エジプトのすべての神々に裁きを行う。わたしは主である」。これは美辞麗句ではない。出エジプトは、イスラエルの神とエジプトの神々の戦いの場面である。最初は家を失い、その後奴隷となった民の神であるイスラエルの神は、当時の大国の領土に進入し、その王や神々を翻弄し、第十の災いで致命的な打撃を与える。最後の一撃は、先ほど見たように紅海で起こる。ヤハウェは、創造の時に水や混沌を割ったように紅海を割って、エジプトの全軍を打ち破り、イスラエルに自由をもたらした（出 14 : 15–18）。

　繰り返しになるが、出エジプト記に歴史的な核心があったとしても、物語自体は明確に当時の文学的な慣習の中で形成されており、他の古代文化の物語との関連性も見られる。出エジプト記の基本的な歴史的信頼性と蓋然性を探求し続けることは、私が純粋に支持する崇高な事業である。しかし、結局のところ、私たちは単に出来事を報告するだけではない物語を持っているのである。出エジプト記は、当時の慣用句を用いて、イスラエルの輝かしい始まりと、彼らが仕える神の姿を描いた神学的な文章である。プロテスタントにとって問題の核心に迫る問いは、「何が起こったのか」ではなく、「神の言葉の歴史的特徴は何か」ということである。歴史的に見て、私たちは神の言葉に何を期待する権利があるのか？　私たちが出エジプト記を読むとき、そこからどのような歴史的情報を得ることができるのか？　現代の出エジプト記の研究は、プロテスタントの信仰と聖書批判の間の総合的なアプローチを必要とする、旧約聖書の歴史的特徴に関する重要かつ避けられない問題をプロテスタントに突きつけた。

あるプロテスタント信仰者の視点

　プロテスタントが聖書批判とどのように関わっているかは、私にとって学術的な好奇心ではない。私が書いたり話したりすることの多くは、信仰と学問の問題を解決する過程で生まれたものであり、私の経験は決して特別なものではない。

　私はドイツ系ルーテル派の移民の家庭で育ったが、10代で福音主義キリスト教の世界に入り、そこでは正典の権威が前提とされていた。しかし、聖書の内容を調べていくうちに、「そんなに簡単なことではないかも」と疑問を抱くようになった。その後、私は福音主義キリスト教の大学に入学したが、そこで私の信仰は確認され、また挑戦された。さまざまな考え方に触れ、疑問を抱いているのは自分だけではないこと、そして自分が考えていることと同じことを考えている人たちがいる、大きな世界があることを実感した。神学校に通う前から、私は自分の信仰と、その信仰の枠を超えた視点を、素朴ながらも結びつけていたのある。かなり落ち着かない時期を経て、私は24歳の時に神学校に入学し、数年間、聖書、神学、教会史などを学び、自分の疑問に取り組むためのより良い知的基盤を得ることに専念した。

　他の人が言っていたように、神学生たちは、答えを得たい10の重要な質問を持って勉強を始めるが、最初の学期が終わる前に、その10の質問は、より差し迫った、予想外の50の質問に取って代わられる。聖書が理解するのに非常に困難な書物であることに気づいたのは、主に私が聖書の原言語を学んだからである。英語の翻訳は、必要であるがゆえに、そのような解釈上の課題を覆い隠してしまいがちである。つまり、「聖書は原文では何かを失ってしまう」ということである。ある文章が何を言っているのかを解明しようとする努力は、通常、テキストの解釈上の柔軟性、特にヘブライ語聖書の解釈上の柔軟性を楽しむ練習になった。これは、後に私が知ることになるのであるが、ユダヤ教とキリスト教の長い聖書解釈の歴史の中で、まさに燃料となる正当な曖昧さから生まれたものである。

　私は自分の旅路の初期段階に感謝しているし、神学校での生活は、その後の人生の基礎となった。しかし、神学校で学んだ内容は、私にとってあまり役に立つものではなかったことが判明した。というのも、聖書の挑戦は、深く抱かれた神学的信念を守ることを優先して、あまりにも早く手なずけられ

ることが多かったからである。自分の経歴の欠点に直面することになったのは、ヘブライ語聖書と古代近東分野の博士課程に入ってからで、これは5年間にわたる深い知的探求の旅となった。コースに入った最初の週から、私が抱いていた（そしてまだ抱いていなかった）疑問を解決するための、聖書についての考え方に出会った。それは明らかに首尾一貫していて、よく考えられたものであったが、私が教えられてきた譲れない立場とは正反対のものであった。総合的答えを追求するためのこの成熟した段階に入ることは、不安ではあったが、同時に興奮させるものでもあった。

　博士課程では多くの疑問が頭をよぎったが、その中でも最も切実だったのは、本章で取り上げることにした2つのテーマ、すなわち、キリスト教の聖書はどのようにして一貫性を獲得しているのか、そして旧約聖書の歴史的問題であった。後者の問題は私にとって未知のものではなかった。福音主義者は旧約聖書の歴史的問題について知っている傾向がある。というのも、彼らの弁証論の意図しない結果として、旧約聖書の歴史的問題に注目が集まるからである。（福音派の古典としては、『聖書難問大百科』と『聖書難問大全』がある）[17]。それにもかかわらず、私は聖書批判に直接触れることができなかった。しかし、多くの人が経験しているように、いったん接触すると、聖書に関する歴史的疑問は、信仰を損なうことを目的とした敵対的な学者たちの陰謀による、根拠のない押し付けではなく、慎重な歴史的研究と、聖書本文の精読によって提起される正当な問題に由来するものであることが明らかになった。

　しかし、私は前者の問題には触れていなかったため、新たな疑問が生じた。それがいつ、どこで始まったのか、はっきりと覚えている。私は博士課程2年目のとき、私の指導教授であるジェームズ・クーゲルが教えていた、600人以上の学生が参加する大人気の学部授業「聖書とその解釈者たち」のティーチングアシスタントを務めた。クーゲルは、ヘブライ語聖書の主要なエピソードを講義し、現代の聖書批評家に対して、古代の解釈者がどのようにその物語を扱ったかという観点から、それらのエピソードを見ていた。ある

17　Gleason Archer, Jr., *Encyclopedia of Bible Difficulties* (Grand Rapids, MI: Zondervan, 1982); Thomas Howe and Gleason Archer, Jr., *Big Book of Bible Difficulties* (Grand Rapids, MI: Baker, 1992) を参照。2001年と2008年にそれぞれ新版が出版されている。

講義では、出エジプト記 17 章と民数記 20 章に記されている、イスラエルの荒野での放浪中に岩から水が湧き出たという奇跡のエピソードを取り上げた。クーゲルは、紀元後 1–2 世紀の初期ユダヤ教の資料を読んだ。この資料には、イスラエル人が砂漠をさまよっている間、どのようにして常に移動可能な水源を持っていたかについて記されていた。その中には、イスラエル人と一緒に岩があちこちに移動していたと書かれているものもあった。おそらく、五書の中で荒野時代の最初と最後の 2 回、岩からの水が言及されていることから、古代の解釈者の中には、この 2 つの岩は同じものであり、岩は携帯用の飲み水のように 40 年間砂漠を転がっていたと結論づけた人がいたのであろう。

　私はこれを聞いて内心笑ってしまい、古代ユダヤ人の解釈者の演芸性を高く評価した。しかし、その後、クーゲルは、私のキャリアパスだけでなく、人生をも変えてしまったと思われる言葉を発した。それは、「コリントの信徒への手紙一 10:4 を見なさい」というものだった。これで、事態は個人的なものになった。その箇所でパウロは、イスラエル人を養った砂漠の岩について語っている。もちろん、このようなエピソードは、キリスト教の物語に引き込まれるのを待っている。そこでパウロは、旧約聖書の中のその岩をキリスト自身と同一視した。あたかも、砂漠でイスラエルに水を与えた岩は、実際には彼らを霊的にも支えたキリストであり、今、教会を養っているキリストと同じであると言っているかのようである。

　4 節には、私が長年聖書を読んできた中で一度も気づかなかった不思議な詳細がある。しかし、それは今、バネのようにページから飛び出した。パウロは、「……彼らに離れずについて来た霊的な岩からでしたが、この岩こそキリストだったのです」と言っている。英語ではこの 3 つの単語（彼らに離れずについて来た：ギリシア語では 1 つの単語）が持つ明確な意味合いは、私が何年も生きてきた精神的・知的な方向転換のプロセスを私に集約し、それはこれからより深刻な方向に向かうことになった。パウロは、砂漠で岩が動くというユダヤ人の伝説を明らかに知っていた。それどころか、まるで余計なお世話のように、弁明や説明の必要もなく、ごく自然に受け入れているように見える。これは私にとってジレンマとなった。神の霊感を受けたパウロが、岩が砂漠を移動するというような空想的で愚かなことを、どうして言

うことができるのだろうか。旧約聖書では、このような「動く井戸」は全く登場しないにも関わらず（旧約聖書には砂漠で岩が転がっていたという話はない）、パウロはこのような寓話を何の気なしに伝えているのである。要するに、私の聖書は、正確で、誤りがなく、霊感を受けた、独自の方法で機能していなかったのである。聖書はごく普通のものに見え始めた。

私は、慣れ親しんだ快適な領域を離れたことを知り、自分の神学は二度と同じにはならないだろうとすぐに分かった。そして、自分が決断しなければならないこともすぐに理解した。私には三つの選択肢が与えられていた。

1. 聞いたことの意味を無視して、自分の人生を歩む。
2. 私が聞いたことが真実であるはずがないと、つまり、パウロがはっきりと言っていることを彼が本当に意味しているはずがないと示すために、自分のキャリアを捧げる。
3. 自分が聞いたことを受け入れ、信仰と批判とを対話させるための大変な作業を行うことに専念する。

回避、防御、統合、これらが私の3つの選択肢であった。私は3つ目の選択肢を選んだ。この道は必ずしも簡単ではなかったが、進む価値は十分にあった。その過程で、私はいくつかの貴重な教訓を得た。

聖書はキリスト教の信仰の中心ではない。聖書はキリスト教において常に揺るぎない役割を果たしてきたし、私もそうではないと言いたいわけではない。しかし、聖書はキリスト教信仰の中心的な焦点ではない。その地位は神に属しており、クリスチャンは神を信頼するように求められている。もちろん、クリスチャンが信じているように、聖書は神と神がキリストにおいてなさったことを証しするが、聖書が証しする役割と聖書が証しする存在とを混同してはいけない。アメリカの神学的風景で「聖書」教会や神学校にフォーカスを当てるとき、私たちはそのような混同を目の当たりにする。聖書は、あらゆる勤勉さと敬意をもって読むべき書物である。しかし、教会の歴史を通して、そしてキリスト教世界を通して到達した多様な解釈的結論は、「聖

3　プロテスタンティズムと聖書批判——困難な対話への一つの視点　193

書を正しくする」ことが不可能かもしれない、あるいはその点さえも私たちに警告するはずであるということである。解釈上の問題に直面しても、福音が危機に瀕しているわけではないという認識を持つことで、宗教的な聖書の読み方と批判的な聖書の読み方の間の実りある対話を促すことができる。

　恐怖心は、すぐに信仰と聖書の批判的解釈の間の対話を脱線させる。聖書の批判的な読み方がすべて説得力を持ち、同じ価値を持つわけではない。批判的な聖書研究には、偏った傾向やずさんな考え方もある。しかし、批判的な聖書学は、聖書の研究に大きな明快さをもたらした。この2種類の聖書学研究を見分けるには、忍耐と学習が必要であるが、その際に恐怖が付きまとうことも少なくない。単純化しすぎかもしれないが、究極の現実について間違っているのではないかという恐れは、プロテスタントの伝統において頻繁に見られる問題であり、神学的・聖書的論争と呼ばれるものの原因になっていることが多いと思う。対話が阻害され、すぐに攻撃的な反応が返ってくるとき、それが大衆の意見であれ、支配的な権力構造であれ、その表面からあまり離れていないところに、言葉にしづらい恐怖が潜んでいる。慣れ親しんだ、保護的な、神学的な境界線が脅かされているという恐怖である。聖書批判は恐怖を引き起こすものであり、プロテスタント信仰のいくつかの改革は、聖書批判に直面しても恐怖が支配しないような精神的な環境をどのように作り上げるかという課題に取り組み続けなければならないであろう。

　不安定な信仰は、成熟した信仰である。慣れ親しんだ思考パターンに説得力がなくなってくると、精神的な苦痛が生じてくる。そして、少しでも早く不快感を和らげたいと思うのは自然な傾向である。しかし、キリスト教の修道院的で観想的な伝統は、一般的にプロテスタントの意識には含まれていないが、霊的な生活の中で期待される貴重な部分として、（コヘレトの言葉、ヨブ記、嘆きの詩編、そしてイエス自身などの聖書の先例が模範となっているように）霊的な奮闘の力を証している。実際、霊的な疎外感は、神や聖書に対する見方を変える霊的な浄化のために必要な期間につながる場合がある。特に、その見方が自分のエゴを反映するだけの戯画のようになってしまい、捨て去る必要がある時はそうである。このような期間は、信仰を失ったように感じられるかもしれないが、実際には、未熟な信仰を露呈しているだけなのである。

マーク・ツヴィ・ブレットラーの応答

　エンス教授の論文は、私の心に深く響いた。私たちが探求している異質な宗教グループ（プロテスタント、ユダヤ人）を定義するのはそれほど簡単ではないという点では、同じ問題から始まっている。私はエンスの「信仰と聖書批評がどのように対話できるかに関心を持つ可能性が最も高いプロテスタントに焦点を当てる」という解決策、つまり「聖書を真剣に受け止めている」人々の「中間グループ」に焦点を合わせるという解決策に感心した。しかし、そのようなユダヤ人のグループを構成するのは誰なのかよくわからないし、プロテスタントの中のグループよりも割合的にはずっと小さいグループではないかと感じる。また、「聖書を真面目に読む」といっても、ユダヤ教とプロテスタント（そしてカトリック）では、その定義は全く異なるものになるであろう。

　しかし、私の論文とエンスの論文を何気なく読んだ人でも、ユダヤ教の批判的な聖書の読み方とプロテスタントの批判的な読み方の間には、多くの明確で決定的な違いがあることに気づくであろう。その第一は、聖書の位置づけに関するものである。エンスは「プロテスタントでは、聖書は最高の宗教的権威の役割を押し付けられている」と指摘している。ユダヤ教ではこのようなことはない。まず、そのような「最高の宗教的権威」があるとすれば、それは聖書全体ではなく、ユダヤ教において常に第一級の存在とされてきた「トーラー」である。また、「最高の宗教的権威」とされてきたのは、トーラーのテキストではない。それは、ラビのテキストや法律を否定するカラ派の場合である。ユダヤ人にとっては、解釈されたトーラーが最高に重要であったが、唯一の権威ある解釈は存在しない。タルムードをはじめとするラビ的文献には、「別の意見」という言葉が頻繁に出てくるように、意見の相違が特徴的である。ラビ的聖書には、各ページに多くの異なる注釈がついている。ユダヤ教の法律を成文化したものはあっても、ユダヤ教の聖書解釈を成文化したものはない。それは、聖書の意味の多元性に関するラビの中心的な原則

に反することになるからである。複数の意味を帯びる「最高の宗教的権威」を持つことは非常に困難である。

　実際、エンスが指摘したプロテスタントの期待、つまり聖書は「一般的に明確で一貫している」べきだという期待は、ほとんどのユダヤ教の聖書解釈とは異なる。ラビ的見解によれば、聖書は「説明されるために」与えられたものであり、ラビたちは様々な解釈のルールを継承し、発展させてきた。プロテスタントの歴史の中で重要視されてきた平易な意味は、ユダヤ教の聖書解釈の長い歴史の中では、ほとんど重要視されてこなかった。平易な意味を求めることと、歴史批判的な方法を用いることは、同一ではないが、いくつかの共通点がある。つまり、現代のプロテスタントは、ユダヤ人と比較して、歴史的批判的研究を行う上で、重要な伝統と解釈を持っているということである。

　エンスが指摘するように、プロテスタントにとっての聖書の明快さは、「聖書が究極的には首尾一貫した壮大な物語であり、クライマックスを持つ唯一の物語を語っている」から存在するものである。プロテスタントの聖書学では、一般的に聖書はクライマックスのある一つの物語であると考えられているが、古典的ユダヤ教の聖書学でも現代のユダヤ教の聖書学でもこのような考え方はない。これは、両方のコミュニティが同じ本を読んでいると思っていても、そうではないことを示す重要な例である。

　エンスによる「19世紀のプロテスタントのアイデンティティ」、特に「聖書をめぐる戦い」についての記述は、私にとって新しいものであり、ユダヤ教との比較を促すものであった。様々な歴史的理由により、この戦いの多くの側面は、19世紀のユダヤ教ではほとんど起こらず、むしろ今起こっている。

　私の論文で述べたように、ダーウィンはユダヤ人社会ではプロテスタントとは全く異なる影響を及ぼした。これは、プロテスタントが聖書を文字通りの歴史として読むのに対し、ほとんどのユダヤ人は、聖書の細部の歴史的真実性はあまり重要ではなく、様々な解釈方法を用いてより広く読むべきだと考えていたことと根本的に関係している。伝統的なユダヤ人の中には、進化論とラビ的あるいは神秘主義的な伝統との類似性を指摘し、そのユダヤ人グループの中で進化論がさらに受け入れやすくなった場合もある。しかし、多くの伝統的ユダヤ人は自然淘汰という考えに違和感を覚え、神による世界の

創造がどのように起こったにせよ（多くのユダヤ人は創世記 1–3 章を文字通りには読んでいないので）、その後も継続的な神の支配があったと信じているのである。

　同様に、エンスは「旧約聖書につきまとう困難な歴史的問題」を扱うのにかなりの労力を費やしている。これはユダヤ教にとっては核心的な問題ではない。というのも、ユダヤ人にとって聖書は文字通りに解釈されるべき歴史書ではないからである。「出エジプト記は、当時の慣用句を用いて、イスラエルの輝かしい始まりと、彼らが仕える神の姿を描いた神学的な文章である」というエンスの「あるプロテスタントの視点」には、プロテスタントよりも多くのユダヤ人が同意するのではないかと思う。これは、私の（ユダヤ人の）師匠のコメントとよく似ている。「聖書の著者たちは、私たちが歴史記述と考えるようなことを意識的に行っていたわけではない。……彼らが関心を持っていたのは、神学的な目的のために、厳選された歴史的伝統を教訓的に利用することだったのである」[18]。この視点は、聖書の歴史性の問題を回避するものである。

　エンスが指摘した「聖書をめぐる戦い」の第二の側面、すなわちヴェルハウゼンとその学派の影響は、つい最近になってユダヤ教にも影響を与え始めた。ヴェルハウゼンをはじめとする批評家たちの著作は、ドイツやイギリスの大学を中心としたプロテスタントの神学部の世界で書かれたものである。ユダヤ人は牧師になるためにそこで勉強したわけではなく、例外的にそこで授業を受けただけである。世紀末から 20 世紀初頭にかけて、ユダヤ人が資料批判の影響を全く受けなかったという意味ではなく、少数ではあるがそういった人もいた。しかし、ユダヤ人とこれらの思想との接触は、慎重に取り組まれたというよりも、ほとんどが論争の形で行われた。これは、ヴェルハウゼンをはじめとするプロテスタントの新しい手法の実践者の多くが、その批判的観察の中に選民としてのユダヤ人の使命が終わったという置換神学を深く織り込んでいたことからも理解できる。

　エンスが挙げた 3 つの問題のうち、聖書をめぐる戦いの最後の側面、すな

18　Nahum Sarna in *Ancient Israel, Revised and Expanded Edition*, ed. Hershel Shanks (Washington, DC: Biblical Archaeology Society, 1999), 35.

わち古代近東文書の発見と聖書との比較だけが、ユダヤ教社会で大きな反響を呼んだ。世紀初頭のフリードリヒ・デーリッチュのバベル・ビベル論争は、デーリッチュがメソポタミア文化の方がヘブライ語聖書やユダヤ教よりも優れていることを示そうとする一連の公開講演を行ったことで引き起こされた。これは当時のユダヤ人たちにとって、無視できないものであり、ドイツ語圏と英語圏におけるユダヤ人向けの新聞は彼の主張に詳細に反応した。

エンスは、プロテスタントが聖書の書物の伝統的な著者名を維持することに関心を持っていたことを強調し、トーラー、イザヤ書、ダニエル書が聖書批判の「最も有名な例」であったことを指摘している。ユダヤ人もこのような問題に関心を持っていたが、同じ程度ではなかった。私の論文が明らかにしたように、トーラーの大部分がモーセによって書かれたかどうかという問題は、例えばイザヤ書全体が預言者イザヤによって書かれたかどうかという問題とは別の次元の問題である。結局のところ、アブラハム・イブン・エズラは、イザヤ書の40章以降が、それまでの章と同じ著者によるものではないことをすでに示唆していた。

彼の先例にならい、19世紀には一部のユダヤ人学者の間で第二イザヤの存在が議論され、五書の資料に関する問題とは根本的に異なると見なされた。一部のユダヤ人学者は、五書の統一性を強く主張するために、イザヤ書との相違性を強調した。

エンスは、プロテスタントの観点から、「神はすべての聖書の著者である」と語る。一部のユダヤ人の間では、これがユダヤ人の信念であるという考えが広まっているが、実はそうではない。私の論文が示すように、多くのユダヤ人賢者は、預言者が神のお告げを受けた後、自分の神託や書物を執筆するが、その書物自体は神によって執筆されたものではないと考えていた。同様に、ユダヤ教によれば、聖書の書物が正典化されたのは、その書物に権威があったからであり、神の霊感を受けたと認識されたからではない。このような視点の違いは、ユダヤ人とプロテスタント信徒の聖書に対する見方の違いや、プロテスタント信徒よりもユダヤ人の方が、特に五書以外の批判的な聖書研究を受け入れやすい理由として挙げられる。

もちろん、旧約聖書と新約聖書を合わせた聖書全体の焦点が「キリストの受肉というキリスト教信仰の中心的な神秘」であるという信念に関しては、

ユダヤ人はカトリックの解釈と異なるようにプロテスタントの解釈とも異な
る。エンスは、「キリスト教の聖書は、イスラエルから始まりイエスで終わ
る統一した、かつ一貫した2部構成の物語である」と観察している。ユダヤ
人にとっては、聖書の「物語」の要素はあまり重要ではなく、その物語は確
かにイエスでは終わらない。ヘブライ語聖書（タナク）の最後の部分である
「諸書」（ケトゥビム）が年代順で配列されているのではなく、「歴代誌」か
「エズラ記・ネヘミヤ記」で終わっていることは、それが歴史ではないこと
を強調している。実際、ヘブライ語聖書に関するエンスの観察をユダヤ教的
に言い換えれば、それは天地創造から始まる、テーマ的に多様なコレクショ
ンであり、はっきりした終わりはないということになるだろう。

　エンスが説明のために選んだ聖書のテキストは非常に示唆に富んでいる。
ホセア書11：1、ハバクク書2：4、そして創世記15：6である。最初の2つは
預言書であり、プロテスタントでは五書の部分よりも預言書が重要視されて
いることを反映している。ユダヤ人がヘブライ語聖書とラビのつながりを説
明するために3つのテキストを選んだ場合は、違った形になるであろう。こ
の2番目と3番目のテキストは、どちらもヘブライ語の語源 'mn（「信じる」、
「信仰を持つ」）を使用している。これはプロテスタント教会における聖書の
中核となる言葉を選んだことを反映している。

　私はここで批判をしているのではなく、ハリントンが指摘した、単純であ
るが重要なポイントを強調したいのである。それは、異なる宗教コミュニテ
ィは、聖書の異なる部分を最も重要だと考えているということである。ユダ
ヤ教、カトリック、プロテスタントではそれぞれ聖書が異なるだけでなく、
同じ本を共有していても、その価値観は異なる。ユダヤ教の学習用聖書のた
めに、共同編集者と私が寄稿者を見つける必要があったとき、五書について
は多くの寄稿者の中から選ぶことができたが、預言書についてはユダヤ人の
寄稿者を見つけることははるかに困難であった。

　私の応答の多くは、ユダヤ人とプロテスタント信徒の聖書に対する概念の
違いに焦点を当てている。この違いは、ユダヤ人とプロテスタントが歴史批
判的研究や宗教的コミットメントをどのように理解するかについて示唆を与
えるであろう。しかし、ユダヤ人とプロテスタント信徒の視点が類似してい
ると思われるいくつかの共通点もある。

ハリントンと同様に、エンスは新約聖書とタルムードの間にいくつかの比較を行っている。この類推についてはハリントンの論文に関連して述べたが、ここではエンスの比較のポイントを強調したい。「タルムードも新約聖書も、正典に対する姿勢が似ているということである。それは、パラダイムを変えるような突然の出来事を踏まえて読まれるべきだということである」。この点について、私は別の形で一般化し問題提起したい。これは私たち3人全員が取り組もうとしている問題であると思う。宗教的にテキストを読むということは、ハリントンが彼の論文で指摘しているように、そのテキストを現在の自分のコミュニティと結びつけることを意味する。私たち全員が関わっている主要な問題は、過去と現在の両方を正当に評価する形（エンスが言うところの「プロテスタントの宗教的な正典の読み方と批判的な読み方の間の真の総合」）で、いかに建設的に結びつけることができるかということである。

　私たちは、これをやらなければならない。なぜなら、エンスが正しく指摘しているように、「聖書に関する歴史的疑問は、信仰を損なうことを目的とした敵対的な学者たちの陰謀による、根拠のない押し付けではなく、慎重な歴史的研究と、聖書本文の精読によって提起される正当な問題に由来する」からである。私たちは、歴史批判的な方法と宗教的な伝統の両方を考慮して答えを探さなければならない。エンス教授のように、私も「信仰と批評とを対話させるための大変な作業を行う」ことに関与するよう、他の人々を励ましたいと思う。

　エンス教授の最後のコメントは、私の心に強く響いた。ここでは、そのコメントを繰り返し、部分的に変更を加え、それぞれに私のユダヤ人としての見解を簡単に付け加えることにする。

　「聖書はユダヤ教の信仰の中心ではない……その地位は神に属している」。

　そして、聖書とその解釈は、その神についての複雑な理解を私たちに提供するものであり、それらを探求し、統合することは私たちの宗教的な義務である。

　「恐怖心は、すぐに信仰と聖書の批判的解釈の間の対話を脱線させる」。

　しかし、ヘブライ語聖書が75回も唱えていることを思い出して欲しい。「恐れるな」。これは、ヘブライ語聖書に散りばめられた聖書の大きなテーマである。

「不安定な信仰は、成熟した信仰である」。

中世の用語では、「エミュナ・シェレマ」（完全な信仰）という言葉があるが、ヘブライ語聖書にはそのような言葉やそれに相当する言葉はない。不安定な信仰は、それにもかかわらず信仰なのである。

ダニエル・J・ハリントン S.J. の応答

ここでの私の目的は、著者の伝統やそれに対する見解を批判することではなく、むしろカトリックの伝統と似ている点や（特に）異なる点を探り、議論を豊かにするための機会を得ることである。歴史批判的方法が不可欠であることは認めつつも、ここでは、古代と現代の両方において、なぜ、そしてどのように他の解釈的アプローチがあり得るのかを示すことに特に注意を払っている。

新約聖書における旧約聖書の使用に関する古代の類似性

エンス教授は、新約聖書の著者たちが旧約聖書のさまざまなテキストをどのように使用したかを、3つの例を用いて説明している。ホセア書11:1は、マタイによる福音書2:15に用いられ、イエスが幼い時から神の子であったこと、エジプトへの逃亡とエジプトからの帰還が、出エジプトにおけるイスラエルのための神の計画と一致していたことを示している。ガラテヤの信徒への手紙3:11では、パウロはハバクク書2:4を文脈を無視して引用し、「信仰」の意味を変えて、信仰による義認と、異邦人が割礼を受ける必要がないことの聖書的根拠を示している。ローマの信徒への手紙4章では、創世記15:6のアブラハムの例を用いて、福音の信仰が救いの歴史の初めに組み込まれていたことを証明しているが、これはパウロ以前の聖書著者にとっては異質な考えだった。

エンスが指摘するように、このような解釈は、現在のほとんどの旧約聖書入門コースでは認められないだろう。というのも、現在の旧約聖書入門コー

3　プロテスタンティズムと聖書批判——困難な対話への一つの視点　201

スでは、歴史批判的方法を用いて授業が行われているからである。このような コースでは、テキストを本来の歴史的文脈の中で読み、著者の本来の意図や、本来の読み手がテキストをどのように理解したかを可能な限り明らかにすることを目標としている。私はこのようなコースを何度も教えてきたが、このアプローチの価値と必要性を心から信じている。

しかし、聖書に対する歴史批判的なアプローチは唯一のアプローチではなく、最近になって生まれた方法論であることも承知している。新約聖書は、文化的に空白の状態で書かれたものではなく、当時流行していた、聖書に関するユダヤ人の態度や仮定を多く反映している。それらの態度や前提は、イエスと同時代に執筆活動を展開していたユダヤ人の文章に現れている。死海写本にはその良い例がある。特に、「ペシャリム（Pesharim）」と呼ばれる文章群が最も参考になるであろう。[19]

ペシャリムは、現代の聖書注解書のようなもので、聖書の一節か二節を取り上げて解釈を述べている。クムラン文書には、旧約聖書の預言書や詩編の一節が多く含まれており、その中には何世紀にもわたって解釈者を悩ませてきた難解なものもある。ペッシャーという言葉は「解釈」を意味するようになった。しかし、ダニエル書では、夢や幻の解釈の文脈でもペッシャーが使われており、解釈すべき内容は「ラズ」、つまり解かれるべき神秘であると理解されている。クムランのペシャリムでは、聖書のテキストが解決すべき謎とされており、その解決策はペシャリムを生み出した共同体（おそらくエッセネ派）の歴史や日常生活の中に見出されることが多い。

クムランのペシャリムの例は、イエス時代のユダヤ人たちが、聖書の文字通りの歴史的意味を確立することに、特に関心がなかったことを示している。彼らは、そのような事柄はあまりにも明白であるため、重要ではないと考えていたかもしれない。それよりも、自分たちが不可解だと思うテキストに興味を持ち、そのテキストと自分たちの共同生活との間に関連性を見出すことに関心があった。彼ら自身の歴史や日常生活が、聖書の不可解なテキストの謎を解決するための解釈の鍵となったのである。

19　テキストについては、Geza Vermes, *The Complete Dead Sea Scrolls* (New York: Penguin, 1997), 460–492 を参照。

同じようなことが、初期のキリスト教世界でも行われていたようで、上記の3つの例がそれを示している。新約聖書の著者たちは、キリストこそが聖書の鍵であると考えた。初代教会の聖書は、今で言うところの旧約聖書であった。その聖書は、ギリシア語で読まれようが、ヘブライ語で読まれようが、イエスの生涯や教えを理解するための資料とみなされていた。実際、クムランの人々は「テスティモニア」と呼ばれる、特定のテーマに絞って聖書を引用したリストを作っていたと推測されている。初期のキリスト教徒も同じようなリストを作り、それをイエスやキリスト教共同体に適用していた可能性が高い。このような活動は、教父たちの著作で顕著に表れ、カトリックや正教会の世界でもそのまま残っている、旧約聖書に対する約束と成就、あるいは影から現実へというアプローチの根底にあると思われる。

クムラン共同体も初期キリスト教徒も、過去の（ある意味で）権威あるテキストに現在の意義を見出すという、似たような目的を持っていた。彼らが行っていたことは、聖書の「宗教的」意味の探求の一例として分類することができる。これは確かに悪いことではない。確かに、説教者が日常的に行っていることでもある。今日、聖書を研究する者にとって重要なことは、聖書には様々な読み方があり、また、様々な解釈者が聖書に持ち込んだ態度や前提に多くのことが左右されることを認識することである。

解釈的な理論

古代のテキストの本来の意味とその現代的な意味との間の緊張関係は、単に遠い過去や聖書研究の現象ではない。哲学の世界では、現代の解釈に関する議論が行われている。「解釈学」とは、解釈のプロセスや手法を表す言葉である。理論的には哲学者のテーマであるが、聖書学者や神学者にとっては明らかに関連性のあるテーマである。

解釈学の議論は、テキストの性質と、読者がそれに対して何ができるのか、何をすべきなのかということに関わる。E.D. ヒルシュに代表される一つの立場は、今日のほとんどの批判的聖書研究で起こっていることを説明している[20]。ヒルシュによれば、第一の課題は、テキストの意味に到達するた

---

20 Eric D. Hirsch, "Objective Interpretation," in his *Validity in Interpretation* (New

めにあらゆる文学的・歴史的方法を用いて、テキストを本来の歴史的文脈の中で説明することである。第二の別の課題は、テキストの意義を明確にすることである。つまり、現代にどのような関連性があるのか、ということである。テキストが何を言っているのか、何を意味しているのかを客観的に立証した上で、解釈者は、テキストに書かれていることが真実なのか、意義があるのかを自由に判断することができる。例えば、聖書の出エジプト記を文学的、歴史的に客観的に読み解き、本来の文脈の中でその意味を理解することができる。しかし、その場合、次のように問いかけ、答えなければならない。それは真実なのか？　本当にそのように起こったのか？　原著者はそのように考えていたのか？　現代でも意味をなしているのか？

　一方、解釈学的には、ポール・リクールに代表されるように、いったん「出版」されたテキストの自律性を強調する、もう一つの流れがある。[21]この考え方では、テキストの歴史的な研究はあまり重要ではないとされる。リクールは歴史家ではなく哲学者であり、主に思想に関心があり、ヒルシュが言うところの「テキストにおける思想の意義」を最も重要視している。このアプローチでは、主に思考の手段としてのテキストに関心がある。このアプローチでは、テキストがどのような形であれ公開されると、そのテキストは著者や著者の元々の文脈から切り離され、読み手や読者がそのテキストから作り出そうとするものは何でも意味を持つことになると考える。聖書の出エジプト記に関して言えば、著者の意図は私たちが知りうる範囲を超えており、したがって無関係であり、解釈の適切な対象は聖書にあるテキスト（出エジプト記 14–15 章など）であり、重要なのは、神の民に対する救いの配慮と悪の力からの解放という物語のメッセージである、とリクールは言うかもしれない。

　ハンス・ゲオルク・ガダマーは、「地平線の融合」という概念を提唱し、解釈学における仲介役を務めている。[22]ガダマーは、テキストの背後にある

Haven, CT: Yale University Press, 1967), 209–244.

21　Paul Ricoeur, "The Hermeneutical Function of Distanciation" and "Appropriation," in *Hermeneutics and the Human Sciences*, ed. J. B. Thompson (Cambridge: Cambridge University Press, 1981), 131–144, and 182–193.

22　Hans-Georg Gadamer, *Truth and Method* (New York: Seabury, 1975), 235–240,

世界（本来の歴史的文脈）、現在のテキスト、テキストの前にある世界（今日の読者がそれをどう解釈するか）を真剣に考えたいとしている。彼は解釈の技術について、テキストを媒介にして著者と読者の両方の視野を合わせること、融合させることであると考えている。最も分かりやすい例としては、聖書の一節を特定の宗教共同体の現在のニーズに合わせて適用する説教者が挙げられる。また、これは音楽家や弁護士、俳優など、さまざまな解釈者にも当てはまる。音楽家は楽譜を使って演奏し、それを解釈して実行することでパフォーマンスを行う。弁護士は、判例や法律に基づいて依頼人の事件を解釈しようとする。俳優は台本を読んで自分のキャラクターを作り上げていく。いずれにしても、何らかのテキストと今ここにいる生身の人間の体験を結びつけること、つまり地平の融合が目的なのである。

　このような解釈的理論は、クムランの人々や初期キリスト教徒が聖書のテキストに対して行っていたことをどのように照らし出すのであろうか。彼らは今日のような歴史的批判をしていたわけではない。彼らが聖書の権威についてどのような概念を持っていたとしても、それによって、現在私たちがヘブライ語聖書や旧約聖書と呼んでいるものの一部であるテキストを非常に重要視していた。しかし、彼らは、クムラン共同体の生活と時代、あるいはナザレのイエスという人物という解釈学上の鍵を手にしたことで、それらのテキストの真の意味を開き、明らかにすることができると確信していた。そして、聖書の古いテキストと自分たちの共同体の信仰や生活との地平を融合させるように導かれたのである。

受肉のアナロジー

　ピーター・エンスは、聖書の「地に足の着いた」性格を語る際に、キリスト教信仰の中心的な神秘であるキリストの「受肉」のアナロジーを訴えている。「受肉」とは、神の子であるイエスが人間の肉体を得て、真の神であると同時に真の人間になったというキリスト教の信仰のことである。新約聖書では、ヨハネによる福音書1:14の「言は肉となって、わたしたちの間に宿られた」が最も明確な根拠となっている。ヨハネによる福音書1:1–18（お

245–278, 289–294, and 325–341.

3　プロテスタンティズムと聖書批判——困難な対話への一つの視点　　205

よびコロ 1：15–20、ヘブ 1：3、フィリ 2：6–11）の言葉は、旧約聖書の知恵を擬人化した箇所（箴 8：22–31、シラ 24：1–34、知 7 章）と呼応しているが、カトリック神学では、ヨハネによる福音書 1：14 は、祝福された三位一体の二人目、神の子であるイエスが、私たちの一人となり、私たちのため、私たちの罪のために死に、今、栄光のうちに君臨していることを宣言するものとして、非常に真剣かつ具体的に受け止められている。

エンスは、この論文と彼の素晴らしい著書『霊感と受肉』の中で、受肉のアナロジーを使って、旧約聖書と古代近東文学との関係を扱っている。[23] 彼が指摘したのは、聖書における古代イスラエルの物語は、古代近東の言語的・概念的な枠組みの中で行われたため、それらから強い影響を受けているということである。同様に、現代のカトリックの文献では、聖書を「人間の言葉で書かれた神の言葉」と表現するのが通例になっている。第二バチカン公会議の *Dei Verbum* 13 では、聖書の神的霊感とその解釈について議論する重要なポイントにおいて、受肉のアナロジーを用いている。「人間の言葉で表現された神の言葉は、人間の言説のようになったのである。それは、永遠の父の言葉が、人間の弱さの肉を身につけて、人間のようになったのと同じである」。

受肉のアナロジーは、クリスチャンが、自分たちの聖書が神的であると同時に人間的であることをどのように保持することができるかを想像するのに役立つ。これは、またクリスチャンが聖書の古代近東との類似点や古代近東からの影響を歓迎すべきであるということを意味する。歴史家や考古学からの教えは、神の言葉としての聖書が形成されたのは古代近東という世界の中であったことに注目するように促している。ヨハネによる福音書の要点は、イエスが神の顕現者であり、神の啓示者であること、神は、肉となった言葉であるイエスを通して、神が誰であるか、神が何をしようとしているかを明らかにしたこと、そして、受肉が特定の土地と人々、特定の時間に起こったことである。信仰するキリスト教徒にとって、歴史批判の役割は、御言葉がどのような条件の下で肉となったのかについてできるだけ多くのことを教え

23　Peter Enns, *Inspiration and Incarnation*: *Evangelicals and the Problem of the Old Testament* (Grand Rapids, MI: Baker, 2005).

てくれるところにある。

このテーマに関する更なる参考文献

Armerding, Carl E. *The Old Testament and Criticism*. Grand Rapids, MI: Eerdmans, 1983. 批判的聖書研究の主な方法を概説し、福音主義的聖書研究には「適度に批判的なアプローチ」を提唱している。

Bartholomew, Craig, C., Stephen Evans, Mary Healy, and Murray Rae, eds. *"Behind" the Text: History and Biblical Interpretation*. Grand Rapids, MI: Zondervan, 2003. 最近の文学的手法の重視、ポストモダニズム、神学が歴史観にどのような影響を与えるかについての新たな関心などを考慮して、聖書解釈における歴史批判の価値を再評価し、それに対する回答を加えた思慮深い論文集。

Enns, Peter. *Inspiration and Incarnation: Evangelicals and the Problem of the Old Testament*. Grand Rapids, MI: Baker, 2005. 聖書の受肉モデルを用いて、福音主義者が聖書批判の様々な側面、すなわち、旧約聖書の古代近東での設定、旧約聖書における神学的多様性、新約聖書の著者による旧約聖書の使用について折り合いをつける手助けをしている。

Harvey, Van A. *The Historian and the Believer: The Morality of Historical Knowledge and Christian Belief*. New York: Macmillan, 1966. 現代の歴史的探求とキリスト教信仰の間の緊張関係についての古典的で影響力のある議論。

Levenson, Jon D. *The Hebrew Bible, The Old Testament, and Historical Criticism*. Louisville, KY: Westminster/John Knox, 1993. 「伝統的な」正典研究と歴史批判の関係についてのレベンソンの論文集。歴史批判は主にリベラルなプロテスタントの研究の産物であり、したがってユダヤ教のために伝統的な正典研究に取って代わるべきではないと提唱している。

Noll, Mark A. *Between Faith and Criticism: Evangelicals, Scholarship, and the Bible in America*. 2nd ed. Grand Rapids, MI: Baker, 1991. 福音派の聖書研究と、批判的懐疑主義の中での宗教的信仰の挑戦についての研究。

Smith, Christian. *The Bible Made Impossible: Why Biblicism Is Not a Truly Evangelical Reading of Scripture*. Grand Rapids, MI: Brazos, 2011. 福音主義の聖書主義は多様な聖書のデータを適切に扱っていないが、福音主義の社会学的な境界線を確立するという歴史的な役割を果たしているために存続している。

Sparks, Kenton L. *God's Word in Human Words: An Evangelical Appropriation of*

Critical Biblical Scholarship. Grand Rapids, MI: Baker, 2008. 福音派の学者が、仲間の福音派の学者たちに対して、批判的な方法やその研究成果を各自の研究に慎重に、そしてオープンに取り入れる必要があると主張した学術的な論文。

あとがき

マーク・ツヴィ・ブレットラー／ピーター・エンス／
ダニエル・J・ハリントン S.J.

　この本では、私たちの個人的な経験を通して、宗教的な聖書の読み方と批
判的な聖書の読み方がどのように共存できるかを示すことを試みた。聖書批
評の発展が広く認められていることや、私たちがそれぞれの宗教的伝統に対
して真摯に取り組んでいることを考えると、このような統合は説得力があり、
また必要であると感じている。専門的な聖書学者として、この 2 つの世界は、
現代社会に生き、古代のテキストを尊敬する無数の女性や男性と同様に、私
たちにとっても常に対話しているのである。

　これらの論文や応答が示すように、聖書とは何か、どのように解釈すべき
か、歴史的批判的方法とは何か、そして私たちの宗教的伝統がそのような方
法をどの程度取り入れているか、またそのような方法に馴染んでいるかにつ
いて、私たちはそれぞれ異なった理解を持っている。しかし、このような
違いにもかかわらず、多くの共通点や潜在的な共通点がある。結局のところ、
聖書は、定義や機能が異なるとはいえ、ユダヤ教徒、カトリック教徒、プロ
テスタント教徒の中心的なテキストなのである。このプロジェクトに取り組
む中で、私たちはお互いに多くのことを学んだ。そして、多くの場合、この
ような比較研究は、これら 3 つの偉大な伝統の間の類似点と相違点について
相互理解を深めることにつながると考えるようになった。

　相互理解を深めることは、エキュメニカルな対話や宗教間の対話の第一の
目的であるが、それは同時に、私たち自身の伝統に対する理解と評価を深め
ることにもつながる。自分たちのコミュニティを超えて視線を広げることで、
思いがけない神学的な洞察や解決策が得られることもある。私たちは、この
対話が、相互理解を深めるだけでなく、私たち自身と私たちが属する宗教的

伝統をよりよく理解することにつながることを期待している。

　正しく理解された聖書批判が、宗教的な信者にとって脅威とみなされる必要がないことを示し、説明できたことを願っている。実際、私たちの人生のさまざまな場面で、このような「批判」は、聖書のテキストを新しい角度から見て理解する方法を教えてくれ、聖書がいかに豊かな資源であるかということを認識させてくれた。読者の皆様にも聖書批判が同様の役割を果たしてくれることを願う。

訳者あとがき

　本書は、2015 年に Oxford University Press から出版された *The Bible and the Believer: How to Read the Bible Critically & Religiously* を和訳した書物である。本書で批判的聖書学の代名詞として頻繁に取り上げられている歴史批評学は、現代聖書学において欠かせない最も重要な研究方法論の一つである。本書の論文の中でもすでに紹介されているが、歴史批評学は 18 世紀の啓蒙主義の下で発展し、19 世紀に欧米で定着した解釈の方法である。理性中心的世界観を前提にするもので、本来は聖書だけではなく、全ての古代文書を研究する際に用いられていたが、聖書研究における歴史批評学は特殊なところがある。なぜなら、聖書は信仰の書でもあるからだ。信仰の書である聖書を理性のレンズを通して解釈しようとする歴史批評学の方向性に、カトリックやプロテスタント、またはユダヤ教を問わず、聖書を正典として重んじる信仰者たちはどこか疑わしいという警戒の視線を向けがちである。実際に、多くの信仰共同体で、歴史批評学は神の尊い言葉を人間の汚い言葉に代えようとするけしからぬ営みと捉えられている。そのため、教会の神学を豊かにする潜在力を持つ聖書学の研究成果が、教会から隔離された状態で信仰者の耳まで届かず、学問の世界に留まってしまうというのはよくあることである。

　プロテスタントである訳者はドイツで神学を勉強したこともあり、歴史批評学と信仰者の間に横たわっている緊張関係を強く感じてきた。例えば、ドイツの神学部で初めて受けた授業のタイトルは「本文批判（Textkritik）」であった。聖書を信仰の書としてのみ捉えていた当時の私は、聖書も批判の対象となりえることに衝撃を受けた。なお、訳者は国際基督教大学で旧約聖書学とキリスト教概論を教えているが、授業を準備する際に歴史批評学によって導かれた研究成果をどのような形でクリスチャンの学生たちに伝えるべきか悩むこともしばしばある。

　しかし、ドイツの神学者ゲルハルト・エーベリングが「プロテスタント

神学と教会のための歴史批評的方法論の意味（Die Bedeutung der historisch-kritischen Methode für die protestantische Theologie und Kirche）」という論文で主張した通りに、宗教改革と歴史批評学は精神的な方向性として正反対の動きのように見えるが、両者の間には本質的な共通点が存在している。なぜなら、歴史批評的方法と宗教改革の義認の教義の間には深い内的関連性があるからである。この主張を完全に証明するためには、宗教改革神学と近代のプロテスタント神学史に関する多くの詳細な個別研究が必要であろうが、一つはっきりと言えることは、聖書を解釈する際に、従来の先入観や偏見を放棄しなければならないという精神は、両者に共通して表われるという点である。この革新と偶像打破の精神において両者は驚くほど一致しているのである。そういう意味で訳者は、エーベリングと同様に、実はプロテスタント的信仰と歴史批評学は相性がよいのではないかと考えている。

歴史批評学は、今まで一般的な神学がまったく視野に入れていなかった事実に注意を払うことを教えてくれた。エーベリングが指摘する通り、イエスの説教に関する終末論的見解の神学的意義の大きさ、あるいは宗教史や様式史的アプローチによって明らかになりつつある古代イスラエル宗教の姿などは歴史批評学の大切な成果である。これらの研究成果を積極的に活用することによって、信仰の在り方だけではなく、教会の宣教および説教の内容などもより豊かなものになるであろう。多くの教会で宣教や伝道における停滞と説教のパタン化が指摘されており、このままでは現代を生きる人々の心に福音のメッセージが届かないことが懸念されている。批判的聖書学の働きが適切な形で実を結ぶことができれば、教会はこの憂うべき状態を乗り越え、再び人々からの関心と信頼を回復することができるかもしれない。詩編96：1では「新しい歌を主に向かって歌え」とあるが、教会と信仰者は時代がもたらす新しい問いに応じて、新しい神学（歌）を必要とする。その際に批判的聖書学は、現代人の心により深く届くメロディと歌詞を提供する役割を担っているのである。エーベリングは上記の論文で次のように結論づけている。「歴史批評的神学は、iustificatio impii（罪人の義認）に根ざした自由を教会に思い起こさせるための不可欠な手段なのである」。もう一方で、信仰者が批判的聖書学の立場を無批判に丸呑みすべきでないことは言うまでもない。批判的聖書学に対しても批判的でなければならない。しかし、批判的聖

212

書学を超える新しい歌を主に向かって歌うためにも、信仰者は批判的聖書学と向き合う必要があると思う。

このような理由で、訳者は批判的聖書学と信仰をどのような形で統合することができるかを考え続けてきた。何よりも、信仰を持つ学生たちに批判的聖書学は教員である私の信仰を弱めたのではなく、むしろ強め、また深めてくれたということを伝えたかった。しかし、聖書の歴史批評的読み方と信仰的な読み方を共存させる道を理論的に説明するのは、思ったよりも難しく、このテーマについて考える際に私はこの本に出会った。

聖書は神の霊感を受けて書かれた聖なる文書として読まれるべきか、それとも人間の手によって書かれた歴史的および文学的テキストとして読まれるべきか？　この二者択一的な問いの代わりに、本書の著者たちは新しい質問を読者たちに投げかけ、それぞれの論文の中でこれに答えようと一生懸命奮闘している。この新しい質問とは、「どうすれば聖書を一見矛盾しているように見える、この両方の読み方で、一方を犠牲にすることなしに共存させながら読むことができるのか？」である。

本書は3人の聖書学者たち（マーク・ツヴィ・ブレットラー／ダニエル・J・ハリントン／ピーター・エンス）の共著である。1人はユダヤ人、1人はカトリック、もう1人はプロテスタントであり、それぞれ宗教および宗派的な背景が異なる信仰者である。著者たちが、皆で一つのまとまった文章を書いたのではなく、3人がそれぞれ異なる論文を書いたことも本書の興味深い特徴の一つである。そのため、彼らは皆同じくヘブライ語聖書／旧約聖書を批判的かつ信仰的に読む方法について解説しているが、その具体的な内容は様々なところで異なっている。ユダヤ教、カトリック、プロテスタントの信仰伝統における聖書解釈の歴史を通して読者を導く本書は、旧約聖書に対する批評的アプローチと信仰的アプローチの間にある古くからの溝を埋めようとする。

ユダヤ教の聖書学者マーク・ツヴィ・ブレットラーは、聖書本文そのものよりも解釈が大切であるというユダヤ教の見解を示している。そして、数世紀にわたるユダヤ教の解釈の様々な側面について述べており、ユダヤ人にとって聖書は文字通りに解釈されるべき歴史書ではないということを強調している。カトリックの聖書学者ダニエル・J・ハリントンS.J. は、カトリック

訳者あとがき　213

が聖書を主にナザレのイエスという人物に対する証言として捉えていると指摘する。カトリックにとって聖書は、人間の言葉による神の言葉である。そのため、カトリックでは聖書の歴史批評的意味を認めながらも、教父の伝統や聖書の霊的な意味も大切にしていることを説明している。プロテスタントの聖書学者であるピーター・エンスは、プロテスタント教会で信仰と歴史批評学の溝が広がり続けている3つの要因が（1）ソラ・スクリプトゥラ（聖書のみ）、（2）聖書の特性、（3）19世紀におけるプロテスタントのアイデンティティであると示す。

　世界的に著名な聖書学者たちが、個人的なエピソードまで交えながら、自分にとっての信仰と批判的聖書学の結びつきについて語る本書に私は引き込まれ、また私の日頃の問いについて多くのことを学び、また参考にするための材料を見つけた。この本を読んで特に興味深かったのは、カトリックの祭司であるハリントンも信仰と歴史批評学の関係について私と似たような感想を記していることである。

　　そして、いつの日からか、私は聖書の批判的な読み方と宗教的な読み方の間を行ったり来たりしている。両者が矛盾しているとは思わないし、それぞれのアプローチは多くの点で他方を豊かにすることができ、またそうしていると確信している。（142頁）

これに呼応し、ユダヤ教を信仰しているブレットラーも次のような言葉を書いている。

　　私はそれがユダヤ教にも当てはまると信じている。（154頁）

エンスが語る信仰と歴史批評学の関係では、上記の両学者のような楽観主義的な観点は見られなく、どちらかというと歴史批評学に基づき従来のプロテスタント的信仰を改革すべきであると呼びかけている。

　　不安定な信仰は、成熟した信仰である。……実際、霊的な疎外感は、神や聖書に対する見方を変える霊的な浄化のために必要な期間につながる場合が

ある。（194頁）

　私見によれば、全体的にユダヤ人であるブレットラーは信仰と歴史批評学の関係を二つの異なる世界として捉える傾向があるのに対して、カトリックであるハリントンは信仰が優位に置かれている枠組みの中で、その信仰を手伝い助けるツールとして歴史批評学を評価している。プロテスタントであるエンスの立場はそれとは異なり、歴史批評学に少し優位の立場を与え、その歴史批評学の見識によって変革された信仰こそが成熟したものであると唱える。

　私はこの本を読みながら、形はそれぞれ大きく異なっても、批判的聖書学と信仰を結び付けたいと思っている学者たちが多く存在することに深い感銘を受けた。しかも、彼らの宗教的背景はプロテスタントだけではなく、カトリックやユダヤ教まで多様であり、宗派や宗教を超えて信仰を持つ者が現代の批判的聖書学とどのように向き合うべきかが真剣に問われている。やはり神は私たちの心と頭の両方を通して語りかけているというのが、違いに満ちている著者たちの共通の結論であるように感じた。

　しかし、本書は一方的に歴史批評学を称賛および奨励するところで留まらない。特に、ハリントンは、ドイツの神学者エルンスト・トレルチの「神学における歴史的および教義的方法（Über historische und dogmatische Methode in der Theologie）」に表われる歴史批評の三大原則を危険な歴史批評学の一事例として取り上げ、このような（歴史批評学の）バージョンは、聖書やキリスト教（およびユダヤ教）の神学的伝統とは異質であり、相容れないものとして拒絶すべきであるとはっきりと退けている。

　もちろん、本書が語る全ての内容に読み手が同意する必要はない。宗派や宗教が異なるため、また学問的な立場が違うため、訳者も著者たちの考えや主張を全てそのまま受け入れることはできなかった。しかし、少なくとも本書の問いと問題意識は、聖書を正典として重んじる宗教や宗派の中では普遍的で切実なものであり、その内容が現代の信仰を持つ者たちに有用な参考およびヒントになりうると思い、私は本書の翻訳作業に着手したのである。著者たちも「まえがき」に記している通り、本書は批判的視点と信仰的視点をどのように調和させるかについての最終決定版ではない。むしろ、その目的

訳者あとがき　　215

地に至るのを助けるための飛び石の一つであるということを忘れずに、本書を読んでいただきたい。

　本書における聖書箇所は基本的に新共同訳に従ったものであり、原文のニュアンスを生かす必要がある箇所のみ、私訳であることを記しておく。

　本書は多くの方々の支えによって世に送り出されることになった。特に、新教出版社の小林望社長は、本書の出版を初めから終わりまで丁寧にサポートして下さり、誠意を込めて聖句索引を作成して下さった。小林社長と編集部の皆様に心より感謝申し上げたい。最善を尽くすつもりで頑張ったが、日本語が母国語ではない訳者の和訳であるため、分かりにくい文章も少なくないと思う。読者諸賢のご理解とご叱正を仰ぐばかりである。日本社会の信仰者たちが現代の批判的聖書学に対する理解を深め、博識ではあるが、分かりにくいし、時にはかなり危ういことも平気で言ってしまう、この手強い相手とどのように向き合い、また付き合うことができるかを考えるために、本書が少しでも活用されることを心の底から願う。

2024 年 9 月
研究期間中に訪ねたある場所で

魯　恩碩

聖句索引

旧約聖書

創世記

1 章	96, 166, 169, 182
1 : 1	74
1 : 6–10	187
1 : 6–8	187
1 : 9–10	187
1–3 章	62, 103, 146
1–11 章	169
2 章	96, 166
2–3 章	169, 182
5 章	182
6–9 章	169, 182
11 章	182
12 : 6	50
15 章	179
15 : 6	179, 199, 201
17 : 11–14	177
22 : 1–19	118

出エジプト記

3 章	133
3 : 1–4 : 17	139
3 : 1–6、9–15、21–22	135
3 : 7–8、16–20	135
3 : 14	134, 136, 137
3–4 章	134-138
4 章	134, 135
4 : 10	134, 137, 140
4 : 22	175

6 : 2	136
7 : 16	188
7–12 章	188
9 : 15–16	188
12 : 3	91
12 : 12	189
12 : 37–38	183
12 : 38	183
12 : 48	177
12 : 49	38
14 : 15–18	189
14 : 21	187
14–15 章	204
14 章	119
15 章	119
17 章	192
20 章	45
20 : 22	44
21 章	119
21 : 6	70
24 : 18	44
34 : 6-7	15
34 : 28	44
40 : 17	50

レビ記

6 : 2	38
6 : 7、18	38
23 章	43
23 : 36	43
25 : 40	70
26 : 46	41, 44

27 : 34	44

民数記

1 : 46	183
20 章	192

申命記

4 : 13	45
4 : 44	38, 39
4 : 45–46	39
5 章	45
6 : 4	45
7 章	81
9 : 9、11	44
9 : 23	40
10 : 4	45
10 : 10	44
16 : 13	43
20 章	81
20 : 25	81
24 : 16	41
27 : 4–8	42
30 : 12	71
31 : 1	119
32 : 43	119

ヨシュア記

6 章	184
8 : 31–32	42
10 : 31–32	184
11 : 13	184

聖句索引 217

サムエル記 下			6：8	91	32：23	41
			14 編	80	**エゼキエル書**	
7 章		119	18 編	80		
22 章		80	18：28	177	43：11	41
			53 編	80	44：5	41
列王記			62：12	88	**ダニエル書**	
上 8：25		42	69：14	91		
下 14：6		41	77 編	187	9 章	109
			77：16	187	**ホセア書**	
歴代誌			78 編	73, 92		
上 16：40		40	86：15	15	11：1	175, 199, 201
上 17 章		119	93：3–4	187	**ヨナ書**	
下 6：16		42	105 編	73, 92		
下 7：9		43	113–118 編	82	4：2	15
下 12：1		40	114 編	82-88	**ハバクク書**	
下 23：18		40	119：97	91		
下 36 章		108	119：105	177	1：1–4	178
			136：13	187	1：2–4	178
ヨブ記			**箴　言**		1：5–6	178
9：8		187			1：12–2：1	178
26：7–13		187	3：17	89	2：4	177, 178, 199, 201
28 章		109	8：22–31	206	2：5	178
38：1–11		187	**イザヤ書**		**マラキ書**	
エズラ記			1-39 章	15, 55	3：22	43, 149
3：2		40	7：14	124	4：4	149
7：10		40	27：1	187	4：5–6	108
			40 章以下	55, 198	**旧約続編**	
ネヘミヤ記			40：1–11	118		
8：1		40	40-55 章	15	シラ書 24：1–34	206
8：14–17		42	40–66 章	77, 109	知恵の書 7 章	206
8：18		40	56-60 章	15		
9：14		40	59：9–11	187	**新約聖書**	
9：26、29、34		41	**エレミヤ書**		**マタイ福音書**	
詩　編			18：4、6	73		
4：1		180	23：29	88	1：18–25	129

1:22	124	5 章	103	**コロサイ書**	
2:15	175, 178, 201	9–11 章	124	1:15–20	206
19:8	44	**1 コリント書**		**フィリピ書**	
26:30	82	10:4	192	2:6–8	173
マルコ福音書		15 章	103	2:6–11	206
12:26	44	**2 コリント書**		**ヘブライ書**	
ヨハネ福音書		3 章	110	1:3	206
1:1–18	205	**ガラテヤ書**		4:15	117
1:14	117, 205, 206	1:6	177	**ヤコブ書**	
3:5	98	1:8	177	1:1	22
5:46	100	3 章	14	2:1	22
20:23	98	3:11	177, 178, 201	5:14	98
ローマ書		5:1	177		
4 章	124, 179, 201	5:2	177		

著 者

マーク・ツヴィ・ブレットラー（Marc Zvi Brettler）
アメリカの聖書学者、デューク大学のユダヤ学部バーニス＆モートン・ラーナー教授。ブランダイス大学で学士号、修士号、博士号を取得。ヘブライ語聖書の比喩やジェンダー、聖書時代後の聖書受容が主な研究分野。また、ウェブサイト thetorah.com の共同設立者でもある。著書：*The Bible With and Without Jesus: How Jews and Christians Read the Same Stories Differently*, with Amy-Jill Levine (HarperOne, 2020), *The Jewish Annotated New Testament*, with Amy-Jill Levine (Oxford University Press, 2011), *The Book of Judges: Old Testament Readings* (Routledge, 2001) など。

ダニエル・J・ハリントン S.J.（Daniel J. Harrington S.J.）
アメリカの聖書学者、イエズス会司祭、ボストンカレッジ神学部・聖職学部の新約聖書学教授。ウェストン・カレッジ（現在はボストン・カレッジ）で学士号、修士号取得。ハーバード大学で博士号を取得（近東言語学）。また、ウェストン・イエズス会神学部で神学修士号取得。2014 年死去。著書：*Witnesses to the Word: New Testament Studies since Vatican II* (Paulist Press, 2012), *First and Second Maccabees* (Liturgical Press, 2012), *The Synoptic Gospels Set Free: Preaching without Anti-Judaism* (Paulist Press, 2009) など。

ピーター・エンス（Peter Enns）
アメリカの聖書学者、神学者、イースタン大学神学部アブラム・S・クレメンス聖書学教授。ペンシルベニア州グランサムのメサイア・カレッジ卒業、ペンシルベニア州フィラデルフィアのウェストミンスター神学校で修士号取得、ハーバード大学で修士号および博士号取得（近東言語学）。著書：*The Bible Tells Me So: Why Defending Scripture Has Made Us Unable To Read It* (HarperOne, 2014), *The Evolution of Adam: What the Bible Does and Doesn't Say about Human Origins* (Brazos, 2012), *Inspiration and Incarnation: Evangelicals and the Problem of the Old Testament* (Baker, 2005), など。

訳 者　魯恩碩（ろ・うんそく）

ドイツのヴェストファーレン・ヴィルヘルム（ミュンスター）大学神学部博士課程修了（神学博士）。2008 年より国際基督教大学で旧約聖書学、環境倫理学、キリスト教学、聖書ヘブライ語を教えている。著書：*Die sogenannte "Armenfrömmigkeit" im nachexilischen Israel*（Walter de Gruyter, 2002）、『旧約文書の成立背景を問う：共存を求めるユダヤ共同体』（日本キリスト教団出版局、2019 年）など。訳書：ヨアスタッド『旧約聖書と環境倫理：人格としての自然世界』（教文館、2023 年）など。

聖書学と信仰者
信仰者は批判的聖書学とどう向き合うべきか

2024 年 10 月 18 日　第 1 版第 1 刷発行

著　者……マーク・ツヴィ・ブレットラー
　　　　　　ダニエル・J・ハリントン S.J.
　　　　　　ピーター・エンス
訳　者……魯　恩碩

発行者……小林　望
発行所……株式会社新教出版社
　〒 112–0014 東京都文京区関口 1–44–4
　電話（代表）03 (3260) 6148
　振替 00180–1–9991
印刷・製本……モリモト印刷株式会社

ISBN 978-4-400-11187-0　C1016
魯恩碩 2024 ©

旧約聖書
物語られた歴史
B.W. アンダーソン著　高柳富夫訳

1957 年の初版以来 4 度におよぶ改訂を重ね、今日にいたるまで半世紀以上も旧約入門・概説書として絶大な信頼を得ている名著。

A5判　886頁　7370円

ヤバい神
不都合な記事による旧約聖書入門
トーマス・レーマー著　白田浩一訳

多くの人が疑問を抱く旧約聖書のテキストを旧約聖書学の第一人者が取り上げ、それらの表現の意味と理由を考察し、神の真の「人柄」に迫る。

46判　250頁　2420円

旧約聖書と新約聖書
シリーズ　神学への船出　第 02 巻
上村 静著

旧約と新約、ユダヤ教とキリスト教など、連続性と断絶が常に問われる繊細なテーマを気鋭の聖書学者が徹底的に論じる。42 のコラムも充実。

46変判　361頁　2200円

聖書を読む技法
ポストモダンと聖書の復権
E. デイヴィス／ R. ヘイズ編　芳賀 力訳

聖書の権威を復権させんと集まった 10 人の神学者たちによる「聖書プロジェクト」。ポストモダンの批判に応える共同研究と説教実践。

A5判　432頁　5500円

聖 書
その構造・解釈・翻訳〈新教ブックス〉
S. プリケット／ R. バーンズ著　小野功生訳

聖書本文とその思想の成立過程を概観し、解釈史、翻訳史を明快に論じて、聖書を読む行為の意味の再考を促す。最も今日的な現代人の聖書入門。

46判　272頁　2990円

唯一なる神
聖書における唯一神教の誕生〈新教ブックス〉
B. ラング編　荒井章三／辻 学訳

唯一神教の典型、ユダヤ教＝ヘブル思想成立の秘密に挑む。初期の多神教的形態から国家滅亡の危急に直面して「唯一神教」に至るダイナミズム。

46判　248頁　2970円

価格は 10％の税込み定価です